Willibald Papesch

Wenn Kinder zu(rück)schlagen

Vom Kreislauf der Gewalt in Familie, Schule und Gesellschaft

kon kordia Verlag

Die Deutsche Bibliothek – CIP-Einheitsaufnahme

Papesch, Willibald:
Wenn Kinder zu(rück)schlagen: vom Kreislauf der Gewalt in Familie, Schule und Gesellschaft / Willibald Papesch. – Bühl: Konkordia-Verl., 1993
ISBN 3-7826-4060-8

Verlag: Konkordia Verlag GmbH
Eisenbahnstraße 31, 77815 Bühl
Telefon (0 72 23) 98 89 64
Telefax (0 72 23) 98 89 45

Herstellung: Konkordia Druck GmbH, 77815 Bühl

100 % Recycling-Papier
unser Beitrag zum Umweltschutz

Die Abbildungen auf den Umschlagseiten zeigen Schülerzeichnungen (siehe Seite 133 ff).

ISBN 3-7826-4060-8

Die letzte Zahl bezeichnet das Jahr des Druckes: 1996 95 94 93

Theorie und Praxis

„Wenn ich mich nun anschicke, von einem Versuch verunmöglichter Gemeinschaftsbildung zu sprechen, könnte ich dies in abstrahierenden und verallgemeinernden Gedankengängen tun. Ich möchte jedoch mein Anliegen an einem beispielhaften Einzelfalle darstellen. Mir scheint nämlich, Theorien werden erst unter der Bedingung richtig verständlich, daß der, welcher sie aufnehmen soll, vorher entweder selber etwas Analoges erlebt hat, oder daß er es an der Geschichte eines konkreten Falles nacherlebt. Die persönliche Erlebnisweite dessen, dem man etwa plausibel machen möchte, ist die Grundlage für das Verstehenkönnen theoretisch-abstrakter Tatbestände – und ist diese Grundlage nicht gelegt, dann bleiben die Theorien Schall und Rauch, sie nützen vor allem nichts für das praktische Leben. Wissenschaft, Theorie und Abstraktion aber müßten, scheint mir, dem „Lebenskampfe" dienen, dem Existentiellen und Persönlichen, falls sie nicht in scholastikartige Übungen abgleiten sollen. Die Praxis muß die Theorie und die Theorie wiederum die Praxis befruchten können, nur dann haben sie einen Sinn, scheint mir."

Hans Zulliger

Inhalt

I. Gewalt heute und früher – eine Bestandsaufnahme

1. Jugendgewalt heute

„Die Täter werden immer jünger“

Am Freitag, dem 12. Februar 1993, nachmittags gegen 15 Uhr, kauft Denise Bulger im Einkaufszentrum New Strand im Ortsteil Bootle von Liverpool ein. Ihre Freundin und ihr 2 Jahre altes Söhnchen James begleiten sie. Im Fleischerladen läßt die Mutter das lebhafte Kind für einige Sekunden aus den Augen – zwei Tage später wird James Bulger „auf Bahngleisen gefunden, zerschmettert von einem Zug. Bevor er vom Zug überrollt wurde, ist er an »entsetzlichen« Verletzungen gestorben“[1]. Sie waren ihm offensichtlich von seinen beiden Entführern, zehn Jahre alt, zugefügt worden.

Die Untat von Liverpool erregte weltweites Aufsehen, ein Video-Überwachungssystem hatte die Entführung gefilmt: wie der Kleine um 15.38 Uhr den Metzgerladen verläßt; wie er 4 Minuten später mit zwei größeren Gestalten durch das Einkaufszentrum geht, wobei ihn einer an der Hand führt; wie sie das Einkaufszentrum durch den Ausgang des Supermarkts Marks & Spencer in Richtung Stadtmitte verlassen und jetzt James hinter sich herzerren.

Als die beiden Tatverdächtigen dem Richter vorgeführt werden, versucht eine aufgebrachte Menschenmenge, den Polizeiwagen zu stürmen. „Die 300 Menschen ... bleiben zunächst stumm. »Alle waren so überrascht, wie klein und wie zierlich diese beiden Burschen sind«, sagt der Rentner Jim Porter. »Sie sind ja selbst fast noch Babys«. Dann ruft plötzlich irgend jemand: »Bastarde«. Und dann bricht der Sturm los. 40 Polizisten stemmen sich schnaufend dagegen. Steine und Kartoffeln fliegen. Fäuste hämmern auf Kühlerhauben. Eine Gruppe von Vätern und Müttern mit Kindern fordert im Sprechchor: »Hängt sie auf, hängt sie auf«.“[2]

Auch anderswo ereignet sich Bedrückendes. „Im Keller eines Neubaublocks im brandenburgischen Schwedt fesselten vier Kinder und Jugendliche die 13jährige Melanie mit Fahrradketten. Sie schlugen die Kleine, sie traten sie und zwangen sie zur Masturbation. Auf den nackten Körper ihres Opfers preßten sie immer wieder brennende Zigaretten, um zu testen, ob sie noch lebte. Zum Schluß versuchten sie, Melanie die Pulsadern aufzuschneiden. Acht Tage später starb das Mädchen an den Folgen der grausamen Tortur...“[3]

Die Schulen klagen über zunehmende Gewalttätigkeiten. „Vandalismus und blinde Zerstörungswut bestimmen immer mehr den Alltag an großen Schulen; Schutzgelder werden erpreßt; Schuhe, Hosen und Jacken werden geraubt; zahlreiche Schüler betreten die Schule bewaffnet ... Übereinstimmend berichten Schulleiter und Pädagogen von einem Schwund moralischer Skrupel und Hemmungen, von einer radikalen Brutalisierung, die offensichtlich keine Hemmschwellen mehr kennt und auch vor schweren Körperverletzungen nicht zurückschreckt. Sogar Lehrer und Lehrerinnen sind vor der Gewalt ihrer Schüler nicht mehr sicher ...“[4]

In Essen-Karnap ging ein „Schüler mit erhobener Faust auf einen Kunsterzieher los“[5]; in München wollte ein Lehrer einen Schüler bei einer Schlägerei vor weiteren Mißhandlungen schützen. „Die Schläger warfen ihn zu Boden, traktierten ihn mit Stiefeln. Der Mann erlitt einen Leberriß, sein Gesicht wurde durch die Tritte entstellt.“[6] In Berlin stach ein Schüler einen Lehrer nieder.[7] Jährlich entsteht an Schulen ein Sachschaden von 200 Millionen Mark.[8]

In anderen Ländern geht es ähnlich zu. „Anders als in der Bundesrepublik ... versetzen in amerikanischen Schulen ganze Pennäler-Banden Lehrer und Mitschüler in Panik ... Über Brutalität und Vandalismus klagen auch viele Lehranstalten in Großbritannien. Britische Lehrer, hat die Health and Safety Commisson festgestellt, werden dreimal so häufig während der Arbeit physisch attackiert wie Angestellte jedes anderen Berufszweiges. Aggression und Zerstörungswut beschädigen selbst das Ansehen so ehrwürdiger Einrichtungen wie der Highbury Grove School im Norden Londons, zu deren Schulleitern Ex-Erziehungsstaatssekretär Sir Rhodes Boyson zählt ... Mindestens 80 Schulen werden vom französischen Innenministerium als besonders problematisch eingestuft. »Die Zunahme von Verbrechen«, sagt Anne-Marie Cottenceau, Lehrerin am Gymnasium Jean-Zay in Aulnay-sous-Bois unweit von Paris, »zwingt uns, die Rolle von Sozialhelfern und Eltern zu übernehmen«“[9]

Selbst in Japan werden „2000 Schlägereien zwischen Schülern und Lehrern ... im Verlauf eines Jahres gezählt, rund 1000 verletzte Lehrer müssen ambulant oder stationär behandelt werden. Und jede zehnte Schulabschlußfeier läuft in Japan unter Polizeischutz ab.[10]“

Gewalt überall: „Sibylle, 14 Jahre alt und Schülerin in einer süddeutschen Stadt. Sie war an einem Spätnachmittag im November vor der Turnhalle mit ihrer Mutter verabredet. Es war zwar schon dunkel, aber die Lichter des Jahrmarkts machten alles neonhell. Als die Mutter kam, übergaben ihr zwei Polizisten eine völlig aufgelöste Sibylle, ein zitterndes Bündel in einer zerrissenen Jacke, das nicht erzählen konnte, was geschehen war. »Keiner hat geholfen«, sagte sie nur immer wieder, »keiner hat geholfen...« Bruchstück für Bruchstück entlockte die Mutter ihrer Tochter eine kurze, dramatische Geschichte: Da waren Mädchen aufgetaucht, vier oder fünf. Erst forderten sie Geld, dann Sibylles Jacke. Aber Sibylle hielt Portemonnaie und Jacke fest, sie spürte die Schläge, das Reißen an ihrem langen Haar, schrie. Und all die Menschen auf dem Jahrmarkt sahen nur zu. Erst als die Polizisten, auf ihrer üblichen Jahrmarktrunde, auftauchten, waren die Angreiferinnen so plötzlich verschwunden, wie sie zuvor aufgetaucht waren.“[11]

Daniel, 15 Jahre alt, gerät mit einer Clique, sechs Mann, aus der Nachbarschule aneinander. Sie hatten seinen Fußball von ihm gefordert, er hatte sich geweigert und war schnell weggelaufen. „Mehr war nicht passiert, doch für die Clique war es eine Niederlage gewesen, nun wollten sie Revanche. »O.k.«, sagte er, »aber fair. Mann gegen Mann«. Daniel ist ein guter Sportler und groß für seine 15 Jahre. Als klar war, daß er im Zweikampf gegen den Anführer siegen würde, wurde er zum Verlierer. Plötzlich schlugen nicht zwei, sondern zwölf Fäuste auf ihn ein, traten zwölf Stiefel nach seinem Kopf.“[12]

Dazu kommt Gewalt von Jugendlichen gegen Minderheiten – Homosexuelle, Stadtstreicher, Behinderte. In Augsburg stieß „ein 16jähriger Malerlehrling eine(m) 55jährigen Behinderten ... sein Schmetterlingsmesser in den Rücken. Immer wieder fragte der Lehrling nach dem Versteck des Geldes, immer wieder stach er dabei zu. 21 Wunden zählte der Gerichtsmediziner später an der Leiche.[13]“

Hoyerswerda, Hünxe, Rostock, Mölln, Solingen heißen die Stationen der Gewalt gegen Menschen fremder Herkunft.

„Die rasten einfach aus“ – Erklärungsmuster

Es fehlt nicht an Erklärungen. Das beginnt mit den inzwischen üblich gewordenen Schuldzuweisung an die Eltern – *„Aus Bequemlichkeit und Unsicherheit lassen viele Eltern Regelverletzungen der Kinder durchgehen. Sie trauen sich nicht, auf Konfliktkurs, zu gehen“*[14] – an die Schulen und an die Bildungspolitik. Die ebenso übliche Medienschelte gehört dazu; allgemeine Kritik am Informationszeitalter;[15] an der Pop-Kultur; dazu die *„Ansprüche der Ego-Gesellschaft“*[16]; die 68er; die antiautoritäre Erziehung; die Konfliktpädagogik. Dies alles hätte allgemeinen Werteverfall und die Auflösung der Familie verursacht. Herangezogen wird das *„ökonomische Gefälle in der Zweidrittelgesellschaft“*[17]. Dieses drücke sich aus in der *„Herrschaft der Zufriedenen“*[18] und lasse jedes soziale Denken verkümmern. Die grundsätzliche Kritik am Kapitalismus und der von ihm hervorgebrachten *„Lohnarbeitsmentalität und Tauschwertorientierung vieler Lehrer, die sich in einem langweiligen und lustlos heruntergerissenen Unterricht“*[19] äußere, fehlt ebensowenig wie die Fundamentalkritik des Heidelberger Ethnologen Hans-Peter Duerr, der in den Gewalttaten Jugendlicher eine *„fortschreitende Verwüstung sozialer Beziehungen“* sieht, die zusammen mit einer *„in der Geschichte beispiellosen Enttabuisierung“* zum *„Kältetod der Zwischenmenschlichkeit“* führe. *„Das Zivilisierungsprogramm ist gescheitert. Das Gewissen hat versagt.“*[20] Es findet jeder, was immer er sucht.

Auseinandersetzungen über Gewalt unter Jugendlichen gab es auch früher. Gegenwärtig führt man sie, als hätten wir weder eine pädagogische Wissenschaft noch eine Geschichte der Pädagogik. Manchmal nimmt dies geradezu hysterische Züge an.[21] Seit den 20ern schwelt die Diskussion und flammt immer wieder neu auf. Eindrucksvoll behandeln zwei amerikanische Filme aus den 50ern alle scheinbar so neuen Fragen, zum einen „Der Wilde“ (1950), mit dem Marlon Brando zum Weltstar aufstieg – das ‘outfit’: schwarze Lederanzüge, Springerstiefel, Sprachlosigkeit, die Ähnlichkeiten mit der rechtsextremen Szene erstaunen –, zum anderen „Saat der Gewalt“ (1955). Höhepunkte: Schüler versucht Lehrerin in der Schule zu vergewaltigen; Zweikampf zwischen Lehrer und Schüler vor der ganzen Klasse im Klassenzimmer, Schüler kämpft mit blankem Messer.[22] Die Stationen der laufenden Diskussionsrunde lauten: „Tollhaus Schule“ (1988)[23] „CHAOS SCHULE“ (1991)[24] „Schüler-Gang von Essen-Karnap“ (1992)[25] – dann geriet das Thema dauerhaft in die Medien.

Gab es ‘früher’, wann immer dies gewesen sein soll, wirklich weniger und weniger schlimme Gewalt?

2. Jugendgewalt früher

„Mit dem Schwitzkasten war Schluß" – Wirklich?

Während sich manchmal der Eindruck aufdrängt, Gewalt von Heranwachsenden, in der Gegenwart verübt, könne nicht abscheulich genug dargestellt werden, neigen manche dazu, die Vergangenheit als friedlich-faire Idylle auszumalen. „Ich war rücklings hingestreckt, während Justus Kratt oder Raimund Schenk über mir hockten, meine Oberarme mit ihren Knien gegen den kiesbestreuten Erdboden drückten (schmerzhaft!) und so lange eindringlich »Gibst du auf?« fragten, bis ich mit »Ja« antwortete, worauf sie mich aufstehen ließen, mir die Hand reichten und eindringlich »Frieden?« fragten, was ich mit »Frieden!« zu beantworten hatte."[26]

Die ideologische Gebrauchsanleitung wird gleich mitgeliefert. „Die wechselseitige Versicherung »Frieden?« – »Frieden!« will in der Verlängerung ja auf den *Friedensvertrag* hinaus."[27] Natürlich gab es so etwas 'früher' – im entsprechenden Milieu und bei den entsprechenden Gruppen; natürlich gibt es so etwas auch heute – im entsprechenden Milieu und bei den entsprechenden Gruppen. Doch daran ist wenig berichtens- und sensationswert, also redet man über anderes, heute wie auch 'früher'. „Sie morden", so stand's 1973 im SPIEGEL[28], „notzüchtigen, schießen – wie der 13jährige Oberschüler in Berlin, der vorletztes Jahr ein 3jähriges Mädchen zu Tode würgte; wie der ebenfalls 13jährige Schüler aus Gummersbach, der eine 81jährige Rentnerin erschlug und entkleidete, weil er »einmal eine nackte Frau sehen« wollte; wie der 16jährige Gelegenheitsarbeiter in Jülich, der kürzlich gestand, »aus reiner Mordlust« ein 4jähriges Mädchen getötet zu haben ..."

In der Nacht zum 13. Dezember 1970 wurde der 58 Jahre alte Karl Hübner in Stuttgart-Freiberg von einem 18 Jahre alten Hilfsarbeiter „buchstäblich zu Tode getrampelt"[29]. Über die Schule klagte ein Gymnasialprofessor 1971[30], zu einer Zeit also, in der die heute klagenden LehrerInnen zur Schülergeneration gehörten: „In manchen Gegenden ist der Schulleiter schon heute weniger Pädagoge als vielmehr Kriminalkommissar. Da wird ihm gemeldet, daß im Schulhaus eine dreizehnjährige Schülerin Haschisch geraucht hat, daß ein älterer Schüler den Stoff vermutlich verhandelt hat, daß in der Pause ein Pärchen sichtbar und handfest Liebe praktizierte, daß der Schüler X im Verdacht steht, an einer Autoknackerei teilgenommen zu haben und so weiter ... Man hat jede körperliche Züchtigung nicht nur verboten, sondern sie auch mit gerichtlicher Verfolgung bedroht, aber niemand sagt einer jungen Lehrerin, wie sie sich gegen freche Zudringlichkeit jugendlicher Flegel wehren könne, und niemand zeigt dem Lehrer einen Weg, wie er einen Schüler zur Vernunft bringen kann, der grausam und mitleidlos auf einen schwächeren Schüler einschlägt. Wir sonnen uns in pädagogischen Theorien und vergessen darüber die Härte des pädagogischen Alltags ... "

Ähnliches berichtet von 'früher' Hans Zulliger, in den 50ern Lehrer in der Schweiz, einer der Wegbereiter psychoanalytischer Pädagogik: „Was ich zu erzählen mich anschicke, ist vor vielen Jahren geschehen ... In einer kleinen Landstadt der Schweiz von etwa 30 000 Einwohnern gab es ein Progymnasium mit nachfolgendem Gymnasium ... Schreiben, Zeichnen und Singen erteilte der Lehrer Heuberger, ein pyknisch-rundlicher, jovialer Fünfziger, gutmütig, weich, nachgiebig und hilflos ... Die Schüler betrachteten ihn als Schwächling, und über ihn ergoß sich die ganze Wut, die sie der anderen Lehrer wegen in sich gesammelt hatten ... Der Mathematiklehrer wunderte sich und bildete sich etwas darauf ein, daß die Klasse so gute schriftliche Klausuren zustandebrachte. Er wußte nicht, daß abwechslungsweise jeweils einer der besten Rechner auf den Abort ging, sobald er mit einer Aufgabe fertig war, und dort einen Zettel mit den Lösungen hinlegte ... Den Deutschlehrer brachte man klein, indem man ihm statt des Meerrohrs[31] des Abwarts[32] ein anderes brachte, das beim Schlagen in

Stücke ging, man hatte es entsprechend mit einem Taschenmesser präpariert ... An dem militärischen Betrieb Herrn Mosimanns hatte man sich zuerst erlustiert. Dann kam er den Schülern langweilig vor. Sie verabredeten, während des Unterrichts bei Herrn Mosimann alle ihre Bewegungen wie Automaten zu machen und die Silben zu skandieren ... Den Naturkunde- und Geographielehrer ärgerten sie bis zur Weißglut, indem sie nicht mehr zu lachen aufhörten, wenn er einen seiner Witze vom Stapel gelassen hatte ... Am ärgsten trieb man es mit dem Rektor. Man beizte[33] ihm Stahlfedern, Bleistiftstümpchen, Papierfetzen, Brotstücklein und freute sich, wenn er seine Untersuchungen in Gang setzte ... Die Turmuhr auf dem Schulhaus schlug alle Viertelstunden. Und jedesmal, wenn sie schlug, begannen die Schüler mit einem Schneuz- und Hustkonzert, das nicht aufhören wollte ...“[34]

Da trieb eine Volksschuloberstufe 1948 mit stillschweigender Billigung des ganzen Dorfes den Schulleiter ebenso systematisch ins Irrenhaus (indem sie z.B. während des Unterrichts die Wandtafel mit Früchten bombardierte) wie zehn Jahre später eine gymnasiale Oberstufe ihren Deutschlehrer; wiederum zehn Jahre später verprügelten im ländlichen Bereich gerade entlassene Hauptschüler noch im Klassenzimmer ihren früheren Klassenlehrer; wieder zehn Jahre später zerstach man die Reifen von Lehrerautos; da stürmt in den friedlichen 50ern mitten im Unterricht ein Vater, Amateurboxer, ins Klassenzimmer und schlägt den Lehrer ohne ein Wort zu sagen K.o.; während der Lehrer mit Rasierschaum im Gesicht vor dem Spiegel steht, stürzt ein Vater ins Zimmer und will handgreiflich seine Wut an ihm auslassen ... Dies alles und Schlimmeres war ‘früher’ durchaus nicht unüblich. So beschreibt Thomas Mann in den Buddenbrooks, erschienen im Jahre 1900, eine Unterrichtsstunde beim Kandidaten Modersohn.[35]

„Es wurde nicht einmal ein wenig stiller in der Klasse, als es zur vierten Stunde schellte. Alles schwatzte und lachte, voll Freude auf den Tanz, der nun bevorstand ... Einige ahmten Tierstimmen nach. Ein Hahnenschrei zerriß die Luft, und dort hinten saß Wasservogel und grunzte genau wie ein Schwein, ohne daß man sehen konnte, daß diese Laute aus seinem Innern kamen. An der Wandtafel prangte eine große Kreidezeichnung, eine schielende Fratze, die der Rhapsode Timm vollbracht hatte ...“[36]

Knallerbsen, ein mit Tinte beschmiertes Lehrerpult, immer lauter werdendes Grunzen, gegen die Fensterscheibe prasselnde Erbsen: „Die Ordnung in der Klasse läßt zu wünschen übrig“ – mehr wagt Kandidat Modersohn nicht. Als er Schüler ein Gedicht aufsagen lassen will, heißt es bei den aufgerufenen Namen „fehlt“, „verstorben“, „leider dem Wahnsinn verfallen ...“ – Gewalt gegen einen Lehrer!

Diebstähle, Sachbeschädigungen, Erpressungen, Freiheitsberaubungen, Körperverletzungen, begangen von Jugendlichen – auch davon berichtet Hans Zulliger.

„Ein ... Lehrerssohn, der von auswärts kam, war mit dem Rektor gut befreundet, und es wurde ruchbar, daß der Bub dem Schulgewaltigen ab und zu von den Vorgängen in der Klasse berichtete. Manfred warnte ihn, verbot es ihm. Der Kamerad lächelte blöd. Am Nachmittag fand er seine Fahrradschläuche von Stecknadeln durchlöchert. Er meldete es sofort dem Rektor, sagte ihm, er habe Manfred als Täter im Verdacht. Manfred mußte ‘vor Gericht’, mußte gestehen und erhielt eine Tracht Prügel. Als er zurückkam, organisierte er sofort ein Team von Helfershelfern, um dem Verräter aufzulauern. Sie warteten ihm an einer Waldecke, nahmen ihn von seinem Rad, verbläuten ihn nach Noten und zerstachen ihm vor den eigenen Augen die Fahrradschläuche, drohten ihm sie würden dies weiter tun, wenn er vor dem Rektor den Angeber spielen würde. Der Bub versprach hoch und heilig, nicht einmal zu Hause zu melden, was geschehen war, und er hielt sein Versprechen.“[37]

Schlägereien unter Schülern verliefen keineswegs so ritualisiert, wie uns dies nostalgische Sozialromantiker einzureden versuchen. Oskar Maria Graf etwa erzählt von ‘früher’:

„Selbigesmal, wo der Martl Keuchhusten gehabt hat und deswegen nicht in die Schule hat gehen dürfen, sind die zwei Unterberger, der Ambros-Eni und der Toni, der, wie alle gewußt haben, daheim jede Nacht ins Bett genäßt und sogar manchmal in der Schule das Wasser nicht hat halten können, mit dicken Prügeln hinterrücks auf mich her, weil ich den Toni immer »Bettsaicher« geheißen habe ... Die zwei sind mit ihren Prügeln in der Übermacht gewesen, auf dem Kopf, im Gesicht und an den Händen hab ich schon geblutet und bin auf und davon..."[38]

Ich selbst erlebte in den 50ern in einem sehr autoritär geführten katholischen Internat, wie Schüler regelmäßig den Klassen für kollektive 'Abreibungen' freigegeben wurden. Einmal paßte meine Klasse zwei Mitschüler nach dem Essen vor dem Speisesaal ab, traktierte sie mit Händen und Füßen. Sie wurden von der Meute durch das ganze Internat gejagt, bis sie sich in den WC's einschlossen. Daraufhin kletterten einige von oben hinein, zerrten sie wieder heraus. Man schlug und trat nach ihnen, bis sie sich nicht mehr wehrten. Tagelang waren die grün-blau-violetten Schwellungen, Prellungen und Blutergüsse zu sehen, selbst im Gesicht. Da wir ein öffentliches Gymnasium besuchten, blieb dies weder den MitschülerInnen aus der Stadt noch den LehrerInnen verborgen. Alle wußten Bescheid, niemand kümmerte sich darum. Als eine neue, noch sehr junge Musiklehrerin entsetzt fragte, was denn passiert sei, ermahnte sie der Schulleiter nach einer Beschwerde seitens des Internats, sich um solche Dinge in Zukunft nicht mehr zu kümmern. Eine ähnliche Atmosphäre beschreibt Franz Werfel.[39]

„Als die Klasse aus einem Lehrzimmer des zweiten Stockwerkes in den Exerzierhof hinabstieg und das Stiegenhaus vom Gepolter laut erschallte, drängte sich Steidler dicht an Ferdinand heran. Während er ruhig mit einem anderen sprach, packte er unversehens die Hand seines Gegenspielers und drehte sie schnell im Gelenk um. Aufschreiend und dann wimmernd fiel Ferdinand um. Die verstauchte Hand schwoll sofort an ... Weber aber ergriff vorsichtig ein Tintenfaß, das auf dem Tisch stand, und schleuderte es unversehens auf Steidler. Der Wurf war gut gezielt. Dem Feinde troff die Tinte vom Gesicht und verdarb seine Sonntagsmontur. Eine große, aber gelungene Rache, gegen die es keine Berufung gab, denn eine Anzeige hätte den Kläger mit ins Verderben gezogen. Steidler warf sich auf Weber, und im Nu war von allen Seiten eine rasende Schlacht entbrannt. Der Ansturm galt aber nicht nur den beiden Außenseitern. Die Wut und Erbitterung, die alle gegen alle während des Semesters in sich aufgestapelt hatten, kam zum Ausbruch. Einzelne Paare verbissen sich brüllend ineinander..."

Von wegen »Frieden«! Der war auch auf dem Schulweg nicht zu finden, wie sich Carl Zuckmayer erinnert: „...sie lauerten uns auf, um uns zunächst durch Spott- und Schimpfworte aufzureizen ... Dann schmissen sie mit Steinen oder verstellten einem, gewöhnlich in einer geschlossenen Gruppe, den Weg. Ausreißen war unmöglich, man hätte sich vor Freund und Feind, auch vor sich selbst, ewiger Verachtung ausgesetzt. So mußte man, wenn auch mit vollen Hosen, trotzig erhobenen Hauptes und mit verächtlicher Miene an ihnen vorbei oder durch ihre drohende Phalanx hindurchmarschieren. Manchmal begnügten sie sich damit, nach uns zu spucken oder uns von hinten Roßäpfel ins Genick zu werfen, manchmal aber fielen sie über einen her, um einem den Schlupp am Matrosenkragen, den vornehmen Schulranzen, die Bänder von der Kappe herunterzureißen, man wehrte sich, und es kam zur Rauferei, bei der man recht übel zugerichtet oder auch, besonders bei Regenwetter und Matsch, im Dreck gewälzt werden konnte."[40]

Einen anderen Weg zu nehmen, was möglich gewesen wäre, verbot ihm sein Stolz.

„Kam ich von einem solchen Nahkampf mit den Gassenbuben nach Hause, so war ich noch dazu den Vorwürfen ausgesetzt, ein unverbesserlicher Raufbold und selbst ein Gassenbub zu sein, manchmal sogar einer Strafe wie dem Entzug des Nachtischs, was ich verbissen mit einem hochmütigen Martyrium auf mich nahm. Den verstauchten Daumen, den ein Folterknecht heruntergebogen hatte, kühlte ich heimlich unter kaltem Wasser. Ich hätte lieber meine Zunge verschluckt, als den wahren Sachverhalt zu erklären ..."[41]

Louis Pergaud schließlich schildert in „Der Krieg der Knöpfe“, jenem „übermütigen, frechen Buch, das alle Wunder und Schrecken der Kindheit enthält und in der Welt der Jungen auch die der Erwachsenen widerspiegelt“[42] und nach dem 1968 „der preisgekrönte Film entstand, der Millionen entzückte“,[43] die Bestrafung des ‘Verräters’ Bacaillé. Zunächst schnitten ihm die Bandenmitglieder alle Knöpfe ab. Bacaillé jammerte, das würde er seinen Eltern sagen. Da drohte der „General“, wenn er nicht aufhöre, würden sie ihm die Schnauze mit dem Rotzlappen stopfen. Dann banden sie Bacaillé nackt auf die Bretter des zerstörten Tisches. Jeder der vierzig Longeverner schlug ihn mit einer Weidenrute. Sie bespuckten ihn, bepißten und verunreinigten seine Kleidung auf jede erdenkliche Art.

„Seiner Fesseln ledig, mit blutendem Hintern, verzerrtem Gesicht und Augen, die vor Entsetzen aus den Höhlen traten, stand Bacaillé da, während seine Kleidungsstücke ihm wie übelriechende Pakete einzeln ins Gesicht klatschten ...“

Durch ein entsetzliches Geheul aus den Häusern gelockt, sahen später die Einwohner von Longeverne „Bacaillé auf dem Fußpfad auftauchen. Krummbeiniger denn je und aus letzter Kraft brüllend kam er angerannt, nackt oder doch fast nackt, da er nichts auf dem Leibe hatte als sein Hemd und nichts an den Füßen außer den Schuhen, an denen die Schnürsenkel fehlten. Unter den Armen hielt er zwei Kleiderpakete – und er roch, er stank schlimmer als sechsunddreißig verwesende Tierkadaver ... Bacaillés Schenkel waren von Blut gerötet, ganze Fäden von Speichel rannen an seinen Beinen hinab. In den verdrehten Augen standen keine Tränen mehr, seine Haare waren starr und verklebt wie die Stacheln eines Igels, und er zitterte wie ein welkes Blatt, das sich von seinem Zweig lösen und mit dem Wind davonfliegen will.“[44]

So war das ‘früher’, vor 1914, in einem kleinen idyllischen Dorf im französischen Jura mit intakter Sozial- und Familienstruktur. Gewiß, es handelt sich um einen literarischen, keinen historischen Text; ebenso gewiß aber hat Pergaud wenig erfunden. Von Gewalt, die „sich im Austausch hochsymbolischer, ritueller Gesten sublimiert und ausdrückt“,[45] wie manche Vergangenheitsidylliker so beredt schwärmen und nach der sie „inzwischen fast eine Art Heimweh“[46] empfinden, ist da wenig zu entdecken.

„Die Kinderzucht verfällt immer mehr“ – Erklärungsmuster früher

Natürlich suchte man auch ‘früher’ nach Erklärungen. Ende des 19. Jahrhunderts notierte der Pfarrer eines schwäbischen Dorfes in seinem Pfarrbericht: „Die Kinderzucht zerfällt immer mehr, schon weil keine Frömmigkeit und keine sittlichen Grundsätze herrschen, namentlich aber, weil die Kinder von der Fabrik Verdienst bringen, und sich als die Stütze ihrer Eltern gerieren.“[47]

Nach der Bestrafung des „Verräters Bacaillé“ werden den Longevernern – eine Abreibung durch ihre Eltern hatten sie schon hinter sich – auch in der Schule die Leviten verlesen.

„Aufrecht und mit strenger Miene, das Ebenholzlineal in der Hand, stand der Lehrer auf seinem Katheder und begann mit einer Strafpredigt, in der er seinen Schülern mit energischen Ausdrücken ihr unglaubliches Benehmen von gestern vorhielt und erklärte, daß ein solches Verhalten unwürdig zivilisierter Bürger sei, die in einer Republik lebten, welche die Worte »Freiheit, Gleichheit, Brüderlichkeit« auf ihre Fahnen geschrieben habe. Daraufhin verglich er sie mit den abscheulichsten und entartesten Wesen der Schöpfung: mit den Apachen, den Menschenfressern, den Heloten der Antike, den Affen von Sumatra und Zentralafrika, den Wölfen, den Eingeborenen von Borneo, den türkischen Baschi-Buzukus, den Barbaren vergangener Zeiten.“[48]

Der Psychoanalytiker und Pädagoge Bernfeld bilanzierte 1925: „Die erziehende Funktion der Familie ist allerorten in Frage gestellt, die pädagogischen Hausmittel, mit denen die Großeltern sich zu helfen wußten, scheinen nicht mehr zu wirken, wenigstens haben sie das meiste von ihrer Autorität und Geltung verloren, die Unsicherheit in allen Wert- und Gesellschaftsfragen nimmt den Eltern den Mut, ihren eigenen Willen rücksichtslos durchzusetzen ...“[49]

Nach dem erwähnten Mord in Stuttgart-Freiberg 1970 wiesen die katholischen und evangelischen Pfarrer dieses Vororts darauf hin, „daß der junge Mann aus einer sehr kinderreichen Familie stamme und sich »in unserer Stadt gerade in solchen Familien die Fälle innerer, seelischer Verwahrlosung mehren«. Aus einem Erziehungsheim sei der junge Mann zunächst entwichen und dann in ein »schärferes Heim« eingewiesen worden: »Nun stehen wir vor den Trümmern dieses Erziehungsversuches«.“[50]

Dabei handelt es sich bei diesen im Generationenwechsel regelmäßig wiederkehrenden Klagen um uralte Geschichten. Schon auf Keilschrifttafeln aus der Zeit des Hammurabi (1728–1686 v. Chr.) findet sich Ähnliches. Das klassische Beispiel lieferte Platon (427–347 v. Chr.). In seiner Jugend selbst ein „Antiautoritärer“, jenen Schülern des Sokrates zugehörig, von denen dieser sagte, sie „versuchen selbst, andere zu untersuchen, und finden, glaube ich, eine große Menge solcher Menschen, welche zwar etwas zu wissen glauben, aber wenig oder nichts wissen.“[51] Wer sich der Apo-Zeiten erinnert, kann das Entzücken der vornehmen Gesellschaft Athens darüber nachempfinden. Es endete ja auch entsprechend: Tod für Sokrates.

Als Fünfzigjähriger dagegen sieht Platon durch derartiges Treiben gar die Demokratie bedroht: „Der Lehrer zittert in einem solchen Zustande vor seinen Zuhörern und schmeichelt ihnen; die Zuhörer aber machen sich nichts aus den Lehrern ...“[52]

Vergleichbare Taten, ähnliche Worte, dieselbe Melodie: Man könnte Seite um Seite füllen, und jede Seite zeigte deutlicher: Gewalt von Heranwachsenden gab es immer. Zu fragen ist, ob diese Gewalt neue Qualitäten zeigt; ob es sich dabei nur um andere, zeitbedingte Erscheinungsformen handelt oder gar um eine geänderte Betrachtungsweise und eine andere Einschätzung durch die Gesellschaft.

3. Wirklichkeit und Wahrnehmung

Menschliche Aggressivität, menschliches Dominanzstreben und menschliche Destruktivität gibt es und gab es immer. Jede Gesellschaft muß mit solchen 'normalen' Menschen rechnen und auf sie vorbereitet sein, auf Menschen, die auch „hilfreich, edel und gut" sein können, ebenso aber fähig zu Zorn und Haß, Gemeinheit, Hinterhältigkeit und Gewalttätigkeit, bereit, ihren Vorteil rücksichtslos wahrzunehmen, zu vergewaltigen und zu töten. Es erstaunt daher, wie heftig, beinahe fassungslos die Öffentlichkeit über Gewaltbereitschaft unter Heranwachsenden diskutiert. Feierte doch die Menschheit gerade in diesem Jahrhundert Orgien der Gewalt wie noch nie in ihrer Geschichte: zwei Weltkriege mit 70 Millionen Toten, Auschwitz, Pol Pot in Kambodscha und der Bürgerkrieg im ehemaligen Jugoslawien sind nur Beispiele dafür. Solche Gewalt entspringt keineswegs dem Nichts oder befällt Menschen über Nacht mit Erreichen der Volljährigkeit. Zwischen Gewalt, die von Erwachsenen und solcher, die von Kindern ausgeht, zu unterscheiden, scheint daher unzulässig. Es handelt sich um ein und denselben Tatbestand. Nimmt man den Begriff des „Erwachsenseins" so ernst, wie es die Gesellschaft voraussetzt, müßte von Erwachsenen ausgehende Gewalt sogar schärfer verurteilt und sorgenvoller kommentiert werden als die bei Kindern beobachtete. Denn Kinder gelten als noch unfertige Menschen, die zu lernen und einzuüben hätten, was den Erwachsenen ausmache. Doch verhalten wir uns ganz anders. Wenn 1992 den Gewaltausbrüchen Heranwachsender 17 Menschen fremder Herkunft zum Opfer fielen, reagiert die Öffentlichkeit zu Recht entsetzt. Alltägliche *Gewalt gegen Heranwachsende*, mindestens ebenso Anlaß zum Erschrecken, nehmen dagegen nur damit befaßte Fachkreise wahr. Allein in der alten Bundesrepublik sterben *jährlich*, die Angaben schwanken, zwischen 80[53] und über 200[54] Kinder an den Folgen elterlicher Prügel, wobei manche „regelrecht ermordet werden."[55] Und die britische Hilfsorganisation „Save the Children" teilte mit, von den derzeit in aller Welt tobenden Kriegen würden immer mehr Kinder erfaßt, „seit dem Zweiten Weltkrieg habe es nicht mehr so viele Kriegsopfer unter Kindern und Jugendlichen gegeben. Die Zukunft vieler, die nicht in den Wirren umkämen, sei zerstört."[56] Ebenso nehmen wir fast nur beiläufig zur Kenntnis, wenn Monat für Monat in Deutschland Hunderte von Menschen im Straßenverkehr umgebracht, rund 30 000 verletzt werden.

Betrachtet man die unter Jugendlichen beobachtete Gewalt näher, ergibt sich etwa folgendes Bild:

1. Die Gewaltbereitschaft bei Jugendlichen läßt keinen Unterschied zwischen Deutschland (West) und Deutschland (Ost) erkennen. Dabei arbeitete die DDR-Pädagogik mit mehr formalen Autoritätsmechanismen als die Pädagogik in den alten Bundesländern.

2. Stellt man Vergleichbares nebeneinander – also etwa München neben Stuttgart oder Köln, nicht Bayern, neben NRW – finden sich keine gewichtigen Unterschiede in den alten Bundesländern.

3. Parallel zu der Gewaltwelle in den neuen Bundesländern läuft – wie immer wieder fast nebenbei berichtet wird – eine Selbstmordwelle. Diese erregte wesentlich weniger öffentliche Aufmerksamkeit. Über eine ähnliche Selbstmordwelle unter Jugendlichen war vor einiger Zeit auch im Westen zu lesen.[57] Sie wurde ebenfalls kaum wahrgenommen.

4. Eine grundsätzlich neue Qualität der Gewalt zwischen 'früher' und heute läßt sich insoweit feststellen, wie sich moderne Kriege von Kriegen 'früher' unterscheiden. Diese werden selbstverständlich 'zeitgemäß' geführt. Ebenso selbstverständlich gehören in die Abteilung 'zeitbedingte Erscheinungsformen' kindlich/jugendlichen Verhaltens auch die

'Waffensammlungen', die in keinem Pressebericht fehlen. „Pistolen und Würgehölzer, Klappmesser, Krummesser und Hakenmesser, Stilette und Spezialscheren, Wurfsterne und Sternschleudern an Ketten, Baseballschläger und massenhaft Spraydosen“[58] – eben nicht Beweise für eine gewachsene Kriminalität, sondern für den gewachsenen Wohlstand, der den Erwerb solcher Geräte ermöglicht, sie gar zum Statussymbol erhebt. Denn stellte man den Inhalt von Bubenhosentaschen aus früheren Zeiten daneben – vom Bindfaden über den Angelhaken, das Taschenmesser, die Steinschleuder, Käpseles- oder Pfropfpistole, aufgebohrten Schlüssel, dazu dann noch Blasrohr aus Holunder, Bogen mit Schilfrohrpfeilen, Schilde und Holzschwerter ... – spiegelte diese wiederum nur zeit-, angebots- und wohlstandsbedingte Unterschiede wider.

Festzuhalten bleibt, wie unterschiedlich die Gesellschaft auf Gewalttaten reagiert: Verkehrsopfer nimmt sie als Opfer von Gewalt kaum wahr; erschlagen Eltern ihre Kinder, berührt dies weniger, als wenn Kinder ihre Eltern erschlagen. Bei Grausamkeiten, die Menschen unmittelbar Menschen zufügen und die gewissermaßen 'vor unseren Augen geschehen'– etwa die Folterung und Ermordung der 13jährigen Melanie in Schwedt – verhalten wir uns, als sei so etwas zuvor noch nie geschehen. Dabei stoßen wir auf ähnliche Beschreibungen schon in den Berichten des Bartolemeo de Las Casas aus dem Jahre 1511 über die Vernichtung der Ureinwohner Kubas durch die Spanier:

„Einst, als wir uns wohl noch zehn Meilen von einem großen Flecken befanden, kamen uns die Indianer zum Empfang entgegen und brachten uns Lebensmittel und andere Geschenke. Ihre Abgeordneten hatten eine große Menge Fische, Brot und andere Speisen bei sich und gaben uns von allem, so viel sie nur konnten. Aber plötzlich fuhr der Teufel in die Christen, so, daß sie in meinem Beisein, ohne die mindeste Veranlassung oder Ursache, mehr als dreitausend Menschen, Männer, Weiber und Kinder, darniederhieben, die rings um uns her auf der Erde saßen. Hier nahm ich so unbeschreibliche Grausamkeiten wahr, daß andere Sterbliche dergleichen wohl schwerlich gesehen haben oder sie für möglich halten möchten ... Nachdem nun die Spanier die meisten Eingeborenen dieser Insel unterjocht oder umgebracht hatten, die übrigen aber sahen, daß sie ohne Rettung verloren seien und umkommen müßten, so flüchteten sich einige ins Gebirge, andere hängten sich aus Verzweiflung auf. Männer und Weiber neben ihren Kindern taten eben das. Unter andern knüpften sich mehr als zweihundert Indianer auf, um nur den Grausamkeiten eines einzigen – mir wohlbekannten – Spaniers zu entgehen, welcher der ärgste unter allen übrigen Barbaren war.“[59]

Aus dem Dreißigjährigen Krieg werden solche Grausamkeiten ebenso überliefert wie aus den beiden Weltkriegen, aus Vietnam oder dem Bürgerkrieg auf dem Boden des ehemaligen Jugoslawien. Wer aus den Ereignissen der letzten Zeit eine „Rückkehr der Gewalt in den Alltag »zivilisierter« Gesellschaften“[60] herausliest, übersieht, daß diese nie fort war. Sie unterliegt lediglich nicht in allen Bereichen gleicher Mißbilligung und wird unterschiedlich wahrgenommen. Die Fakten nüchtern nebeneinandergestellt lassen befürchten, Auschwitz stelle keineswegs ein einmaliges Ausrasten menschlichen Gewissens dar, sondern gehöre zu den Möglichkeiten des Menschen und könne sich jederzeit fast überall wiederholen. Je weniger wir diese Gefahr verdrängen, um so eher können wir ihr begegnen. „Es müssen Ungeheuerlichkeiten als wirklich geschehen und als in der Zukunft prinzipiell wiederholbar erlebt werden. Der Einzelne muß sich vorstellen können, daß er potentieller Täter und potentielles Opfer von Vernichtung ist.“[61]

Allerdings wird auch von Gesellschaften berichtet, die Gewalt der beschrieben Art nicht hervorgebracht hätten. Zu fragen ist also nach den Bedingungen – in unserem Falle vor allem im Bereich der Erziehung – die Gewalttaten wahrscheinlicher oder unwahrscheinlicher machen. Eine Antwort sollte übergreifende, internationale Gesichtspunkte der Probleme ebenso berücksichtigen wie deutsche Besonderheiten.

Verstärktes öffentliches Interesse für Schule und Erziehung

Der Lehrerssohn, von dem Zulliger erzählt, wagte nicht einmal seinen Eltern anzuvertrauen, was ihm widerfahren war. Daher gab es keinerlei öffentliches Aufsehen. Es hätte im übrigen niemanden sonderlich interessiert – damals eine alltägliche Geschichte. Ganz anders heute: Sahin, 16 Jahre alt, in Berlin geborener Türke, schlägt am 16.02.1993 „einen Mitschüler zusammen, von dem er glaubt, er hätte ihn bei der Schulleitung »verpfiffen«."[62] Die Eltern des Geschlagenen erstatten Anzeige, die Gesamtlehrerkonferenz beantragt bei der Schulbehörde Verweisung von der Schule, die Rechtsstaatsmaschinerie gerät in Bewegung, die Öffentlichkeit hat einen 'Fall'. Dabei habe er, wie Sahin beteuert, dem Mitschüler nur einen Schlag versetzt, „wirklich nicht mehr. Dann tat er mir schon wieder leid. Wir sind heute Freunde".[63]

Die beiden Beispiele zeigen: Nicht das Verhalten von Kindern oder Jugendlichen hat sich geändert, sondern die Wahrnehmung Erwachsener. Noch 1959 sprach der Jugendforscher Muchow im Zusammenhang mit den „Halbstarkenkrawallen" davon, sie seien „an Zahl und Bedeutung unverkennbar zurückgegangen ... seitdem die Presse in kluger Zurückhaltung nur noch in kurzen Notizen von ihnen spricht"[64]. Im Jahr 1993 dagegen stellte ein anderer Jugendforscher, Roland Merten, fest, daß die von 6% der Jugendlichen verübten Gewalttaten nur 3% der vom Bundeskriminalamt insgesamt registrierten ausmachten, aber 47% der entsprechenden Pressemeldungen.[65]

Seit Mitte der Sechziger rückten Fragen der Erziehung in das Zentrum politischer Auseinandersetzungen, also auch des Medieninteresses und damit der Öffentlichkeit. Je mehr die Schule sich zu einer Instanz der Zuteilung von Lebenschancen entwickelte, desto mehr steht sie im Mittelpunkt der Aufmerksamkeit von Eltern. Sie reagieren besonders empfindlich, wenn sie durch 'Störungen', welcher Art auch immer, die ihnen vorschwebende Schullaufbahn ihrer Kinder gefährdet sehen. Diese Entwicklungen zusammen sichern Schule und Erziehung die Aufmerksamkeit der Öffentlichkeit in einem bisher nicht gekannten Ausmaß. Diese Aufmerksamkeit dringt bis in die letzten Winkel, in denen Generationen zuvor unbeobachtet und unkontrolliert Lebensmöglichkeiten erproben konnten. Nun wird registriert, was vorher als 'normal' hingenommen worden war, z. B. Disziplinprobleme bzw. Gewalt an den Schulen.

Entwicklung der Sozialwissenschaften

Das Datensammeln in den Sozialwissenschaften, etwa durch Umfragen bei beruflich mit Erziehung und Ausbildung Befaßten, enthält problematische Teile. Urteilen doch dabei Erwachsene in einer bestimmten Funktion, aus einer bestimmten Interessenlage und aus einer bestimmten soziokulturellen und historischen Situation heraus über Kinder. Da werden z. B. Verhaltensauffälligkeiten auch als störendes Verhalten bezeichnet. Es kommt nicht zur Sprache, daß auffälliges Verhalten immer in Bezug auf ein bestimmtes soziales Umfeld definiert wird.[66] Wer sich zu einer bestimmten Zeit an einem bestimmten Ort in einer bestimmten Gruppe anders verhält als üblich oder zu erwarten wäre, wirkt „auffällig". Dies läßt keinerlei Rückschlüsse zu, ob das „angepaßte" oder das „auffällige" Verhalten erwünscht, richtig oder erfolgreich ist. Das Fehlen von Verhaltensauffälligkeiten kann geradezu Fehlentwicklungen andeuten. Wenn das drei- bis vierjährige Kind nicht schwierig ist, wenn der Sechzehnjährige immer noch brav und ohne 'Warum' und Widerrede folgt, sind das Warnzeichen. In diesen Altersstufen signalisieren Reibereien mit der Umwelt eine positive Selbstentfaltung.

Mißtrauen empfiehlt sich auch, weil zu fragen ist, ob Vergleichbares verglichen werde. Dabei geht es zunächst einmal um die Definition von Begriffen, etwa von Gewalt. Erst bei eindeutig definierten Sachverhalten, nach einheitlichen Kriterien erfaßt, machen Vergleiche einen Sinn. Selbst dann aber dürfte dies im Bereich historischer Sozialstatistiken so einfach nicht sein. Erst wenn man Daten aus der Gegenwart mit historischen vergleicht, und dies geschieht nur selten, lassen sich Schlußfolgerungen ziehen. In einem Leserbrief an den SPIEGEL wies ein Prof. Dr. med. G. Nissen 1976 darauf hin, wie vorsichtig man dabei vorgehen müsse, wenn er unter Verweis auf entsprechende Statistiken ausführte:

„Die Kinder- beziehungsweise 'Schülerselbstmorde' haben in den letzten 100 Jahren nicht zu-, sondern abgenommen. In Preußen wurden von 1869 bis 98 jährlich etwa 80 Selbstmorde von Kindern bis zum 14. Lebensjahr registriert. In der BRD waren es bei etwa zwei- bis dreifach höherer Bevölkerungszahl 1950 32, 1970 87 und 1974 58 Kinder bis zum 14. Lebensjahr, die sich das Leben nahmen."[67]

Weiterhin wirken sich bei Datenvergleichen mit 'früher' die stetig verbesserten statistischen und diagnostischen Erfassungsmethoden verfälschend aus. Vereinfacht ausgedrückt, was 'früher' mit einer Ohrfeige erledigt und abgehakt wurde, kann heute folgenreiche Untersuchungen und öffentliches Echo auslösen. Die Verbesserung der Methoden veränderte auch die Wahrnehmungsbereitschaft mit z.T. bedenklichen Folgen. „Psychisch kranke Jugendliche: Wo sind sie geblieben?"[68] wird da im Bericht über eine Veranstaltung mit Psychologen und Fachärzten gefragt und damit argumentiert, daß 15 bis 20 Prozent aller Jugendlichen unter seelischen Störungen litten, 5 Prozent in ihrer geistigen und seelischen Entwicklung zurückblieben. „Betretenes Schweigen herrschte gar am Tisch der Veranstaltungsorganisatoren, als die Psychologin die Zahlen ... 'übersetzte': Bei etwa 11 000 Kindern und Jugendlichen im Kreis müßten nämlich etwa 550 in ihrer Entwicklung so gestört sein, daß eine Therapie eigentlich unabdingbar wäre – ganze neun Fälle ... seien im letzten Jahr von hier zur Behandlung ... überwiesen worden ... Ihre Frage, »Wo sind sie denn dann geblieben – die psychisch kranken Kinder?«, blieb unbeantwortet."[69]

Die Problematik liegt auf der Hand. Abgesehen davon, daß hier das statistisch vermutete Ausmaß an Gestörtheit zum Maß für Normalität erhoben wird, spricht man gleichzeitig Menschen das Recht ab, Lebenskrisen in eigener Verantwortung aufzuarbeiten. Nimmt man solche Darlegungen mit betretenem Schweigen hin, zeigt dies, wie allzuhäufig der Glaube an die Wissenschaft kritisches Nachdenken ersetzt.

Auch sind die Gefahren und die Versuchungen mit unserem Wissen über menschliches Verhalten gewachsen. Hier trete, schrieb Erikson schon 1950, „die Psychologie in ihre menschliche Krise. In vieler Hinsicht nämlich spiele sie die Rolle des Manipulators des menschlichen Willens",[70] und er fuhr fort: „Menschliche Probleme werden dabei so behandelt, als sei das menschliche Wesen ein Tier oder eine Maschine oder ein statischer Gegenstand."[71] Inzwischen entstanden vorher unvorstellbare Abhängigkeiten von allem „Fachmännischen". „SchülerInnen sollen freiwillig müssen", könnte man die Hoffnung solcher Pädagogik auf das perfekt manipulierbare Kind umschreiben, das ohne Sträuben will, was es soll, letztlich Ausdruck des Versuchs, kontrollierenden Zugriff auf die Zukunft zu gewinnen. Geburt, Werden, Wachsen, Reifen und Lernen von Kindern aber erfolgen aus sich selbst. Deshalb braucht menschliches Leben Freiheit, um sich entfalten zu können. Erziehung soll begleiten, stützen und schützen. Ein immer perfekterer, immer fachmännischerer, immer mehr kontrollierender Zugriff bedroht diese Freiheit an ihrer Wurzel, nämlich in der Kindheit.

Wenn schließlich selbst in der Physik der Beobachter immer Teil des Beobachtungsprozesses ist, immer nur Ausschnitte der Wirklichkeit wahrnimmt, wieviel mehr gilt dies für alle Sozialwissenschaften! Die Untersuchung verändert, was sie untersucht. Ihre Ergebnisse enthalten immer auch Aussagen über den Untersuchenden und haben, an wissenschaftlichen Maßstäben gemessen, nur historische Gültigkeit.

Wohlstand und Kleinfamilie

Immer wieder stößt man auf Argumente, so gebräuchlich wie unhaltbar. „Einen Grund für die steigende Zahl jugendlicher Ausreißer sieht (man) darin, daß ... längst amerikanische Verhältnisse herrschen: immer mehr Eltern, die beide arbeiten und bis zu zwei Dritteln ihres Gehaltes für Miete ausgeben müssen."[72] Nun soll hier ein sozialer Skandal nicht schöngeredet werden, aber feststeht, daß es darum nur selten besser, in der Regel sehr viel schlechter bestellt war. Noch in den Fünfzigern gab es die 45-Stunden-Woche, wo beide Elternteile arbeiten mußten, von den Wohnverhältnissen ganz zu schweigen. In dem schon erwähnten Pfarrbericht über ein schwäbisches Dorf aus dem Jahre 1898 heißt es:

„Die Erwerbsverhältnisse wären die denkbar ungünstigsten ohne den lohnenden Fabrikverdienst, da der Obstbau, früher eine Hauptquelle des Wohlstands, mehr und mehr zurückgeht, ebenso der Feldbau. Die ehemals betriebene Handweberei ist längst nicht mehr konkurrenzfähig und wird bald gänzlich verschwinden. Es ist für manche nahezu unmöglich, ihre Güter zu bestellen, weil alt und jung zur Fabrik geht. Die ohnedies schlechte Rentabilität der landwirtschaftlichen Güter wird hierdurch um ein gut Teil verschlechtert. In manchen Häusern widmen sich drei bis fünf Familienmitglieder der Fabrikarbeit ..."[73] und über die Mutter wird berichtet: „Ich bin heimgekommen, hab' den Schulranzen weggelegt, dann muß man schnell essen, und dann ist da gestanden: Komme da und da ... Meine Mutter ist schon fort gewesen, die hat ihr Sach' mitgenommen morgens, ein bißle Brot und ein bißle Wurst in einem Körble; da ist sie morgens fort, war den ganzen Tag weg ..."[74]

Nein, näher kommen wir der Sache, wenn wir vom anderen Ende ausgehen. *Noch nie in der Geschichte unseres Landes gab es so viele Mütter, die so viel Zeit hatten, sich behütend, sorgend, kontrollierend um ihre Kinder zu kümmern.* Und diese Mütter wachen mit Argusaugen über ihre Sprößlinge, bereit, sofort Alarm zu schlagen. Wenn sich Gewalttätigkeit in allen Schichten und Gruppen findet, so ist das Wahrnehmen der Gewalt überwiegend ein Problem solcher Mütter.

Wenn LehrerInnen älter werden

Geprächspartner der Öffentlichkeit in der laufenden Gewaltdiskussion bildet auf Seiten der Lehrerschaft vorzugsweise die Generation der etwa 40jährigen,[75] LehrerInnen also, die rund 15 Jahre im Schuldienst arbeiten. „In einer Studie über 120 Züricher Oberstufenlehrer glauben denn auch gut 90 Prozent, ein Lehrer erlebe seine beste Zeit in den ersten elf Dienstjahren."[76] Warum?

Eine einfache Erklärung liefert der Zoologe Bernhard Verbeek. „Das Gedächtnis ist natürlich egozentrisch strukturiert, und zwar – nur das ist vielleicht erstaunlich – mit positiver Schlagseite. In unserer Erinnerung bleiben demnach mit großem Übergewicht die Begebenheiten haften, die das Selbst besonders vorteilhaft erscheinen lassen. So läßt sich auch eine üble Vergangenheit für ihren Träger subjektiv in goldenem Licht betrachten, was allgemein eine günstige Voraussetzung für die Bewältigung der Gegenwartsaufgaben ist."[77] Und bei Anna Freud heißt es: „*Verdrängung* und *Reaktionsbildung*, die die bewußten seelischen Inhalte auf Ichgerechtes beschränken oder in Ichgerechtes verkehren, entziehen ganze Gebiete des Seelischen der Oberherrschaft des Ichs. Alle drei genannten Mechanismen stören und beschränken auch die *Gedächtnisfunktion*."[78]

Außerdem steht in dieser Zeit der Lehrer vom Lebensalter her der Schülergeneration noch nahe; versteht ihre 'Sprache'; hat selbst Freude an dem, woran die Schülergeneration Freude hat, auch am berufsbezogenen Experiment. Dadurch hebt er sich in den Augen von SchülerInnen und Eltern wohltuend von den „skeptischen, müden, verbitterten, sturen, festgefahrenen, routinierten"[79] älteren Lehrern ab.

Doch auch junge LehrerInnen altern, während SchülerInnen immer jung bleiben. So kippt das Verhältnis allmählich. Dabei verfestigen sich gewohnte Denkstrukturen und Verhaltensmuster. So wie LehrerInnen früher 'natürlich' fortschrittlich waren, werden sie nun ebenso 'natürlich' konservativ. Geradezu klassisch drückte es ein Schweizer Lehrer aus: „Vor siebzehn Jahren sei er vor die Schulpflege zitiert worden, weil er mit seiner Klasse ein französisches Chanson mit »sexuell bedenklichem« Text singen wollte ... »Heute gilt einer, der eine Pornopuppe nicht neben dem Weihnachtsbaum stehen läßt, als verschrobener Hagel«."[80]

Solche Entwicklungen betreffen ganze Lehrergenerationen. Dies mußte schon die Nachkriegsgeneration erfahren, die von den 68ern überrollt wurde. Sie wiederum verstanden die (pädagogische) Welt nicht mehr, als Schüler plötzlich 'systemangepaßt' reagierten, Leistung wieder in Mode kam. „Der Typ des linken Schüler-Revoluzzers scheint ausgestorben, Realschüler wie Gymnasiasten agieren zumeist kritiklos und nehmen unwidersprochen hin, was ihnen vorgesetzt wird. Konsterniert stellt der Gießener Gesamtschullehrer ... fest: »Der Typ des autoritären Lehrers, der das Denken vorgibt, kommt bei den Schülern gut an«."[81]

Ähnliches kann man jetzt an der auf die 68er folgende Einser-Prüfungs-Lehrergeneration beobachten. Sie, die doch immer fleißig, willig und angepaßt waren, stets das Beste wollten (Umweltschutz, Antifaschismus, Pazifismus, Feminismus), erkennen frustriert, auch ihre 'Konjunktur' geht zu Ende. „Statt der mündigen, sozial und ökologisch engagierten, politisch hochmotivierten Jugend hat unsere Erziehung eine Spezies hervorgebracht, die zum überwiegenden Teil egozentrisch, konsumorientiert und im schlimmsten Falle sogar gewalttätig und fremdenfeindlich ist."[82]

Mit dem Alter nimmt die Belastbarkeit ab. Obwohl die Belastung gleich bleibt, wird sie als größer empfunden. LehrerInnen neigen dazu, die Gründe für die objektiv anstrengender gewordene Arbeit nicht der veränderten eigenen Befindlichkeit zuzuschreiben, sondern den 'schwieriger' gewordenen SchülerInnen, selbst wenn deren Verhalten sich nicht geändert hat. In den letzten Jahren „vergreiste" außerdem die Lehrerschaft mangels Neueinstellungen zusehends. So betrug 1993 das Durchschnittsalter „je nach Schule zwischen 45 und 52 Jahren",[83] über 20 Prozent[84] der LehrerInnen haben die Fünfzig überschritten, nur etwa 3 Prozent liegen noch unter 30, Mitte der 70er waren es noch 30 Prozent;[85] 40jährige sind nicht selten die jüngsten in ihrem Kollegium.[86] Schon dies allein könnte die Heftigkeit der gegenwärtigen Diskussion erklären.

Rebellion und schlechtes Gewissen

Erschwert wird die Lage an der 'pädagogischen Front' noch dadurch, daß viele der heute etwa 50jährigen LehrerInnen von den 68ern nicht unbeeinflußt blieben. Sie pauschal den 68ern zuzurechnen, schiene mir eine unzulässige Vereinfachung, auch wenn der SPIEGEL[86] die Stimmung in vielen Lehrerzimmern wohl zutreffend beschreibt. „Häufig gehen besonders die 68er, heute meist 50 Jahre alt, den Jüngeren auf die Nerven. Die »resignierten, schwer zu motivierenden, leicht zynisch wirkenden, politisch frustrierten und gegenüber neuen Ideen wenig aufgeschlossenen Schulmeister« würden von den Neulingen zunehmend als Belastung empfunden ..."[87]

Dabei ergeht es diesen sogenannten Alt-68ern genauso wie jeder altgewordenen Lehrergeneration vor ihnen. Allerdings scheinen diesmal Enttäuschung und damit verbundener Orientierungsverlust besonders groß. Dahinter steckt wiederum die Geschichte einer besonders großen, gescheiterten Hoffnung. „Wir wollten alles besser machen als unsere Eltern und Großeltern. Von uns links-liberalen Eltern und LehrerInnen erzogene Kinder sollten mündige, selbstbestimmte und kritikfähige Menschen werden, politisch, sozial und ökologisch engagiert"[88] beschreibt die Lehrerin und Landtagsabgeordnete der GRÜNEN in NRW, Beate Scheffler, wohl inhaltlich zutreffend die Zielsetzungen ihrer, strukturell jeder jungen Lehrergeneration.

Motivationspsychologisch betrachtet fällt die Selbstüberforderung auf, die zu hohe Zielsetzung, die einen Erfolg verhindert. Es fehlt „die Tendenz, sich bescheidene Leistungsziele, zu stecken".[89] Bei Heckhausen kann man nachlesen, wie Kinder in solchen Situationen reagieren. Die Ähnlichkeiten mit den zur Zeit zu beobachtenden Verhaltensmustern in der Lehrerschaft verblüffen.[90] Zusätzlich werden eigene Ideale nach außen auf die nachfolgende Generation projiziert. Alice Miller weist darauf hin, daß es eine Hörigkeit im Sinne des Wortes auch gegenüber Theorien gibt, „auch wenn die Inhalte dieser Theorien von Worten wie Freiheit, Autonomie, Fortschritt geradezu strotzen..."[91]

Ein solches 'Besser-Machen-Wollen' drückt auch Rebellion aus. „Doch Rebellion allein macht noch keinen Menschen. Sie ist nur ein erster Schritt auf einem langen, schwierigen und nie endenden Weg zur Überwindung der Furcht vor der Freiheit, ein eigenes Selbst und ein menschliches Herz zu haben."[92]

Dies bedeutet, Rebellion nicht als Abschluß der Kindheit zu verstehen, sondern als ersten Schritt ins Erwachsenwerden, als aktive Einleitung einer sozialen Geburt. Dann mündet sie nach einer Zeit schmerzlichen Aufarbeitens in die Versöhnung mit dem eigenen Lebenslauf, wo man „seine wirklichen Wurzeln anerkennt, mit allen damit verbundenen Ängsten, Hoffnungen, Ideologien, Verbrechen und Veränderungswünschen".[93] Unterbleibt eine solche Trauerarbeit, wird die jugendliche Rebellion mißverstanden als Sieg der (moralisch) 'Besseren' über die 'Schlechteren', wächst die Gefahr der Wiederholung. „Wie oft glauben wir, jetzt alles anders zu machen als früher oder alles anders zu machen als unsere Eltern. Und dann stellt sich bei genauem Hinsehen doch wieder heraus, daß es zumindest in den szenischen Grundprinzipien wieder dasselbe war ... Wenn man erkennt, daß man wiederholt, was in ähnlicher Weise die Eltern und Großeltern schon getan haben, dann entsteht daraus einerseits Verständnis für die Eltern und Großeltern, andererseits auch ein Verständnis für die Gefahren, in die man gerät – wie die Eltern und Großeltern. Wer sich selbst prinzipiell für besser hält als seine Eltern, kann diese Wiederholungen und damit auch die in der Wiederholung herbeigeführten und oft sogar gesteigerten Gefahren nicht sehen, in denen er sich befindet."[94]

Dies führt dann zur Verleugnung von Tradition insgesamt, zum Versuch, aus der Geschichte auszusteigen. Man verhält sich, als begänne des Leben mit der eigenen Generation.

Schließlich handelt es sich um eine moralische Aussage, also geht es auch um Schuldgefühle, „denn das Ideal hat die seltsame Neigung, sich unverzeihlich dem gegenüber zu benehmen, der es erzeugt hat."[95] Sie machen die stereotyp vorgetragene Behauptung verständlich, die gegenwärtige Gewaltwelle übertreffe alles bisher Gewohnte. Wäre dem so, verringerten sich auch die Schuldgefühle. Angesichts noch nie dagewesener Probleme wäre das eigene Versagen entschuldbar. Wären aber die Verhältnisse früheren vergleichbar, verstärkte dies die Schuldgefühle. Denn dann hätte man nicht nur ähnlich versagt wie die Eltern, man hätte zusätzlich noch den eigenen Eltern Unrecht getan. Schuldgefühle aber „haben vor allem die Funktion, das Kind an die Autorität zu binden. Schuldgefühle behindern die Entwicklung zur Selbständigkeit. Sie schaffen einen Teufelskreis aus *Auflehnung, Reue, Unterwerfung und erneuter Auflehnung*. Die Schuldgefühle der meisten Menschen in unserer Gesellschaft resultieren weniger aus dem Gewissen als aus dem Gefühl des Ungehorsams gegen die Autorität und der damit verbundenen Angst vor Strafe. Es spielt dabei keine Rolle, ob es sich um körperliche Züchtigung, um Liebesentzug oder darum handelt, daß man sich einfach als Außenseiter fühlen muß. Alle diese Schuldgefühle erzeugen Angst, und Angst wiederum führt zu Feindseligkeit und Heuchelei",[96] und Alice Miller meint: „Die Einsicht, daß wir trotz besten Willens nicht allmächtig sind, daß wir unter

Zwängen stehen, daß wir unser Kind nicht so lieben können, wie wir es möchten, könnte uns eben zur Trauer führen, aber nicht zu Schuldgefühlen, weil diese uns eine Macht und Freiheit zusprechen, die wir nicht haben."[97]

Geschichtliche Ursachen

Angesichts des Versuchs, die 68er haftbar zu machen für die 'zunehmende Gewaltbereitschaft' bei Kindern und Jugendlichen, scheint der Hinweis angebracht, daß hinter solchen Erklärungsmustern eine Entwicklung über lange Zeit steht, ob es nun eine Familie oder eine Nation betrifft. „Meinungen, Einstellungen und Überzeugungen, die in einer früheren Periode entstanden sind, üben ihren Einfluß auch weiter in späteren Perioden aus, sowohl innerhalb eines einzelnen Lebens als auch *über Generationen hinweg*."[98]

Während es sich eingebürgert hat, jedes kindlich-psychische Bauchweh mit einem Bombardement diagnostischer Bemühungen zu belegen, behandeln wir Erwachsene, als seien sie bereits erwachsen zur Welt gekommen und lebten ohne Kindheitsbiographie. So nennt man die heute 50jährigen „Alt-68er" – war da vorher nichts? Waren sie nicht, geboren 1943, bevor sie 68er wurden, Kinder des Krieges? Wenn sich Erziehungsstrategien und Beziehungsmuster über Generationen entwickeln, so ist dies keineswegs nur eine Frage von historischer, gar nur akademischer Bedeutung. Fände man doch hier einen gemeinsamen Lebenshintergrund der Fünfzigjährigen. Zum Verständnis dessen, was das bedeutet, verhilft eine Bemerkung Eriksons.

Die 68er hatten ja den Ruf nach Selbstbestimmung, nach Autonomie, auf ihre Fahnen geschrieben. Schon 1950 machte er zu solchen Bestrebungen bemerkenswerte Anmerkungen. „Ich würde sagen, daß hinter der Fassade von stolzem Autonomiegefühl und überschwänglicher Initiative der emotional gestörte Amerikaner (der oft gar nicht danach aussieht) seiner Mutter vorwirft, ihn im Stich gelassen zu haben. Der Vater, so behauptet er, habe damit nichts zu tun ... Hinter dem nur fragmentarischen 'Ödipuskomplex' taucht dagegen ein tiefwurzelndes Gefühl auf, von der Mutter verlassen und verleugnet worden zu sein ... Schon das kleine Kind scheint gefühlt zu haben, daß es zwecklos ist, nach rückwärts zu regredieren, denn da war ja niemand, zu dem man regredieren konnte; daß es zwecklos sei, Gefühle zu investieren, denn die Erwiderung war ja unsicher. Was blieb, war die Ermutigung zu frühreifer Handlung und Beweglichkeit bis zum Zerreißpunkt."[99]

Vertrauensverlust, Verlassenheitsangst – bei einer Kindheit im Krieg gewiß auch Angst vor jeder Form beobachteter und erfahrener, unverständlicher Gewalt – und die Flucht in frühreife „Handlung und Beweglichkeit bis zum Zerreißpunkt": nicht auch ein Modell für die 68er? Tiefste Verletzungen durch Verdrängung ungeschehen zu machen: wenn es keine Gewalt gibt, konnte sie mich auch nicht verwunden; wenn die Familie keine Bedeutung hat, konnte sie auch nicht enttäuschen (was das Leben in den Kommunen beweisen sollte)? Auch für den angesprochenen „Ausstieg aus der Geschichte" könnten hier die Wurzeln liegen.

Hätten wir im übrigen Verhältnisse an unseren Schulen wie in den USA allüberall und alltäglich zu beobachten, es würden bei uns möglicherweise ganz andere Beschuldigungen und sehr viel grundsätzlichere, vielleicht die Substanz freiheitlicher Verfaßtheit in Frage stellende Forderungen erhoben: Ausdruck unterschiedlicher Traditionen, dort des Vertrauens, bei uns des Mißtrauens in die Freiheit; dort die Erfahrungen mit der Freiheit eine Geschichte von Erfolgen; bei uns eine lange, leidvolle Geschichte des Mißlingens, schmerzlicher Niederlagen. Wie tief sich solche Erfahrungen auf die Gefühle, Haltungen, Hoffnungen und Befürchtungen ganzer Volksgruppen auswirken, läßt uns eine Beschreibung der Folgen des deutschen Bauernkriegs von 1525 nachempfinden:

„Vielfach wurden die Dörfer verbrannt und geplündert, das Vieh weggetrieben und die Felder zertreten. Häufig werden sie gar nicht bestellt worden sein. Fast in allen Ländern mußten die Bauern Strafsummen zahlen, die in der Regel 6 – 10 fl. für jede Herstatt betrugen. Zu diesen staatlichen Abgaben kamen die privaten Entschädigungen an einzelne Klöster und Adlige. Auch nicht annähernd läßt sich die Gesamtsumme schätzen, die damals von den Aufständischen aufgebracht werden mußte. Allein daß ihre Entrichtung möglich war, beweist, daß es den Bauern vor der Erhebung wirtschaftlich nicht schlecht gegangen sein kann. Jetzt mußte eine unmittelbare Verarmung die Folge sein. Am Rheine klagte das Volkslied: »Was wir hatten, han wir verlorn, nun sind wir arm«.“[100]

Es berührt merkwürdig, wie leichthin etwa Alexander und Margarete Mitscherlich in ihrem Buch „Die Unfähigkeit zu trauern“ sowohl über solch tiefe 'Verletzungen der Kollektivseele' als auch über die lange Tradition der Freiheitskämpfe in Deutschland hinweggehen. Und wenn Max Weber gesagt haben soll, die Tragödie der deutschen Geschichte sei, daß in diesem Land nie ein Hohenzoller geköpft worden sei, so schiebt er mit salopper Formulierung Fakten beiseite. Als nämlich die Bauern den Helfensteiner durch die Spieße jagten, war diese Tat in ihrer massenpsychologischen Wirkung durchaus vergleichbar mit der Hinrichtung Ludwigs XVI.: „Nur einmal kam es am Ostersonntag, dem 16. April, zu einer furchtbaren Bluttat. In der württembergischen Stadt Weinsberg hatte der junge Graf Helfenstein die Verteidigung übernommen, der als kompromißloser Vertreter der Adelspartei galt und durch verschiedene Äußerungen, angeblich aber auch durch einen heimtückischen Überfall, die Bauern aufs äußerste gereizt hatte. Als ihnen nun am Ostersonntag die Überrumpelung der Stadt gelang, ließen sie zwar die Frau des Grafen mit dessen zweijährigem Söhnchen laufen, doch brachten sie ihn, dreizehn andere Ritter und einige Knechte um. Das war wohl die einzige brutale Mordtat in ganz Deutschland, trotzdem wurde dieser Einzelfall verallgemeinert und schadete der bäuerlichen Sache ungemein. Unter dem Eindruck von Weinsberg ... verfaßte Martin Luther in höchster Erregung seine Schrift »Wider die räuberischen und mörderischen Rotten der Bauern«, in der er von der Obrigkeit rasches Einschreiten fordert.“[101]

Luthers Reaktion kann man geradezu panisch nennen. „Drum soll hie zuschmeißen, würgen und stechen heimlich oder öffentlich, wer da kann, und gedenken, daß nichts giftigers, schädlichers, teuflischers sein kann denn ein aufrührerischer Mensch, gleich als wenn man einen tollen Hund totschlagen muß, schlägst du nicht, so schlägt er dich und ein ganz Land mit dir.“[102]

Der Sache näher kommt Alexander von Humboldt. „Der große Fehler in der deutschen Geschichte ist“, so schrieb er, „daß die Bewegung des Bauernkrieges nicht durchgedrungen ist.“[103] Das so folgenschwere Scheitern pflanzte in die deutsche Tradition den Keim des Mißtrauens gegenüber allen freiheitlichen Bestrebungen. Mit jedem Scheitern – und dies geschah häufig: 1815 – 1833 – 1848 – 1933 – 1953 – entfaltete sich dieser Keim stärker. Die Folgen solchen Scheiterns nahmen gelegentlich katastrophale Ausmaße an.

„Wenn im Bauernkrieg in Ober- und Mitteldeutschland etwa hunderttausend Männer auf den Schlachtfeldern blieben oder den Henkern zum Opfer fielen, so bedeutet dies, daß etwa 10 bis 15 Prozent der gesamten wehrfähigen Mannschaft dieser Gebiete binnen weniger Wochen erschlagen wurden. Die wagemutigsten, einsatzbereitesten und aufgeschlossensten Kräfte des Bauerntums wie des Kleinbürgertums der Städte wurden ausgemerzt“ schreibt Günther Franz in seiner großen Geschichte des deutschen Bauernkriegs von 1525.[104]

Stellen wir uns für einen Augenblick vor, der amerikanische Unabhängigkeitskrieg, die französische Revolution hätten so geendet wie der Bauernkrieg! Wie wäre die Entwicklung dieser Länder wohl verlaufen? Wie sähe ihre Tradition heute aus? Dagegen erlebten die Deutschen Autoritätshandeln, das Handeln von Kaisern, Königen, Fürsten und starken Männern (Bismarck) als erfolgreich. Ein tiefer, widerstandsfähiger Glaube an die Freiheit konnte sich nicht entwickeln. Bedenken wir zusätzlich, daß Versagungen nur im Dienste eines Glaubens ertragen werden können, verstehen wir, warum wir Deutschen uns schon durch kleine Freiheitskonflikte tief verunsichern lassen. Vielleicht führte dies schließlich auch zu jener Ordnungssucht und Chaosangst, die wir oft als Merkmale eines „deutschen Nationalcharakters" beschrieben finden. „Das manische Gefallen der Deutschen an der Ordnung und die Verehrung aller als männlich geltenden Werte erscheinen als eine Reaktion auf das System der Kindererziehung", schreibt Gerard Mendel und meint, dies erkläre „die besondere Form der Diktatur, die 1933 als Reaktion auf eine nationale Krise (Niederlage von 1918, Wirtschaftskrise) in Deutschland errichtet wurde ... Heute noch empfinden die Deutschen die Möglichkeit einer Unordnung als drohendes Chaos ..."[105]

Eine zwiespältige, wenn nicht verhängnisvolle Rolle spielte dabei Luther. Fromm nennt ihn einen typisch „autoritären Charakter ... von einem ungemein strengen Vater erzogen, als Kind von wenig Liebe und Sicherheit umgeben, war sein ganzes Wesen der Autorität gegenüber stets von zwiespältigen Empfindungen hin- und hergerissen. Er haßte die Autorität und bewunderte sie zugleich. Er bäumte sich gegen sie auf und strebte, sich ihr zu unterwerfen. Sein Leben lang war da immer eine Autorität, der er trotzte, und eine zweite, die er verehrte: In seiner Jugend der Vater und die Oberen im Kloster, später der Papst und die Fürsten."[106]

Eine antiaufrührerische Tradition ist in der evangelischen Kirche noch heute verankert. Dies zeigt die Bemerkung eines Pastors über das Ende des Bauernaufstandes in einem kleinen Dorf, dabei hätten „die Herren dem Treiben ein Ende gemacht".[107] Solche Zwiespältigkeit erkennt man auch bei der schon erwähnten Beate Scheffler, die den 68ern (Teil-) Schuld an der gegenwärtigen Gesellschafts- und Erziehungskrise zuschiebt. Sie gehört, mit einem evangelischen Pfarrer verheiratet, gleichzeitig einer ursprünglich 'antiautoritären' Bewegung an. Sollte da tatsächlich, Luthers eingedenk, nicht ein ähnliches Muster wirken? So erweckt die gegenwärtige Diskussion über den Zusammenhang zwischen Gewalt und demokratischer Erziehung gelegentlich den Eindruck, hier werde nach dem Gesetz der sich selbst erfüllenden Prophezeiung gehandelt: Freiheit und Demokratie und Schule, nein, das gehe nicht zusammen, das münde in Anarchie und Gewalt.

II. Vom Kreislauf der Gewalt

„Was unter Gewalt verstanden wird, bleibt vage“ beklagen viele und fordern „Differenzierung“.[108] Wenn dies so einfach wäre!

Erst vor wenigen Tagen hatte ich die siebte Klasse als Klassenlehrer übernommen. Fünf-Minuten-Pause, ich saß am Pult und erledigte Tagebucheinträge. Plötzlich Geschrei, ein Junge, einer der größten in der Klasse: „Herr Papesch! Die geht auf mich los!“ Und tatsächlich schlug und trat ein Mädchen, verzerrtes Gesicht, mit Fäusten und Füßen nach ihm. Ich trennte sie, sofort von anderen SchülerInnen umringt, die alle gleichzeitig auf mich einredeten: „Das ist bei der immer so, die geht immer gleich auf einen los ...!“ Gewalt?

Es gab eine Vorgeschichte, ich hatte sie aus den Augenwinkeln beobachtet. Das Mädchen strebte seinem Platz zu. Als es an dem Jungen vorbeiwollte, zuckte dessen Fuß blitzschnell vor-zurück und brachte es beinahe zu Fall. Sofort ging es auf ihn los, worauf er offensichtlich schon gewartet hatte.

Auch dazu gab es eine Vorgeschichte. Während eines Beratungsgesprächs bemerkte die Mutter des Mädchens wie so nebenbei: „Ach, wissen Sie, ich hab mich mit dem Vater von ... auch immer verprügelt. Wir können uns bis heute nicht leiden.“

Und auch dazu gab es eine Vorgeschichte. Da es sich bei diesem Mädchen um ein verhaltensgestörtes Kind – es wurde noch täglich von der Mutter zur Schule gebracht – mit sehr schwierigem familiären Hintergrund handelte, war es regelmäßiges Gesprächsthema im Lehrerzimmer: C hat dies wieder getan, C hat jenes wieder angestellt. Dabei fiel auch der Satz: „Ach, die Großmutter war doch genauso, die konnte auch mit niemandem.“

Natürlich reagierte das Mädchens längst unangemessen. Wie ein in die Ecke getriebenes Tier schlug es selbst bei Kleinigkeiten nur noch wild um sich. Auch hatten sich zwischen ihr und der Klasse aufeinander abgestimmte Verhaltensmuster herausgebildet. Sie reagierte auf bestimmte Provokationen wie auf Knopfdruck. Und wer immer sich einen ‘Spaß’ machen wollte, sorgte für den entsprechenden ‘Tanz’.

Nachdem ich die Verhaltensmechanismen und Strukturen analysiert hatte, entwarf ich eine Strategie (s. Anhang 2) mit dem Ziel einer allmählichen Verhaltensänderung. Angesetzt werden sollte bei der Rolle, welche dieses Mädchen in der Klasse spielte. Ich berief eine Klassenkonferenz ein, stellte die Strategie zur Diskussion und stieß auf eisige Ablehnung. „Bei diesem Kind gibt es nichts zu loben“, erklärte ein Kollegin. Ich hatte – noch nicht lange an der kleinen Schule – übersehen, welch psychohygienische und systemstabilisierende Funktion dieses Mädchen – und ähnliche gelagerte Fälle – für die ganze Schule spielten. An ihnen konnte das Aggressionsproblem abgearbeitet werden. Ebenso hatte ich außer acht gelassen, welch schwerwiegende Folgen sich für die Rangordnung im Kollegium und für das Ansehen der Lehrerschaft im Ort ergeben könnten, wenn sich durch mein Eingreifen das Verhalten eines Kindes änderte, das man bisher für unerziehbar gehalten hatte. In meiner pädagogischen Naivität hatte ich an der dörflichen Hackordnung herumzusägen begonnen.

Auf den ersten Blick scheint alles einfach: Ein Mädchen, das mit Händen und Füßen auf jemanden losgeht – körperliche Gewalt; der Drittkläßler, der einer Gleichaltrigen den Rock hochhebt[109]: sexuelle Gewalt; Schüler T., der vor der Klasse seinem Lehrer eröffnet, „daß er eh alle Lehrer für ‘Scheiße’ hält“[110]: verbale Gewalt. Genauerem Hinsehen enthüllt sich jedoch ein Netz schwer durchschaubarer Wechselwirkungen.

1. Gewalt ereignet sich nicht im luftleeren Raum, vielmehr immer in einem sozialen und geschichtlichem Feld. Historische Strömungen und Entwicklungen der Gegenwart, Bezie-

hungen zwischen Einzelpersonen und Gruppen, denen sie angehören, verdichten sich im Gewaltakt. Davor gibt es Hinweise, die oft nicht erkannt werden. Tat und Täter drücken nicht nur Gewalt aus, sondern auch Strömungen des Zeitgeistes.

2. Bei Gewaltakten handelt es sich immer um eine Täter-Opfer-Beziehung. Diese Beziehung kann sich als außerordentlich vielschichtig und verwickelt erweisen (s. Abb. 1). Manchmal kann man die Rollen nur schwer auseinanderhalten. In dem von mir geschilderten Beispiel war die Täterin eher das Opfer, das Opfer eher der Täter.

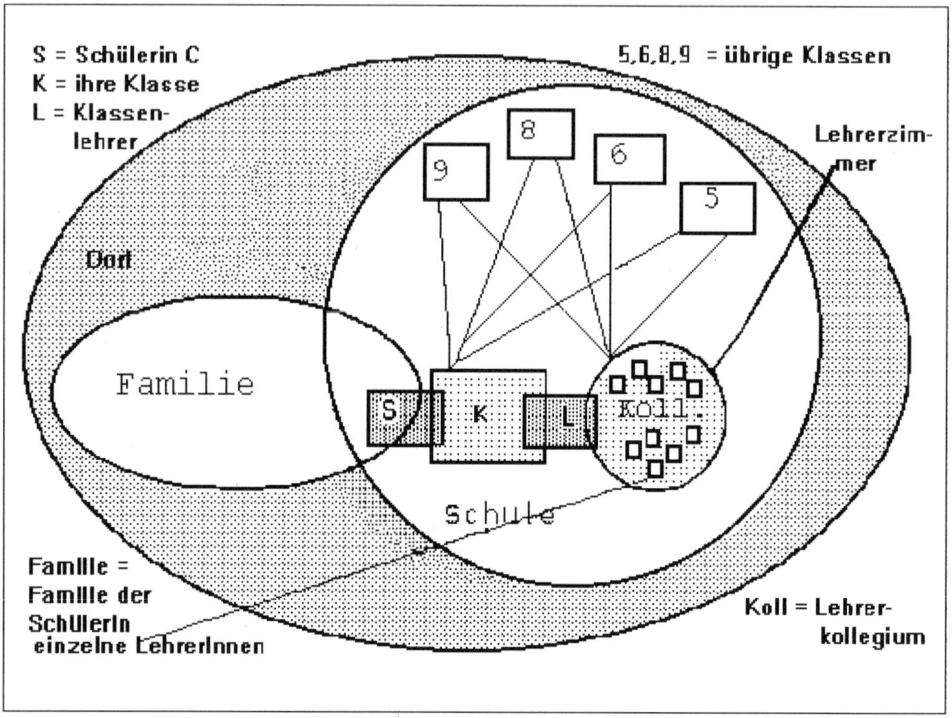

Abbildung 1

Wenn pädagogisches Handeln sich auf die Suche nach 'Schuldigen' beschränkt, begegnet es der verwirrenden Vielfalt des Beziehungsgeflechts unangemessen. Es gilt, das Opfer aus seiner Rolle zu befreien, ohne dafür jemand anders in die Opferrolle zu drängen. Kinder, an autoritäre Strukturen gewöhnt, handeln autoritätsorientiert. Bleibt das erwartete Echo auf ihr Verhalten von seiten der Autorität aus, wenden sie sich dem bisherigen Opfer in der Form einer „fürsorglichen Belagerung" zu. Man kümmert sich um das bisherige Opfer – demonstrativ hilfsbereit, freundlich, beschützend – erreicht damit die Aufmerksamkeit des Lehrers und präpariert im Schatten seiner Aufmerksamkeit ein neues Opfer. Läßt sich LehrerIn davon blenden – glücklich, wie 'sozial' die Klasse sich verhält – hat man bald einen neuen Problemfall 'B' statt des bisherigen 'C'.

1. Erziehungsstile

Seit den Untersuchungen von Kurt Lewin, u. a.[111] ausgangs der 30er in den USA, unterscheidet die Pädagogik drei Unterrichts- und Erziehungsstile, durch Experiment und Beobachtung hinreichend abgegrenzt und definiert, nämlich den autokratisch-dirigistischen, den demokratischen und den laissez-faire Stil. Welche Verwirrung inzwischen in der öffentlichen Diskussion herrscht, demonstrierte ungewollt eindrucksvoll der SPIEGEL.

„Was in vielen Familien heranwächst, nennen Autoren von Beziehungsliteratur »Monsterkinder«. Ratgeberbücher beschäftigen sich zunehmend mit jenem verkorksten Nachwuchs, den Eltern *schrankenlos* gewähren lassen, weil sie selbst den *Durchblick verloren* haben und *keine Werte* mehr vermitteln können oder weil sie *alles besser machen* wollen. Dabei spielt es *keine Rolle*, welcher *sozialen Schicht* die Eltern angehören, ein *Aufwachsen ohne Grenzen* hat fast immer unerwünschte Folgen. Das pädagogische *Laissez-faire* ist ein *»resignativer Erziehungsstil«*, wie der Bochumer Kriminologe Hand-Dieter Schwind sagt. Eltern lassen ihre *Kinder allein*. Und sie schieben den Kindern *unbewußte Konflikte* zu, was die Sprößlinge noch *orientierungsloser* macht. Nicht wenige dieser »unbegrenzten Kinder« überspielen – typische *Narzißten* – ihre *Unsicherheit* mit *Grandiosität*. Wenn sie als *Unterschichtkinder* in der Schule *nicht glänzen* können, holen sie sich *auf der Straße Glanz*: notfalls mit *Gewalt*. Doch die *Kinder-Rambos* bleiben *verletzbar*. Kleinste Trübungen ihrer grandiosen Selbstdarstellung lösen tiefe *Verlorenheitsängste* aus, die mit noch mehr Gewalt überspielt werden. An der Wiege von *Horrorkindern* stand oft die Absicht, ein *Superkind* heranwachsen zu lassen. Die amerikanische Familientherapeutin Patricia Love: »Mit Superkind ist das Kind gemeint, dessen *Empfängnis* durch *Basaltemperaturenmessung* gesteuert wird, dessen Geschlecht durch *Amniozentese* schon vor der Geburt bekannt ist, das *im Mutterleib klassische Musik* hört, bei seiner Geburt auf die Warteliste eines *exklusiven Kindergartens* gesetzt wird und noch vor seinem sechsten Geburtstag, *Lesen, Stimmbildung, Klavier, Fußball und/oder Fremdsprachen* bekommt«. Doch trotz dieses *Bombardements mit Zuwendungseinheiten* entwickelt sich der Wonneproppen sehr schnell zum Schreckenskind. Im Abarbeiten des vollgepackten *täglichen Stundensolls*, zwischen *Nachhilfeunterricht* und *Judokurs*, spürt der Sprößling, daß er den *Lebensplänen seiner wohlmeinenden Eltern*, nicht seinen *eigenen Interessen* hinterherjagt – und dreht durch ...“[112]

Die hervorgehoben Stellen hintereinander gelesen zeigen ein beträchtliches Durcheinander in den Köpfen. Alles hängt mit allem irgendwie zusammen: orientierungslose Eltern der Unterschicht lassen ihre Kinder im exklusiven Kindergarten allein und schrankenlos gewähren, indem sie schon die Empfängnis durch Basaltemperaturenmessung steuern und ihnen von Geburt an bei klassischer Musik unter einem Bombardement von Zuwendungseinheiten einen Tages- und Lebensplan gemäß eigener Vorstellung verpassen, dem die Kinder hinterherjagen müssen, bis sie durchdrehen.

Dabei geht es noch komplizierter zu, bilden doch die einzelnen speziellen Techniken „der Kindererziehung (Gewährenlassen, Einschränkung, Bestrafung, Belohnung) oder der Zusammenhalt der elterlichen Ehe (Stabilität oder Auflösung durch Scheidung oder Tod)“[113] bzw. der Zeitaufwand der Eltern für das Kind keineswegs die wichtigsten Einflußgrößen. Diese bestehen vielmehr

1. in der *Qualität* und der *Intensität* der elterlichen, vor allem der mütterlichen Zuwendung, also in der gefühlsmäßigen Tönung hinsichtlich der Dimension ‘Liebe-Abweisung’,

2. darin, ob die *gleichen Handlungen* innerhalb der *gleichen Kultur* überall die *gleiche Bedeutung* haben.

„Je vollkommener die Übereinstimmung zwischen den im Sozialisierungsprozeß wirksamen Instanzen ist (Elternhaus – Schule, Eltern – Altersgenossen), um so ungestörter und schneller vollzieht sich die Sozialisierung.“[114] Durch einfühlsamen Umgang mit dem Kind im vertrauten Rahmen der eigenen Kultur erfährt dieses „ein starkes Gefühl von persönlicher Zuverlässigkeit. Hier formt sich die Grundlage des Identitätsgefühls, das später zu dem komplexen Gefühl wird, daß man »in Ordnung« ist, daß man ein Selbst besitzt und daß man das Vertrauen der Umwelt rechtfertigt, indem man so wird, wie es von einem erwartet wird."[115]

Je mehr Gegensätze zwischen den einzelnen Instanzen herrschen, um so schwieriger gestaltet sich der Sozialisierungsprozeß. Heranwachsende neigen dann dazu, die eine Instanz einer anderen vorzuziehen oder beide zu vernachlässigen oder Verhaltensstörungen zu entwickeln. Während der Pubertät bilden in solchen Fällen Gruppen von Gleichaltrigen gleichsam eine Auffangstation zur Orientierung und psychischen Stabilisierung. Erikson faßt den Sachverhalt knapp und folgenschwer zusammen. „Letzten Endes werden Kinder nicht durch Versagung neurotisch, sondern durch den *Mangel oder Verlust der sozietären Bedeutung* dieser Versagungen."[116]

Die Auswirkungen für die ehemalige DDR seit 1989 liegen auf der Hand. Alles Handeln verlor seine „sozietäre Bedeutung" und muß neu geeicht werden. Aber für die alten Bundesländer? Hier zeigen sich die Folgen des Auseinanderdriftens der einzelnen Lebensbereiche innerhalb der Gesellschaft. Dadurch entwickeln sich voneinander abweichende Subkulturen mit unterschiedlichen Wertsystemen. Schon 1939 hat Margret Mead, auf Amerika bezogen, auf diese Problematik hingewiesen. „Die Gesellschaft kann einen Charaktertyp voraussetzen, für dessen Erzeugung ihre Erziehungsformen zu mangelhaft sind, und das Ergebnis ist ein Widerspruch, der dazu führt, daß sich Menschen unglücklich fühlen. Etwas ähnliches tun wir heute, indem wir die Kinder in einem öffentlichen Schulsystem erziehen, das ihre Initiative lähmt, und dann erwarten, daß wir aktive, intelligente Bürger heranbilden, die mit den Problemen einer Demokratie fertig werden können."[117]

Hier liegt vielleicht eine gemeinsame Wurzel der Gewaltprobleme. *Keinem der demokratisch verfaßten Gemeinwesen scheint es bisher gelungen, sein Erziehungssystem mit seinem Gesellschaftssystem so weit in Einklang zu bringen, daß Heranwachsende beide Systeme als übereinstimmende Welten erlebten. Fehlt zusätzlich noch das Band einer starken demokratischen Tradition, wie dies für Deutschland gilt, besteht ständig die Gefahr, die nur schwach verwurzelte demokratische Identität wieder zu verlieren.* Als hätte Margret Mead die besondere deutsche Variante und die damit verbundenen Nöte der 68er geahnt, schrieb sie damals ebenfalls: „Man kann eine Gesellschaft nicht ändern, indem man den Schulkindern neue Verhaltensweisen gibt, für die die Erwachsenengesellschaft keinen Spielraum bietet."[118]

Die antiautoritäre Erziehung

Für die sogenannte „antiautoritäre Erziehung" fehlt eine allgemein anerkannte Definition. Man benützt für sie auch Begriffe wie 'un-autoritär, nicht-autoritär, nicht-repressiv, emanzipatorisch'. Historisch entwickelte sie sich aus den Kinderläden im Gefolge der 68er, die sie zusätzlich politisch-ideologisch befrachteten, was eine Verständigung noch mehr erschwert. „Antiautoritär ist ein hohles Wort, mit Widersprüchen beliebig auszustopfen. Liberale meinten Freiheit von autoritärem Verhalten, Anarchisten Freiheit von Autorität überhaupt. Marxistische Revolutionäre forderten Einübung von Angriffsgeist gegen jeden Befehlenden des Systems, Schupo wie Schulmeister, und träumten von 'klassenkämpferischen Betriebskindergärten' und 'roten Schulvorposten'."[119]

Je mehr 'Kinderläden' entstanden, um so mehr orientierten sich am Beispiel Alexander Sutherland Neills und seiner Internatsschule in Summerhill. Schließlich sah dieser sich genötigt, zur Klarstellung *seinen* Begriff von antiautoritärer Erziehung in der ZEIT zu definieren. „Antiautorität, wie ich sie verstehe, hat nichts mit Politik zu tun. Summerhill ist dann antiautoritär, wenn unter 'autoritär' die Herrschaft der Erwachsenen über die Kinder verstanden wird. In der Praxis haben wir unsere eigene Autorität: die Schulversammlung ... Es handelt sich daher nicht um eine Frage von Kommunismus versus Kapitalismus, sondern um die wirkliche Freiheit ohne Indoktrination. Das ist Summerhill. Und ich wende mich dagegen, daß meine Schule abgestempelt wird als kommunistisch oder sozialistisch oder konservativ oder was nun gerade dran ist."[120]

In ihren besten VertreterInnen und Absichten orientierte sich die antiautoritäre Erziehung an dieser Definition, von der ich im folgenden ausgehe. Sie stellt einen Versuch dar, die rechtsstaatlich-demokratische Verfassungsidee auch im Alltag des öffentlichen Erziehungssystems zu verwirklichen. Heftig gestritten wird von ehemaligen Befürwortern und Gegnern über die Wirkung, die sie erzielte. Die Fakten beweisen, daß diese in jeder Hinsicht weiter reichte, als allgemein befürchtet, erhofft oder behauptet. Dafür sprechen nicht nur die unglaublichen Verkaufszahlen des Buches „Theorie und Praxis der antiautoritären Erziehung" von A. S. Neill,[121] sondern ebenso sich seinerzeit häufende Warnungen in Publizistik und Pädagogik[122] vor naiver Übernahme des Konzepts. Zwar befürworteten 1973 nur acht Prozent der Bevölkerung eine antiautoritäre Kindererziehung, während sie 35 Prozent strikt ablehnten. Aber 45 Prozent nahmen eine mittlere Position teils-teils ein.[123] Ebenso blieb sie keineswegs auf Universitäts- oder Großstädte beschränkt. Ihre Ableger verzweigten sich in Vororte, Mittel- und Kleinstädte wie etwa das schwäbische Waiblingen, wo Lehrereltern einen Verein „Kinderladen" gründeten;[124] den Stuttgarter Neubau-Vorort Fasanenhof, in dem eine Elterninitiative entstand;[125] oder die beiden Ortsteile Thomasberg-Heisterbacherrott (4000 Einwohner) der Stadt Königswinter bei Bonn.[126] Dort setzte eine Elterngruppe einen Kindergarten in eigener Trägerschaft durch – Beispiele, die sich hochrechnen lassen.

Ferner nahm, auch durch die Diskussionen um die antiautoritäre Erziehung angeregt, das Interesse der Öffentlichkeit an der wissenschaftlichen Pädagogik heute kaum vorstellbare Ausmaße an. Pädagogische Fachliteratur erreichte Auflagenzahlen, von denen Verlage gegenwärtig nur träumen können.[127] Die Funkkollegs „Päd. Psychologie" und „Erziehungswissenschaft" erzielten Teilnehmerrekorde.[128] Das Interesse ging vor allem von Multiplikatorengruppen aus, von aufgeschlossenen Eltern oder den beruflich damit Befaßten. Nimmt man die intensiven bildungspolitischen Diskussionen jener Zeit hinzu, so kann man eine erhebliche Breitenwirkung nicht bestreiten. Natürlich gilt dies nicht für die 'reine antiautoritäre Lehre', doch für die Gruppe jener insgesamt 53 Prozent, welche einer Mischform aufgeschlossen gegenüberstand. Aus ihr rekrutierte sich ein problematisches Potential, das nur nahm, was ihm paßte und so zur Verwirrung der Geister beitrug.

Die antiautoritäre Erziehung – eine Quelle von Gewalt?

Wie nun verhält es sich mit der Behauptung, antiautoritäre Erziehung verursache oder fördere Gewaltbereitschaft bei Heranwachsenden?

Natürlich ereigneten sich auch in Summerhill, ereigneten sich in antiautoritären Kinderläden Gewalttätigkeiten. Viel jedoch spricht dafür, solchen sei hier wirksamer vorgebeugt worden als anderswo. So fordern etwa die „Richtlinien des Zentralrats München" von 1970, und dies kann verallgemeinert werden, „verbal-rationale Konfliktlösungen der Kinder untereinander. Die Erwachsenen haben brutale Konfliktlösungen (durch Brachialgewalt) zu verhindern: durch Vorschläge und eindeutige Stellungnahme, notfalls durch Eingreifen."[129]

Auch nicht einmal besonders wohlwollende Augenzeugen sahen unter solchen Zielsetzungen eher Opfer denn Täter heranwachsen. So berichtete Peter Brügge 1977 im SPIEGEL: „Andere Kinder fürchten sich vielleicht vorm schwarzen Mann. Ihn fürchten antiautoritär erzogene Kinder bestimmt nicht. Hilflos empfangen sie die Püffe von

Altersgenossen aus dem Gros der ordentlich Unterdrückten, bei denen sie mit ihrer freundlicheren Wortgewandtheit bloß noch stärkere Aggressionen wecken. Mit der Drohung; 'Hau ab, sonst kriegst du eine!' hat ein unbekannter Hamburger Abc-Schütze eine Gleichaltrige aus einem sogenannten repressionsfreien Kinderladen so dauerhaft geschockt, daß deren Mutter, eine promovierte Pädagogin, sich fragt, ob das nicht alles verkehrt war mit dieser Erziehung."[130]

Schon 1973 hatte Franziska Henningsen in einer wissenschaftlichen Untersuchung über die Arbeit in Kinderläden festgestellt: „Die hohe Bereitschaft der 'antiautoritären' Kinder, in sozialen Konfliktsituationen kooperative Lösungen anzubieten, spricht eher ... für ein starkes 'Wir-Gefühl' der Kinder und für einen *Sittenkodex, der sich nicht nur am eigenen, sondern auch am Wohl des anderen orientiert* (kursiv WP). Auch ist das flexiblere Über-Ich der 'antiautoritären' Kinder nicht einseitig den Erwachsenen nachgebildet, es ist vielmehr in starkem Maße durch die Erfahrung in der Kindergruppe geprägt."[131]

Sie nennt Bedingungen für ein Gelingen, verschweigt Gefahren nicht.

„Diese Untersuchung ... kann deshalb dazu ermuntern, »antiautoritäre« Erziehung als ein in vielen Punkten brauchbares Modell zu verstehen, *wenn zwischen Ideologie und Wirklichkeit differenziert wird* (kursiv WP). Wer die Wirklichkeit höher stellt und akzeptieren kann, daß die Ideologie durch die von den Kindern und Erziehern geschaffene und gegebene Realität selbst bei den lautstärksten Theoretikern überholt wird, der wird den Modellcharakter antiautoritärer Praxis nicht leugnen wollen ... 'Antiautoritäre' Kinder sind massiver als andere den eigenen Triebimpulsen sowie den Interessen von Spielkameraden und Erwachsenen ausgesetzt. Das höhere Maß an Freiheit ist für die meisten von ihnen eine Bereicherung für die Persönlichkeitsentwicklung, für einige Kinder scheint damit allerdings eine Überforderung einherzugehen, so daß *'antiautoritäre' Erziehung nicht als ein Allheilmittel* (kursiv WP) verstanden werden kann ... In engem Zusammenhang mit diesen Angeboten des antiautoritären Kinderladen-Konzepts stehen die *kleinen Gruppen*, der *verständnisvolle Führungsstil* und das *Engagement der Eltern* (kursiv WP).[132]

In einer pädagogischen Analyse kam Regine Masthoff 1981 zu dem Ergebnis, begreife „man antiautoritäre Erziehung ... als einen Impuls, hinter herrschende Bildungsrealität ein Fragezeichen zu setzen, als Aufforderung, etablierte pädagogische Praxis auf nicht realisierte demokratische Möglichkeiten hin zu befragen, und weiter als Versuch eines Entwurfs wegweisender pädagogischer Praxis, dann ist antiautoritäre Erziehung nicht am Ende ... Als sich progressiv verstehende Initiative, als Anstoß, die *Schule kindgerecht und nicht die Kinder schulgerecht* (kursiv WP) zu machen ... konkretisiert (sie) sich gegenwärtig in der Alternativschulbewegung..."[133]

Versteht man Summerhill in diesem Sinne als einen pädagogisch-demokratischen Gegenentwurf zum herrschenden Bildungssystem, dessen Strukturen auf im öffentlichen Schulsystem realisierbare demokratische Möglichkeiten hin zu untersuchen wären, dann hat eine pädagogisch-analytische Auseinandersetzung mit Summerhill bis heute nicht stattgefunden.

Einfach und eindrucksvoll zog Leona Siebenschön aus ihren Recherchen unter 19 antiautoritär herangewachsenen jugendlichen Erwachsenen das Fazit: „Wer selbst nicht kaputt gemacht wurde, hat keinen Grund, kaputt zu machen. Wer selbst respektiert wurde und zuerst Toleranz erfahren hat, kann andere respektieren. Wer befriedigt wurde, kann friedlich sein." [134]

Mißverständnisse und Fehlentwicklungen

Spricht man über antiautoritäre Erziehung, führt an Summerhill kein Weg vorbei. Der an der Wirklichkeit und auf Verwirklichung unter gegebenen, unmittelbar nicht zu verändernden gesellschaftlichen Bedingungen ausgerichtete Ansatz genügte deutschen Vollkommenheitsansprüchen nicht. Die deutsche antiautoritäre Bewegung wollte mit und über Erziehung die Gesellschaft ändern. Lernfähige Gruppen erkannten sehr bald nicht nur das Illusionäre solcher Zielsetzung, sondern auch die darin enthaltene Tendenz zur Instrumentalisierung von Kindern, zur Durchsetzung eigener Ideologien. Ausgerechnet solche ideologischen Reste fanden Eingang in die pädagogischen Konzepte der GRÜNEN und der Friedensbewegung, aber auch einer breiteren Öffentlichkeit. Dazu gehört der Versuch einer gründlichen 'Vergangenheitsbewältigung'. Dieser wiederum hängt mit der Entwicklung der Psychoanalyse zusammen. Bewegte sie sich doch in eine Richtung, vor der schon Erikson gewarnt hatte. „Das psychoanalytische Wissen stellt ..., wie alles Wissen, nur ein Werkzeug in der Hand eines Glaubens oder aber eine Waffe im Dienst eines Aberglaubens dar,"[135] und K. R. Eissler, der Verfasser der monumentalen psychoanalytischen Studie über Goethe[136], schrieb in einem Brief an Alexander Mitscherlich zu dessen 60. Geburtstag: „Es wäre aber wichtig zu wissen, ob auch die psychoanalytische Wissenschaft Nebenwirkungen hat, die bei dem jetzigen Zustand der Gesellschaft schädlich sind."[137]

Sie hat. Die Psychoanalyse veränderte sich nämlich seit den 20ern unmerklich von einer Wissenschaft, die sine ira et studio – also ohne Vereingenommenheit und blinden Eifer – durch Erforschung der Entwicklung und der Zusammenhänge seelische Erkrankungen heilen wollte; über den Anspruch, auf ähnlichem Weg auch gesellschaftliche Fehlentwicklungen aufzeigen und korrigieren zu können hin zu einer Art Gebrauchsanweisung für die Jagd auf die moralisch Schuldigen unter dem Motto 'Wir finden deinen Schweinehund schon'. Dabei spielten das Buch „Die Unfähigkeit zu trauern" der Mitscherlichs und sein großer Verkaufserfolg[138] eine wichtige Rolle. Es reduzierte eine Entwicklung über Jahrhunderte auf individuelle Fehlhaltungen, mißachtete weitgehend die geschichtlichen Ursachen dieser Fehlhaltungen und analysierte an Hand der so gewonnenen Muster die deutsche Gesellschaft. Die freiheitliche Tradition des Landes seit 1517 ignorierte es und beklagte nach der Melodie des allzu häufig zitierten 'Denk ich an Deutschland in der Nacht ...' den Zustand der Nation. Daß dabei mehr von Schuld und Versagen, weniger von Mut, Opferbereitschaft und tragischen Niederlagen berichtet wurde, gründet in der Methode der Untersuchung. Sie lieferte damit einer ganzen Orientierung suchenden (LehrerInnen-)Generation die Basis für moralische Überheblichkeit. Ausgerüstet mit solchem Werkzeug, begab sie sich auf den Weg zur Vergangenheitsbewältigung. Damit einhergehend entstanden Tabus, durch die „alles Nationale ausgeklammert oder rückhaltlos kritisch behandelt wurde. Aus den allertriftigsten Gründen. Schon das Wort Nation war nur noch möglich in der schimpflichsten Verbindung: Nationalsozialismus. Der zweiten Worthälfte ist jetzt Ähnliches passiert. Aber die 40jährige Ausgrenzung des Wortes Nation aus dem Sprachschatz der Zurechnungsfähigen, der Meinungsmacher, der Politiker, der Intellektuellen hat nicht verhindert, daß abseits der öffentlichen Meinung das Wort Nation sich erhalten hat."[139] Früher oder später mußte dies Zuwiderhandeln herausfordern, je später, um so eher mit Gewalt vermischt.

Die Neigung zur Besserwisserei ließ manche Anhänger antiautoritärer Erziehung auch die Erfahrungen und Warnungen eines A. S. Neill beiseiteschieben. „Wir haben es nicht gelernt. Wir haben überhaupt wenig gelernt. Und nun müssen wir etwas sehr Schwieriges, Ungelehrtes leisten: Kinder dazu zu bringen, ihre Bedürfnisse von sich aus in Rücksicht auf andere zu regulieren, sie zur Einsicht und Erkenntnis der Bedürfnisse anderer zu bringen. A. S. Neill sagt: »Gehorsam sollte Höflichkeit anderen gegenüber sein.« Aber Höflichkeit ist auch schon wieder ein Weg voller Verbote und Gebote, ein Weg der 'Etikette'. Und die sollen der Erziehung eben nicht aufgeklebt werden, die Kinder sollen ihre eigenen Grenzschilder setzen,"[140] wurde da sich selbstbedauernd-heroisch geklagt. Die Widersprüchlichkeit der gegenwärtigen Diskussion findet sich hier vorformuliert, nämlich der Versuch, autoritär (= man muß Kinder dazu bringen) antiautoritär (= von sich aus zu regulieren) zu erziehen. Ein unauflösbarer Widerspruch! Dazu gehört auch die Gleichsetzung von 'Höflichkeit' mit 'Etikette' und die Oberflächlichkeit, mit der über eine gewichtige Meinung anderer hinweggegangen wird. Mit derselben Nachlässigkeit erklärt man heute Neill für erledigt. „Die antiautoritäre Pädagogik à la Summerhill ist schon so lange aus der *Mode* (kursiv WP), daß ein Streit über sie und ihre Folgen heute wirklich überholt wirkt."[141]

All dies beeinflußte in Deutschland die pädagogische Arbeit ungünstig. Zum einen führte es zur Überschätzung der Möglichkeiten, Staat und Gesellschaft über das öffentliche Schulwesen zu demokratisieren; zum anderen zu einer Unterschätzung dessen, was an Summerhill für den Schulalltag zu lernen wäre.

Eine weitere, allen industrialisierten Gesellschaften gemeinsame Neigung begünstigte ebenfalls Fehlentwicklungen. Es geht um die sich zunehmend schwerwiegender auswirkende Folge der Übergewichtung von Sprache (nicht nur) im Schulalltag. Sie zieht eine Verwechslung der Wörter mit den Sachen[142] nach sich. Schon Reichwein machte darauf aufmerksam. „Wer sich in die neuen Worte flüchtet und glaubt, damit habe er Genüge getan, hat schon verspielt. Wer sich beeilt, ein paar Brocken neuen Tuns als Beweise abzuliefern, dem fehlt der 'Grund', der allein Dauer verspricht,"[143] und Martin Walser äußerte 1993: „Manchmal habe ich den Eindruck, als stammten unsere öffentlichen Meinungen nicht mehr aus Erfahrungen, sondern nur noch aus Meinungen. Auf den öffentlichen Meinungsschienen rumpeln dann die leeren Waggons und machen das große Geräusch."[144]

Einfacher ausgedrückt: es genügt nicht, das Wort 'autoritär' durch 'antiautoritär' zu ersetzen, alles andere aber zu belassen. Genau dies aber haben Mitläufer und Nachbeter der 68er versucht.

Die Ideologie der Gewaltlosigkeit

So sehr sich die angeführten Schilderungen über Sibylle (siehe Seite 8) und die Erinnerungen Zuckmayers (siehe Seite 12) ähneln, so sehr unterscheiden sie sich. Hier eine „völlig aufgelöste Sibylle", dort ein Junge „trotzig erhobenen Hauptes und mit verächtlicher Miene". Der Leserbrief eines Schülers an die ZEIT verdeutlicht es noch mehr.

„Wir Schüler erlebten mit dem Ende des Ost-West-Konfliktes die Wiedergeburt des alten Traumes von einer Welt ohne Krieg. Wir haben an diesen Traum geglaubt. Doch dieser Traum wurde so jäh zerstört, daß uns die Welt als Alptraum erscheinen mußte. Wir konnten nicht anders, wir mußten unsere Angst herausschreien, unsere Angst vor einer Welt mit Krieg ..."

Zuckmayers Text strahlt Handlungsmächtigkeit aus, die Fähigkeit und Bereitschaft, Gefahren aktiv zu begegnen, während die Beschreibung Sibylles und der Leserbrief den Eindruck des Gelähmtseins vermitteln; des Gefühls, einer Gefahr hilflos ausgeliefert zu sein. Objektiv betrachtet besteht für Sibylle und den Leserbriefschreiber ein größeres Risiko darin, durch einen Verkehrsunfall beschädigt oder gar getötet zu werden als durch einen Überfall oder einen Krieg. Der Gedanke *daran* scheint sie nicht zu belasten.

Daß wir Deutschen uns mit der Aggressivität schwertun, dürfte angesichts der deutschen Geschichte verständlich sein. Und daß wir, so wie wir einst die Aggressivität verherrlichten, später dazu neigten, sie zu verdammen und zu verdrängen – auch dies läßt sich verstehen. Ausgewirkt hat sich das, gleichsam als eine Art falsch verstandener Friedenserziehung, besonders im Bereich der Erziehung. Der Film „Erziehung zum Ungehorsam" über antiautoritäre Kinderläden[145] demonstriert in einer kleinen Sequenz diese 'neue' Art des Umgangs zwischen Kind und Erwachsenen.

Ein etwa 3–4jähriges Mädchen hatte in einem Wutanfall dem Erzieher ins Gesicht geschlagen. Dabei war dessen Brille zu Boden gefallen. Der Erzieher beugt sich, lächelnd, zu dem Kinde nieder, umfaßt es mit einem Arm, setzt seine Brille wieder auf, spricht freundlich-lächelnd mit ihm: es habe sich wohl sehr geärgert. Kein böses Wort, kein empörtes Getue. Das Kind windet sich verlegen ...: das 'neue' Erzieherverhalten!

Die Szene steht beispielhaft für diese 'Friedenserziehung'. Gewaltlos wurde modern. Freundlich-gütig-lächelnde Menschen dominierten zunehmend private und öffentliche Erziehung. Nichts mehr mit energischen Anweisungen, gar Befehlen; keine 'autoritären Säcke' von Lehrern mehr, die man wenigstens hassen konnte und die so ihren Beitrag zur Erhaltung eines gewissen psychoökonomischen Gleichgewichts geleistet hätten. Man hatte „inzwischen Angst bekommen vor dem Imperativ, dem restringierten Code als der Sprache der Unterschicht, auf dessen Niveau man sich nicht begeben darf."[146]

Auf aufnahmebereiten, fruchtbaren Boden fiel die neue Erziehungsbotschaft bei jenen SchülerInnen, die einen Glauben suchen; die der Orientierung bedürfen und dankbar zugreifen; bei denen sich das Bemühen um Friedfertigkeit in Schule und Familie in einem verhängnisvollen Gleichklang befindet.

Auch bei unserer Tochter war dies der Fall. Bis sie in den Kindergarten kam, galt in unserer Familie die Vereinbarung, einen Streit nur sprachlich auszutragen und ihn stets zu beenden, indem man dem anderen mit dem Wort 'Friede' die Hand reichte. Nach einiger Zeit bemerkten wir an ihr eine zunehmende Verstörtheit. Schließlich erzählte sie uns, sie hätte im Kindergarten Streit gehabt. Als sie nun, wie gewohnt, dem anderen Kind mit dem Wort 'Friede' die Hand geboten habe, habe dieses sie ins Gesicht geschlagen – und so etwas sei jetzt schon öfter geschehen ...

Daß es sich bei Sibylle, bei dem Leserbriefschreiber und bei unserer Tochter nicht um Einzelfälle handelt, zeigen die zitierten Beobachtungen von Peter Brügge (siehe Seite 29). Probleme menschlichen Zusammenlebens aber lassen sich durch Verleugnen oder Wegsehen nicht lösen. Neill, dieser große und weise Lehrer, wußte davon. „Wenn Eltern ihren frei erzogenen Willie in die öffentliche Schule schicken, wo er notgedrungen mit grausamen, aggressiven und gehässigen Kindern zusammenkommt, sollen sie ihn dann allein herausfinden lassen, daß er durch Haß und Gewalttätigkeit verletzt werden kann? Als Peter drei Jahre alt war, erzählte mir sein Vater, er werde seinem Jungen das Boxen beibringen, damit er sich gegen den gewalttätigen Haß der anderen wehren könne. Der Vater hatte recht ..."[147]

Wir Deutschen haben solche Stellen in Neills Büchern entschlossen überlesen. Doch scheint sich die Erkenntnis durchzusetzen, der Auseinandersetzung mit der Aggressivität einfach auszuweichen, sei nicht der Weisheit letzter Schluß. „Bei gemeinsamen Treffen wollen Lehrer, Schüler und Eltern der Gewaltexplosion auf den Grund gehen. Ein gewichtiges Versäumnis glauben Pädagogen und Pennäler nach Diskussion der Untersuchungsergebnisse erkannt zu haben. Die Erziehung »allein zu passivem friedfertigem Verhalten ... führe dazu, daß die Schläger Zurückhaltung als Schwäche verstehen und dann alle terrorisieren«. Wichtig sei es, »daß man sich auch zur Wehr setzt«."[148]

So ist es. Nur wenn wir der Angst standhalten, können wir der Gewalt angemessen begegnen und sie eindämmen. „Die psychische Gesundheit des Individuums hat bessere Aussichten, wo das Ich die Angst nicht vermeidet, sondern ihr mit aktiven Maßnahmen begegnet, d. h. zum Verstand, logischen Denken, tatkräftigen Veränderungen der Außenwelt, aggressiven Gegenmaßnahmen seine Zuflucht nimmt. Ein solches Ich kann große Mengen von Angst bewältigen ..."[149]

Wer sich anders verhält – er möge es noch so gut meinen – wird scheitern. Wir machen uns als Eltern, LehrerInnen, als Erwachsene schuldig, wenn wir Heranwachsenden ein falsches Bild der Welt und des Menschen vermitteln und sie dadurch falsch vorbereitet ins Leben hinausschicken, ob es sich dabei um die Illusion eines Kriegsheldentums wie vor 1914 oder eines Friedensheldentums wie heute handelt.

Das unschuldige Kind

„Das Kind ist immer unschuldig", formulierte Alice Miller 1983[150] so lapidar wie einfach und trieb damit eine Entwicklung seit Rousseau auf die Spitze. Das klingt gut und gut gemeint, überzeugte Viele, hält selbst kurzem Nachdenken nicht stand,[151] beeinflußt auch die gegenwärtige Gewaltdiskussion, die so geführt wird, als seien Kinder Wesen anderer Art als Erwachsene. Übersehen wird dabei, daß es immer auch um den zukünftigen Erwachsenen im Kind, um das gewesene Kind im Erwachsenen geht. Das erschwert für Kinder eine Auseinandersetzung mit der Wirklichkeit in gefährlicher Weise. Galten vor Freud – und für manche bis heute – Kinder als asexuell, so betrachtet man sie seit den 68ern zunehmend als gewaltlose Wesen, stets Opfer, nie Täter.

Was geht in jenem 3 – 4jährigen Mädchen vor, wenn es sein Handeln und das Verhalten des Erziehers verarbeitet? Es war in Wut geraten. Es hatte spontan zugeschlagen. Natürlich weiß es, daß es das nicht darf; natürlich fühlt es sich schuldig.

Wie reagiert der Erwachsene? Er bleibt freundlich, er hebt selbst die Brille auf, er verhält sich gütig: das Kind hat nicht nur zugeschlagen, es hat dazu noch solch einen *guten* Menschen geschlagen. Das Verhalten des Erwachsenen verringert das Schuldgefühl keineswegs, es verstärkt es eher.

Wenn das spontane Verhalten des Kindes auf spontane Reaktionen auch des Erwachsenen trifft, kann es sich im Erwachsenen wiedererkennen: dieses Gefühl, das mich überkam, haben andere offensichtlich auch, es ist nichts Unmenschliches. Damit aber wäre es, so wie es ist, als ganzer Mensch, einbezogen in die Gemeinschaft des Menschlichen.

Erstarrt jedoch das Verhalten des Erwachsenen zu einer Art formelhaft-freundlicher Friedfertigkeit im Umgang mit Heranwachsenden, kann sich das Kind in der Erwachsenenwelt nicht mehr wiederfinden. Hier liegt die Wurzel jenes Problems, das die Lehrerin Frech-Becker drastisch-zutreffend beschreibt,[152] auch wenn zuträglichere Wege ebenso zum Ziele führen.

„Aber ach, wie sehr sehnt sich unsere Jugend nach dem Satz: »Heb das Ding auf, aber dalli!« Wie sehnen sich unsere Kinder nach der Empörung in der Stimme, nach Entrüstung im Gesicht des Lehrers, nach einem äußeren Merkmal des Ungewollten, nach dem lauten Ton, der die Grenze zieht zwischen dem ewig Beherrschtsein, das alles gleichermaßen problematisiert, und der Deutlichkeit, die in einer emotional flach gewordenen Sprache entscheiden will."[153]

Heranwachsende drücken damit keineswegs, wie nicht nur hier falsch verstanden, den Wunsch nach Grenzsetzung durch Autoritäten aus. Vielmehr wollen sie, wenn schon Grenzen, dann lieber die klaren, harten, greifbaren Wände eines Zimmers mit Tür und Fenster als die einer Gummizelle, die Härte mit scheinbar unendlicher Nachgiebigkeit kaschiert. Sonst bleiben dem Kind nur zwei Möglichkeiten. Entweder es verdrängt, um sich nicht aus dem Kreis der 'Menschlichkeit' ausgeschlossen zu fühlen, diese 'anderen', offenbar nur ihm eigenen Gefühle und beginnt, solche Handlungen zu kontrollieren, oder es steht zu ihnen und entfernt sich damit zunehmend aus dem Kreis 'normaler' Menschen. Es verfällt, wie man es mit C. G. Jung ausdrücken könnte, seinem Schatten.

Am einen Ende des Weges finden wir Jugendliche wie Sibylle: auf Friedfertigkeit getrimmt, stehen sie fassungs- und wehrlos vor dem Ausbruch der Gewalt. Wie sollten sie auch anders? Niemand hat sie darauf vorbereitet. Hieß es doch stets: „Seid nett zu der Welt – dann ist die Welt nett zu Euch!"

Am anderen Ende stoßen wir auf den Hooligan im Stadion, den Autonomen aus Kreuzberg, den Rechtsextremen in Rostock oder den Neonazi von Hünxe. Im Ausleben ihrer Aggressivität kämpfen sie um ihre Wirklichkeit. „Gewalt", sagt die rechtsextrem eingestellte Anne[154], „löst keine Probleme, aber Gewalt macht auf Probleme oftmals aufmerksam".

So schließt sich der Kreis. Was unvereinbar schien – Gewalt gegen sich selbst, Gewalt gegen andere – erweist sich als zwei Seiten derselben Medaille. Die Unschuld, in bester Absicht dem Kind verordnet, entpuppt sich als gefährliche Falle.

Auch dabei wäre von Neill zu lernen. Er brauchte weder noch mißbrauchte er Kinder und Kindheit als Projektionsfläche seiner Ängste und Sehnsüchte: Kinder sind auch nur Menschen – dies war sein archimedischer Ausgangspunkt. Und so ließ er sie leben.

Mitläufertum

Antiautoritär Erziehende arbeiteten hart für ihre Ideale. Eine Auseinandersetzung mit der wissenschaftlichen Literatur, begleitet von regelmäßigen Treffen der Elterngruppen – zwei- bis dreimal die Woche war die Regel – ging mit der Kinderladenarbeit einher. Doch spiegelte sich in ihnen auch ein gesellschaftlicher Aus- und Aufbruch, der mancherlei hervor- und mit sich brachte. So gesellten sich ihnen bald jene bei, die ernten wollten, wo sie nicht gesät hatten. Ein Vorgang, unzähligemale in Märchen variiert: Kaum kommt in „Frau Holle" das fleißige, arbeitsame Mädchen mit Gold bedeckt zurück, soll solcher Segen auch der faulen Tochter zuteil werden. „Als sie zu dem Backofen gelangte, schrie das Brot wieder: »Ach! zieh mich 'raus, zieh mich 'raus, sonst verbrenn ich, ich bin schon längst ausgebacken!« Die Faule aber antwortete: »Da hätt' ich Lust, mich schmutzig zu machen!« ..."

Absahner der unterschiedlichsten Art fanden sich darunter – so hatte sich ein gut florierender Markt für 'antiautoritäre' Beratungsliteratur gebildet – wie Mitläufer jeder Mode. Die 68er traten für sie an die Stelle der bisherigen Autoritäten. Die starre Über-Ich-Struktur blieb erhalten, sie wurde lediglich mit einem anderen Inhalt gefüllt. War vorher Gehorsam 'gut', wurde dies jetzt der Ungehorsam; hielt man zuvor die Autorität hoch, bot man jetzt SchülerInnen das Du an. Die 'befreite' Sexualität raffte sich der Kommerz, Eltern und LehrerInnen griffen begierig nach der Lehre von der aggressionsfreien Erziehung: freundliche LehrerInnen würden freundliche SchülerInnen haben – Erziehen und Unterrichten nur noch Friede, Freude, Eierkuchen; Kinder und Jugendliche würden *freiwillig müssen*; demokratische Erziehung zum Nulltarif! Das Ende ist bekannt: „Frau Holle führte sie auch zu dem Tor; als sie aber darunter stand, ward statt des Goldes ein großer Kessel voll Pech ausgeschüttet", und wir ernten Gewalt.

Verdrängung und Wiederkehr des Verdrängten.

Wenn Offenkundiges geleugnet wird – und die Neigung des Menschen zu Gewalt liegt offen zu Tage – spricht man von 'Verdrängung'. Dabei handelt „es sich um Dinge, die der Kranke vergessen wollte, die er darum absichtlich aus seinem bewußten Denken verdrängte, hemmte und unterdrückte."[155]

Auch hier spielten die 68er, als Ableger der Hippie-Bewegung, eine wichtige Rolle. Sie zerbrachen ein altes Tabu, errichteten ein neues Ideal und beschworen damit die Gefahr der Verdrängung herauf. 'Make love not war' stand auf ihren Fahnen, und dies meinte den mit seiner Sexualität und seiner Aggressivität souverän umgehenden, autonomen und deshalb friedlichen Menschen. Kann man oder will man aber die Aggressivität nicht ertragen, etwa unter dem Wunsch/Zwang des 'Besser-Machen-Wollens/Müssens' oder unter dem Zwang bestehender Verhältnisse – bleibt nur der Weg der Verdrängung. Er wurde gern und häufig beschritten, auch deshalb, weil über einen engen Einstellungskorridor das Verhalten einer ganzen, in der Ausbildung stehenden Lehrergeneration gesteuert werden konnte. „Lieber Gott, mach mich krumm, daß ich in den Staatsdienst kumm"[156] lautete der Wahlspruch der seit 1976 ins Berufsleben eintretenden Generationen. Für LehrerInnen in der Ausbildung bedeutete dies doppelte Erschwernis, weil objektive Prüfungskriterien fehlen. Um gute, gar sehr gute Ergebnisse zu erzielen, muß man sich den aktuell gängigen pädagogischen Moden und den Erwartungshaltungen der Prüfenden anpassen, wenn nicht unterwerfen. Nur in seltenen Ausnahmefällen dürften junge Erwachsene, geprägt von langjähriger Erfahrung im ebenfalls Anpassung erfordernden System Schule, diesen Prozeß ohne psychische Deformierung überstehen. Sie werden eher alle auf Autonomie und Selbsthauptung beharrenden Impulse verdrängen, als das Erreichen ihres Berufsziels zu gefährden.

Spricht man von Verdrängung, droht ein Mißverständnis. Verdrängt wird, was der Kranke (das Individuum, die Gesellschaft) vergessen will. Darunter fallen nicht nur „Gefahren und Ängste“[157], sondern auch „emotionale und ethische Motivationsanteile“[158] Es können also auch ‘positive’ Seiten der Person der Verdrängung anheimfallen. So wie sich jemand die Haare abrasieren muß, der zu den ‘Skins’ gehören will, wie er die Turnschuhe mit den Springerstiefeln und den Tischtennis- mit dem Baseballschäger vertauschen muß, so muß er auch seine Empfindsamkeit, seine Mitleidensfähigkeit, sein Bedürfnis nach Verständigung und seine Schwäche ‘ablegen’, also verdrängen, *weil ihn diese Persönlichkeitsanteile aus dieser Gemeinschaft ausschließen würden. Kein* Mensch aber kann nur stark, brutal, nur mitleidslos, nur egoistisch sein, sondern ist immer auch schwach, empfindsam, auf Verständigung und Beziehung angelegt. Die Mischung bildet den Charakter und entscheidet, was für ein Lebenslauf sich daraus entwickelt.

Das Märchen „Der Bärenhäuter“[159] schildert ein solches Beispiel, wie durch Ausgrenzung jemand zum ‘Bündnis mit dem Teufel’ getrieben wird.

Ein Soldat wird nach dem Krieg nicht mehr gebraucht, verliert also seinen Platz in der Gesellschaft. „Seine Eltern waren tot, und er hatte keine Heimat mehr, da ging er zu seinen Brüdern und bat, sie möchten ihm so lange Unterhalt geben, bis der Krieg wieder anfinge. Die Brüder aber waren hartherzig und sagten: »Was sollen wir mit dir? Wir können dich nicht brauchen, sieh zu, wie du dich durchschlägst«.“ In seiner Not schließt er einen Pakt mit dem Teufel. Er darf sich sieben Jahre lang nicht waschen, Bart und Haare nicht kämmen, die Nägel nicht schneiden und kein Vaterunser beten. „Im ersten Jahr ging es noch leidlich, aber im zweiten sah er schon aus wie ein Ungeheuer. Das Haar bedeckte ihm fast das ganze Gesicht, sein Bart glich einem Stück groben Filztuch, seine Finger hatten Krallen, und sein Gesicht war so mit Schmutz bedeckt, daß wenn man Kresse hineingesät hätte, sie aufgegangen wäre. Wer ihn sah, lief fort...“ Aber er behält ein gutes Herz und hilft einem Mann, der sein ganzes Vermögen verloren hatte, aus der Not. Zum Dank verspricht ihm dieser eine seiner Töchter zur Frau. Die älteste entsetzte sich gewaltig, die zweite will ihn auch nicht. „Die jüngste aber sprach: »Lieber Vater, das muß ein guter Mann sein, der Euch aus der Not geholfen hat, habt Ihr ihm dafür eine Braut versprochen, so muß Euer Wort gehalten werden«.“ Er läßt ihr ein Erkennungszeichen zurück und geht wieder auf Wanderschaft. Nach sieben Jahren kehrt er heim und feiert mit der Jüngsten eine prächtige Hochzeit ... „Indem kamen die beiden Schwestern in vollem Putz herein, und als sie sahen, daß der schöne Mann der jüngsten zuteilgeworden war, und hörten, daß das der Bärenhäuter war, liefen sie voll Zorn und Wut hinaus. Die eine ersäufte sich im Brunnen, die andere erhenkte sich an einem Baum. Am Abend klopfte jemand an der Türe, und als der Bräutigam öffnete, so war’s der Teufel im grünen Rock, der sprach: »Siehst du, nun habe ich zwei Seelen für deine eine«.“

Die in der Situation des ‘Ausgegrenztseins’ verdrängten weichen Gefühle können sich erst nach beendeter Ausgrenzung zeigen, wenn die Bedrohung nicht mehr besteht. So erklärte ein Skinhead während einer Diskussion im Fernsehen, er würde gern Kindergärtner werden. Mit Kindern arbeiten, das hätte er eigentlich schon immer gewollt, und er hatte Mühe, seine Tränen zurückzuhalten.

Durch eine gewissermaßen ‘doppelte’ Verdrängung bildet sich in der Gesellschaft ein hochgefährliches, explosives Gemisch. Während ‘wohlerzogene’ Jugendliche ihre ‘harten’

Seiten – die Aggressivität – verdrängen und dadurch leicht in einen Zustand lähmender Hilflosigkeit geraten, verdrängen die anderen – die Skins, die Hooligans, Rechtsradikale ... – ihre 'weichen' Persönlichkeitsanteile. Geraten diese beiden Extreme aneinander, entsteht eine Spirale eskalierender Gewalt: die einen können sich nicht wehren, die andern können nicht aufhören, weil sie Mitleid nicht zulassen dürfen. Das brutale, so scheinbar unverständliche Zusammenschlagen von Stadtstreichern oder Behinderten gehört in diesen Zusammenhang.

Steht Verdrängung allerdings im Dienste eines Glaubens oder eines Ideals, stellt sie Probleme eine gewisse Zeit 'ruhig'. „Wo Verdrängungen gelingen, ist auf der Bewußtseinsoberfläche nichts zu sehen als eine Lücke, d. h. die Abwesenheit von Regungen oder Vorstellungen, die unserer Erwartung zufolge normaler Weise vorhanden sein sollten. Wo zum Beispiel Eltern ein kleines Mädchen als 'brav, zärtlich, willig, bescheiden' beschreiben, fehlen ... die der Kindheit entsprechenden Regungen von Aggression, Gier, Trotz ...“[160]

Im Bereich der Aggressivität erweckt dies den Anschein von Friedfertigkeit. Je länger allerdings das Verdrängte unterm Deckel gehalten wird, um so stärker wächst der Druck, um so unberechenbarer werden die Folgen. „Wenn der unreine Geist aus dem Menschen ausgefahren ist, dann wandert er durch öde Gegenden, sucht eine Ruhestätte, findet aber keine. Alsdann sagt er: »Ich will in mein Haus zurück, aus dem ich ausgezogen bin«. Er kommt und findet es geleert, rein gefegt und geschmückt. Dann geht er hin, nimmt noch sieben andere Geister mit sich, die schlimmer sind als er; sie ziehen ein und wohnen dort. Mit einem solchen Menschen wird es nachher schlimmer stehen als vorher“ heißt es dazu im Evangelium nach Matthäus.[161] 'Wiederkehr des Verdrängten' nennt dies die Psychoanalyse. Je mehr, je heftiger, je länger verdrängt wird, um so mehr wächst der seelische Druck bei allen Beteiligten, bei Eltern/LehrerInnen noch mehr als bei Jugendlichen. Denn sie brauchen nicht nur Kraft, um eigene aggressive Impulse abzuwehren, sondern sie benötigten diese aggressiven Impulse, um der aufkeimenden Aggressivität der Jugendlichen standzuhalten. Sie handeln wie ein Autofahrer, der Gas gibt und gleichzeitig auf die Bremse tritt. Das kann nicht lange gutgehen. Gründe sind gesucht, die es ermöglichen, die Position des gewaltfreien Lebens zu räumen. Der Volksmund hat den entsprechenden Rat parat: „Wer nicht hören will, muß fühlen“. Kinder, die so 'böse' sind, daß ihnen gegenüber Güte allein nicht ausreicht, rechtfertigen den Einsatz von 'Erziehungsmitteln'. Dann dürfen auch Eltern/LehrerInnen wieder 'durchgreifen', auf alte Lösungsmodelle zurückgreifen, nämlich die Ableitung von Aggressivität über institutionelle Gewalt, eingebettet in hierarchische Strukturen und von diesen legitimiert: Mut zur Erziehung!

Laissez-faire

Entgegen einer weit verbreiteten Meinung besteht zwischen Laissez-faire-Verhalten und Gewaltbereitschaft von Heranwachsenden kein unmittelbarer Zusammenhang. Als Folgen solchen Erziehungshandelns werden in Untersuchungen genannt: „Verbesserung der Beziehung zu Erziehern, Freiheit des Handelns, spätere Unangepaßtheit, positive gefühlsmäßige Erfahrungen, unmittelbare Unangepaßtheit.“[162]

Zieht man die Dimension Verständnis/Verständnislosigkeit hinzu, lassen sich indirekte Beziehungen vermuten. „Aggressives und unsoziales Verhalten von Jugendlichen wird ... nicht unmittelbar vermindert, wenn Lehrer und Erzieher in diesen Situationen lediglich Verständnis kommunizieren, ohne etwa gewisse Begrenzungen zu setzen ... *Lediglich Kommunikation von Verständnis in Konfliktsituationen* (kursiv WP), ohne sonstige weitere angemessene Bedingungen, läßt Jugendliche möglicherweise das verständnisvolle Verhalten von Erwachsenen als *eine gewisse Art Billigung* (kursiv WP) wahrnehmen.“[163]

Bedenken wir die pädagogische Ideologie der letzten zwanzig Jahre – das unschuldige Kind, Gewaltlosigkeit –, so darf man annehmen, Erwachsene hätten in dieser Zeit ein eher unkritisches Verständnis gegenüber aggressivem und unsozialem kindlichem Verhalten gezeigt. Dies führt, wo es mit Unangepaßtheit von SchülerInnen zusammentrifft, zu erhöhter Gewaltbereitschaft.

Autoritär

Einigkeit herrscht über die Symptome. „Statt toleranter und politisch urteilsfähiger Bürger scheint die Erziehung neue rücksichtslose und in sich selbst verliebte, im schlimmsten Falle gewalttätige Menschen hervorgebracht zu haben.“[164]

Wenn wir in der pädagogischen Fachliteratur nach diesen Symptomen suchen, stoßen wir auf Erstaunliches. So referieren Tausch & Tausch die Folgen des autokratisch-lenkenden Erziehungsverhaltens.[165] Bei den Kindern wurden u.a. folgende Verhaltensweisen festgestellt:

- Größere Spannung, Reizbarkeit, Aggression und Dominanz der Kinder untereinander.
- Individuelles Besitzstreben bei Verteilung des fertigen Materials
- 82% des Sprachverhaltens egozentrischer Natur
- Größere Häufigkeit der Pronomina „ich“, „mein“, „mir“, „mich“; weniger Pronomina „wir“, „unser“, „uns“ ...
- Größere Erwartungen an das Geführtwerden ...
- Größeres Ausmaß an Intolerantem und sog. autokratischen Verhaltensmerkmalen gegenüber Unterlegenen, Andersdenkenden oder Minoritäten ...
- Extreme Opposition, Kritiksucht und Aggressionen bei einzelnen
- Erfahrene Diskrepanz zwischen politischem Unterricht und moralethischen Belehrungen einerseits und erfahrener Art des sozialen Zusammenlebens von Lehrern und Schülern andererseits.[166]
- Distanziertes, z. T. apathisches Verhalten gegenüber sozialen Problemen, Aufgaben der Allgemeinheit und der sozialen Kommunikation zwischen Gruppen
- Rigidität hinsichtlich vorgefaßter oder übernommener Urteile (Vorurteile) bei geringer Fähigkeit zu eigener Meinungsbildung ...

Da wäre ziemlich alles beieinander, was als Symptome der gegenwärtigen Schwierigkeiten mit Jugendlichen aufgezählt wird. Allerdings beschreibt die pädagogische Wissenschaft dies seit über fünfzig Jahren als Folgen eines *autoritären* Erziehungsstils. Irreversibles, emotional kaltes bis ablehnendes, wenig einfühlsames Verhalten verbindet sich häufig damit. Er erzeugt den Radfahrertyp – nach oben buckeln, nach unten treten. Genauso werden die gewalttätig gewordenen Jugendlichen beschrieben. Gegen die Autorität und ihre Macht, das haben sie erfahren, hat man keine Chance. Also suchen sie sich Schwächere. Und die Folgen? Berelson/Steiner faßten den Stand der Forschung zusammen:

„Je strenger die Bestrafung von Aggression ist, um so mehr kommt es später zu unmittelbaren oder mittelbaren (mittelbaren: in der Phantasie) Äußerungen von Aggression, und um so größer ist in der Folge die Angst hinsichtlich aggressiver Handlungen.“[167]

Ähnliches ergab eine zweijährige Untersuchung der Denk- und Verhaltensweisen Jugendlicher. Heranwachsende, die im Elternhaus Schläge und Gewalt erlebten, neigen selbst zu solchen Methoden.[168]

Beim Definitionsgemisch des SPIEGEL (siehe S. 27) handelt es sich also keineswegs um ein „pädagogisches Laissez-faire“, sondern um das Muster *fremdbestimmenden, autoritären Erzieherverhaltens schlechthin*. Hier verabfolgen nicht „wohlmeinende“ Eltern ihren Kindern „Zuwendungseinheiten“, hier erziehen Horroreltern die ihnen entsprechenden Horrorkinder.

Auch wenn es um die Verwechslung von Erziehungsstilen geht, liefert die Pädagogik Erklärungsmuster. Während nämlich 90% aller Lehrkräfte in Konfliktsituationen autoritäres Verhalten bevorzugten,[169] werden bei einer Befragung ein Jahr später die von ihnen praktizierten autokratischen Verhaltensformen abgelehnt, „sozialintegrative Verhaltensformen dagegen als erstrebenswert angesehen ... Es zeigt sich so als bedeutsames Ergebnis eine erhebliche Diskrepanz zwischen den von Lehrern erstrebten und von ihnen verwirklichten Verhaltensformen.[170]

Im Grunde verhält es sich wie bei Suchtkrankheiten. Bei autoritär-strafendem Verhalten braucht man, um die erwünschte Wirkung zu erzielen, eine immer stärkere Dosis. Allerdings sind die Steigerungsmöglichkeiten begrenzt. Wenn die Repression einen gewissen Grad erreicht hat, beginnt im Gegenzug die Rebellion. Im Bilde des chinesischen Ying-Yang-Prinzips kann man den Prozeß verdeutlichen (s. Abb. 2). Die Pädagogik wäre erfolgreich, wenn es gelänge, diese Aktions-Reaktions-Muster aufzulösen.

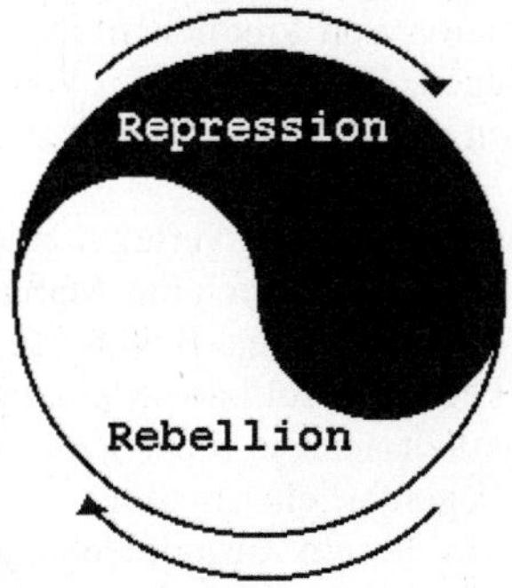

Abbildung 2

Überbehütend

Die Mutter der erwähnten Sibylle (siehe Seite 8) hat wochenlang „ihre Tochter von jeder Abendverabredung mit dem Auto abgeholt“;[171] die Mutter eines Jungen, der nach einem Umzug Rangordnungskämpfe in seiner neuen Klasse zu bestehen hatte, läßt ihn am folgenden Tag nicht zur Schule und bespricht die Sache mit der Lehrerin ...“[172]

Hier beißt sich die Katze in den Schwanz, ein Teufelskreis gerät in Bewegung. Kinder, von kleinauf ‘wohlerzogen’, jeder Rangelei entwöhnt, in Haltung und Selbstdarstellung Opfer, geraten an andere, die längst Opfer suchen, um austeilen zu können, was sie so lange einstecken mußten. Anstatt Selbstbehauptung mit ihnen zu trainieren, stellen sich die Eltern in bester Absicht schützend vor sie. Was lernen Kinder daraus? ‘Ohne meine Eltern bin ich hilf- und schutzlos’. Das Selbstbewußtsein wird nicht gestärkt, sondern erneut geschwächt, die Schraube, anstatt sich zu lockern, hat sich wiederum ein Stück weiter gedreht. Es *gibt* auf diesem Weg keine Lösung, denn „das Kind muß Initiative entwickeln, die Reise zu sich selbst anzutreten, damit es durch das Zusammentreffen mit der weiteren Welt zu einer selbständigen Persönlichkeit werden kann. Andererseits läuft es Gefahr, in die Passivität zurückzukehren, sich für immer und ewig in die Abhängigkeit zu begeben und sich von anderen versorgen zu lassen.“[173]

Ähnliche Tendenzen finden sich in der Bildungspolitik der letzten zehn, fünfzehn Jahre. In der Kritik an den großen Schulkomplexen wird argumentiert, „daß es für ... Kinder besser sei, wenigstens in den ersten vier Grundschuljahren nicht bereits morgens um 7 Uhr an der Bushaltestelle stehen zu müssen“. Das klingt gut und steckt doch voller Probleme, ja, vielleicht steckt darin das eigentliche Problem, daß nämlich Sechsjährige wie Kleinkinder behandelt werden. „Überbehütung“ nennt dies die Sozialwissenschaft, der Fachausdruck heißt „Overprotection“. Die Folgen sind bekannt: Die Kinder werden ängstlich, unselbständig, passiv; leiden unter Kontakthemmung, Eß- oder Schlafstörungen; werden sie älter, kommt es häufig zu einer Eskalation von kindlichen Trotzäußerungen; die Familie (und die Gesellschaft) schafft sich eine sanatoriumsartige Schonwelt, die sie mit allen möglichen Mitteln gegen angstauslösende Reize abzuschirmen sucht.[174]

Durch solche Überbehütung rauben wir Kindern zu viele Möglichkeiten, schrittweise Erfahrungen zu machen, dadurch selbständiger zu werden und ein stabiles Selbstbewußtsein aufzubauen, das ihnen hilft, mutig auf die Zukunft zuzugehen.

Die gegenwärtige Gewaltwelle unter Jugendlichen weist Symptome der Folgen einer überbehütenden Erziehung auf. Die beobachtbaren gesellschaftlichen Reaktionen gleichen jenen, welche H. E. Richter am Beispiel der überprotektiven Mutter beschrieb. „Sobald das älter werdende Kind sich doch wirksamer gegen die mütterliche Überprotektion zu wehren versteht, beginnt die Mutter oft prompt depressiv zu dekompensieren. In dieser Phase kommt es häufig zu einer Eskalation von kindlichen Trotzäußerungen im Austausch mit verzweifelten mütterlichen Anklagen. Durch eine Flut von Beschuldigungen und Drohungen versucht die Mutter doch noch dem Kinde die Kraft zu nehmen, sich abzulösen und zu verselbständigen.“[175]

Die *Kleinfamilie* verschärft das Problem. Sie verleitet zu einer Überidentifikation der Eltern mit ihren Kindern. Bei fünf Kindern hält sich das Maß an Zuwendung und Kontrolle in Grenzen, bei zwei Kindern sieht das anders aus. Behütende, sorgende, kontrollierende Liebe findet hier ein weites Feld. Die unausrottbare Meinung, je mehr Liebe, je mehr Zuwendung, je mehr Behütung, letztlich auch je mehr Kontrolle, um so weniger Schwierigkeiten, gar Gewalt, erweist sich als gefährlicher Irrtum.

Die Öffentlichkeit bedient sich in diesem Zusammenhang gern des Begriffs der *verwöhnenden Erziehung*. Nun läßt sich schon die überbehütende Erziehung kaum definieren, die verwöhnende gar nicht.

„Verwöhnung ist ein Wort, das wir in der kinderpsychiatrischen Arbeit sehr oft gebrauchen. Es ist ein Wort aus der Alltagssprache, kein wissenschaftlicher Begriff, und kommt daher auch nicht in den Indices psychiatrischer und psychologischer Bücher vor. Es ist kein gut abgegrenzter und definierter Begriff und gehört in kein System.[176]

Die Gründe dafür leuchten ein, definiert sich Erziehungshandeln als verwöhnend doch ausschließlich durch die „sozietäre Bedeutung“, die ihm zukommt. Je nach Zeit und Gesellschaft wird dasselbe Handeln einmal als normal, einmal als verwöhnend eingeschätzt. Gerade deshalb eignet sich dieser Begriff so gut für die öffentliche Diskussion. Mit Verwöhnung erklären manche fast alle Übel der Welt, sehen in ihr die Ursache für „alle möglichen Formen von Störungen, vom Unleidlichen über den Infantilen und Erfolglosen zum Kriminellen, vom Haltlosen und dem Rebellen zum Homosexuellen, kurz die ganze Reihe vom sogenannten Psychopathen bis zum Neurotiker.“[177]

Verwöhnende Erziehung könnte man am ehesten eine Erziehung nennen, die versucht, „dem Kind alle Schwierigkeiten aus dem Weg zu räumen“.[178] Sie ist, so kann man zusammenfassen, „wohl ein fehlerhafter Erziehungsstil mit den schwerwiegendsten Folgen, aber sie bricht dem Kind tendenziell weniger das seelische Rückgrat als Gewalt, Mißhandlungen und Strenge. Oft erwarten verwöhnte Kinder mit einer gewissen Selbstverständlichkeit etwas vom Mitmenschen, sie ziehen sich selten in die Isolation und Einsamkeit zurück. Die autoritäre Erziehung wirkt sich gerade in dieser Beziehung verheerend aus. Darum ist die 'Schwarze Pädagogik' mit Recht in Verruf geraten und soll es auch bleiben. Zwei Weltkriege und ihre Millionen Toten sollten genügen, um uns die tödlichen Auswirkungen des strengen Erziehungsstils, der absoluten Gehorsam und Unterwerfung vom Kind verlangte, vor Augen zu führen.“[179]

2. Familie

Wer immer sich zu der Frage „Jugend und Gewalt" äußert, sieht in der nachlassenden Erziehungskraft der Familie eine der Hauptursachen. Manchmal gewinnt man den Eindruck, es verhalte sich damit ähnlich wie mit dem Proletariat. Was dieses für die Kommunisten darstellte, bedeute jene für das Bürgertum: der zum Mythos verklärte Traum einer heilen Welt, lebendig als Sehnsucht, als Wirklichkeit nur in geglückten Ausnahmefällen irgendwann im Irgendwo aufzufinden.

„Wenn ältere Leute aus ihrer Jugendzeit erzählen und diese Jugendzeit in die Ära der wilhelminischen Kaiserherrschaft fiel, dann sagen sie oft in einem leichten Anflug von Schwärmerei, daß die frühere Zeit eine herrliche, eine gute, eine schöne Zeit war. Es mag sein, daß ich in meinem ganzen Leben immer etwas sehr kritisch war, jedoch könnte es mir in keiner Sekunde einfallen, jemals von einer guten Zeit zu sprechen, wenn ich an meine Jugendjahre zurückdenke. Ich wurde in dieser oft besungenen 'guten' Zeit geboren. Es war am 8. Mai 1878, als ich in der damals noch selbständigen Gemeinde Oespel bei Dortmund als drittes Kind geboren wurde. Nach mir schenkte meine Muter noch weiteren sechs Kindern das Leben, und meine Eltern hatten alle Mühe und Not, um mit ihren neun Kindern und dem Schicksal fertig zu werden."[180]

Aber auf dem Dorf, da sei es doch anders gewesen! Lassen wir Louis Pergaud erzählen. „Aus allen Häusern des Dorfes ertönten Schreie, Jammerlaute, Flüche und röchelnde Stimmen, untermischt mit krachenden Fußtritten, dröhnenden Faustschlägen und dem Poltern umfallender Stühle und Möbelstücke. Das entsetzte Aufjaulen flüchtender Hunde und das hastige Zuschlagen der Katzenschlupflöcher vereinigten sich mit diesem Lärm zu dem fürchterlichsten Getöse, das ein menschliches Ohr sich erträumen kann. Es hatte fast den Anschein, als herrsche überall gleichzeitig Mord und Totschlag ... Die gesamte Armee von Longeverne, vom General bis zum gemeinen Soldaten, vom Größten bis zum Kleinsten, vom Schlausten bis zum Dümmsten, bezog Prügel, und da ihr Geldbeutel bedroht war, kannten die Väter kein Halten, sondern droschen mit den Fäusten, mit Schuhen und Holzpantinen, mit Klopfpeitschen und Stöcken auf ihre Söhne ein. Auch die Mütter, die wild empört und unerbittlich waren, wenn es um ihre guten Sous ging, mischten sich ein, während die Schwestern, die sich ein bißchen mitschuldig fühlten, entsetzt weinten, jammerten und flehten, man möge doch ihre armen kleinen Brüder nicht um so einer Lächerlichkeit willen totschlagen. Marie Tintin wollte direkt eingreifen und bezog dafür von ihrer Mutter ein paar schallende Ohrfeigen und die Drohung: »Misch du dich nicht in Dinge, die dich nichts angehen, du kleine Schlampe! Ich hab von den Nachbarinnen gehört, daß du dich mit diesem Lümmel, dem jungen Lebrac rumtreibst, ich werde dir schon beibringen, was sich für dich gehört!« Als Marie widersprechen wollte, klatschte eine Ohrfeige des Vaters auf ihre Wange, die ihr jede weitere Lust an einer Einmischung nahm. Sie verkroch sich still in einen Winkel und weinte."[181]

Ländliche Idylle um 1900. Nach dem zweiten Weltkrieg fand sich etwa ein Drittel aller deutschen Familien ohne Vater wieder, der Wiederaufbau mit anschließendem Wirtschaftswunder absorbierte alle Kraft, die Pädagogik erfand die 'Schlüsselkinder', Kinder, denen die Eltern an einer Schnur einen Schlüssel um den Hals hängten, damit sie nach Kindergarten oder Schule in die Wohnung konnten, während diese arbeiteten. Nach gängiger pädagogischer Theorie – vernachlässigt, elterlicher Obhut und Fürsorge entbehrend, so laissez-faire erzogen, daß es laissez-fairiger gar nicht geht (weil niemand Zeit hatte, sich um sie zu kümmern) –, hätten diese Kinder früher oder später in den Gefängnissen landen müssen. Statt dessen führten sie 1968 die erfolgreichste Rebellion gegen die Obrigkeit in deutschen Landen durch und trugen den wirtschaftlichen Aufschwung der Achtziger.

Gibt es überhaupt „die Familie"? Muß man nicht von „Familien unterschiedlichen Typs" ausgehen? Welche Folgen ergeben sich daraus für das Entstehen von Gewaltbereitschaft? Für die Erziehung? Aus der Vielfalt möglicher Betrachtungsweisen wähle ich eine grobgezeichnete Typologie. Mit ihrer Hilfe kann man sich an Hand einfacher Merkmale auch im Alltag orientieren.

Prägend

In unserer Gegend wird Moto-Cross-Sport betrieben. Schon im Vorschulalter beginnen Kinder damit, mit vierzehn, fünfzehn erringen sie z. T. beachtliche, auch internationale Erfolge. Ihre Eltern betreiben oft Auto- und Motorradhandel in Form eines Familienbetriebs. Innerhalb einer solchen „starken" Familie herrscht nicht selten eine feste bis starre Bindung untereinander. Es wird ein eher autoritäter Erziehungsstil mit den beschriebenen Folgen bevorzugt. Da für negative Gefühle innerhalb der Familie kein Raum bleibt und deshalb Aggressivität nicht aufgearbeitet wird, benötigt eine solche Familie zur Stabilisierung des innerfamiliären Gleichgewichts 'Feindbilder'.

Man stelle sich nun vor, ein Jugendlicher aus solcher Familie treffe in Klasse 8/9, mitten in der Pubertät, auf eine grünökologisch ausgerichtete Lehrerin: Konflikte dürften unausweichlich sein. Sie werden sich um so schwieriger gestalten, je stärker und damit prägender die Erziehungskraft der Familie wirkt und gelegentlich in einen unerbittlichen Kampf zweier Wertsysteme münden. LehrerIn hätte dabei die schlechteren Karten. Denn solche Jugendlichen haben auf Grund ihrer Erfolge eine sehr starke Position in ihrem Umfeld. Man braucht diesen Konflikt nur auf die Auseinandersetzung mit den unterschiedlichsten Erziehungsumwelten übertragen, denen die Schule gegenübersteht, um zu erkennen, daß die pädagogische Arbeit, sofern darunter Einflußnahme mit dem Ziel der Veränderung von Haltungen verstanden wird, sich um so schwieriger gestaltet, je stärker die Erziehungskraft der Familie wirkt, um so leichter, je weniger Einfluß sie ausübt – gerade umgekehrt, als gemeinhin behauptet.

Schwach

Schwach nenne ich eine Familie, die in gesicherten Verhältnissen lebt, ihren Kindern eine soziale und emotionale Grundversorgung bietet, ein nur lockeres Bindungsgefüge aufbaut, in der Erziehung eher zu einem laissez-faire Verhalten neigt, sich für die Schullaufbahn ihrer Kinder mäßig interessiert und den Kontakt zur Schule eher meidet. Gewalt gibt es hier auch, Alltagsgewalt. Sie beschränkt sich auf gelegentliche Auseinandersetzungen innerhalb der Familie, Feindbilder braucht es weniger. Eine solche Familie böte der Schule die größten Einflußmöglichkeiten, denn für sie gilt, was Verena Kast über den schwachen Vater notiert. „Ist der persönliche Vater schwach, dann werden »kollektive Väter«, Lehrer, Autoritäten, Gott, aber auch Systeme, die den Willen der Väter ausdrücken, seine Stelle zu einem Teil einnehmen und den Menschen mehr beeinflussen, als sie es ohnehin schon immer tun."[182]

Wenn LehrerInnen mangelndes Interesse solcher Eltern an der Schule beklagen und damit gleichzeitig schwindende Einflußmöglichkeiten der Schule begründen, argumentieren sie an der Wirklichkeit vorbei. Sie nehmen gar nicht wahr, wie gefolgschafts- und verehrungsbereit ihre SchülerInnen sind.

Kaputt

Die Schule soll einfach, so ein immer wieder geäußerter Vorschlag,[183] den Erziehungsauftrag dorthin zurückgeben, wohin er primär gehöre, nämlich an die Familie. Was aber, wenn, wie Hilde Röcker vom Frankfurter Verein Arbeits- und Erziehungshilfe es ausdrückte, „da ... gar keine Familie“[184] mehr ist?

„Da ist der 13 Jahre alte Junge, der erzählt, er könne abends oft nicht einschlafen, weil der Lebensgefährte der Mutter Pornovideos zu laut abspiele. Wenn der Stiefvater auch noch betrunken sei, schlage er die Mutter ... Da ist die 16jährige, die während des Unterrichts in einer Frankfurter Gesamtschule den Kopf nicht von den Armen auf dem Tisch nehmen will. Nach einer Stunde erzählt sie verschämt, sie habe bis morgens um fünf am Bett bei der Mutter gesessen, die vom angetrunkenen Vater zusammengeschlagen worden sei ... Und da ist die 14 Jahre alte Schülerin, deren Mutter von der Pädagogin Waltraud Loch in die Schule gebeten wurde, weil das Kind über Selbstmord gesprochen hatte. Sie möge ihre Tochter sowieso nicht, verkündete die Mutter ungerührt im Beisein des Mädchens, »ich wäre froh, wenn ich sie nicht hätte«.“[185]

Einzelfälle? Eher die Spitze eines Eisbergs. „Die klassische Kernfamilie mit Vater, Mutter und zwei Kindern kommt unter 80 Millionen Deutschen nur 2,543millionenmal vor. Mehr als zwei Millionen Kinder leben in der Bundesrepublik mit nur einem Elternteil, meist mit der Mutter. Rund 40 000 Kinder flüchten pro Jahr aus kaputten Elternhäusern in die Obdachlosigkeit. In Großstädten hat schon jedes zweite Kind geschiedene oder getrennt lebende Eltern. »Es gibt ganze Klassen, in denen kein Kind mehr aus einer intakten Familie komme«, sagt Toni Schmid, Sprecher des bayerischen Kultusministeriums. »Wenn Kinder zu mir kommen«, sagt der Marburger Kinderpsychiater Matthias Martin, »dann frage ich schon gar nicht: ‘Was machen denn dein Papi und deine Mami’, sondern: ‘Bei wem wohnst du denn?«“[186]

Das Verhältnis zwischen Kindern und Eltern hat sich in diesen Familien oft umgekehrt: Kinder sorgen, stützen, schützen ihre Eltern. Erziehung findet nicht statt. An wen also den Erziehungsauftrag zurückgeben?

Was zunächst so überzeugend klingt, entpuppt sich als pädagogischer Offenbarungseid. Angesichts der wachsenden Zahl kaputter Familien helfen weder Appelle noch Drohungen noch Strafen noch Schulverweis noch Ausgrenzung. Entweder die Schule nimmt sich des Problems an – was die großen finanziellen Aufwendungen der Gesellschaft rechtfertigen würde – oder es bleiben als Alternative, wie Rudolf Augstein (noch) ironisch anmerkte, öffentliche Prügel und die Wiedereinführung der Todesstrafe. Andere Möglichkeiten gibt es nicht, wie die Experimente von Harry F. Harlow aus dem Jahre 1959 zeigten.[187]

„Harlow trennte ... Rhesusaffen bei der Geburt vollkommen, oder er gab ihnen Ersatzmütter. Das waren Drahtgestelle von der Größe des erwachsenen Tieres mit einem dem Muttertier ähnlichen Kopf. Harlow arbeitete dabei mit zwei verschiedenen Ersatzmüttern; bei den einen war über das Drahtgestell ein Frotteestoff gezogen, die anderen waren nackte Attrappen aus Drähten. Brachte man nun in beiden Attrappen als nährende Brust eine Flasche mit Sauger an, so kümmerten sich die Äffchen um die Drahtmutter überhaupt nicht, solange die stoffbezogene Mutter Milch gab. Hatte diese keine Milch, so gingen sie zum Trinken zu dem Drahtgestell und kehrten bald wieder zur Stoffmutter zurück. Auch von ihren neugiergeleiteten Forschungen im Käfig kamen sie immer wieder zu ihr, besonders aber wenn irgend etwas auftauchte, was ihnen Gefahr zu verheißen schien. Es war damit klar, daß das permanente Bindungselement ein wärmender Fellkontakt war. Der Trinkkontakt ist an die Periodik der Hungergefühle geknüpft. Entfernte man zum Beispiel die Stoffmutter aus dem Käfig und versetzte die Jungen in Angst, so erstarrten sie einfach, ohne zur nahrungsspendenden Drahtmutter zu fliehen. »Diese Beobachtungen«, sagt Harlow, »legen nahe, daß auch der Mensch nicht von Milch allein leben kann.« Denn zieht man solche Rhesuswaisenkinder nur mit einer Pseudomutter aus Draht auf, »so suchen sie diese und ihren Sauger in Zeiten der Furcht nie auf, sondern werfen sich statt dessen auf den Boden, verbergen den Kopf in den Armen und schreien in Verzweiflung«. *Für eine normale*

Entwicklung sind die Wärme und der Schutz des »sozialen Uterus« unerläßlich. Die Versuche Harlows führen aber noch weiter. Läßt man Rhesusjunge gänzlich ohne Mutter und Mutterersatz aufwachsen und bietet ihnen im achten Monat eine Stoffmutter an, so reagieren sie nicht mehr auf sie. Dies veranlaßt zu dem Schluß, daß die Möglichkeit zur Entwicklung des spezifischen affektiven Sozialkontaktes, den wir mit den Worten 'Liebe zur Mutter' umschreiben, nur in einer beschränkten, definierbaren Periode besteht ... *»Hat das Kind in dieser Zeit nicht zu lieben gelernt, so wird es niemals lieben können«.*"[188]

Später brachte das Experiment noch erschütterndere Ergebnisse.

„Obwohl Rhesusaffen mit drei Jahren sexuell reif sind, hatte sich im Laufe von sechs Jahren nicht einer der an Attrappen aufgezogenen Affen mit einem anderen gepaart ... Harlows hektographierten Berichten ist zu entnehmen, daß die an den Attrappen aufgezogenen Weibchen über die Annäherungsversuche der Zuchtmännchen glattweg bestürzt waren. Sie wußten nicht, wie sie reagieren sollten. Manchmal wurden sie feindlich und bissen die Männchen. Von den Männchen hinwiederum, sowohl von denen, die an Attrappen allein, als auch von denen, die zusammen mit Weibchen an Attrappen aufgezogen wurden, vollzog keines eine Begattung, wenn sie mit brünstigen Weibchen zusammenkamen."[189]

Während die Tiere in ihrer körperlichen und geistigen Entwicklung immer gesünder „und sogar leichter zu technischem Können trainierbar wurden als die unterlegenen Tiere, die nur von Affenmüttern betreut waren, (wurden sie) am Ende das, was Harlow 'psychotisch' nennt. Sie sitzen passiv da, sie starren ins Leere, und manche tun etwas Erschreckendes: gibt man ihnen einen Stoß, dann beißen sie sich selbst und zerren an ihrem Fleisch, bis das Blut fließt. Sie haben nicht gelernt, den »Anderen« zu erleben, sei es als Mutter, Gefährte, Kind – oder Feind. Nur ein winziger Teil brachte Junge zur Welt, und nur eines unter ihnen machte den Versuch, das seine zu nähren."[190]

Das Elend stirbt nicht mit der beschädigten Erstgeneration, sondern wird weitergereicht: Beschädigte zeugen oder gebären, wenn überhaupt, und erziehen Beschädigte. Zwei von den vier so irgendwie Mütter Gewordenen schoben ihren Nachwuchs von sich, als sei es Irgendwas, die anderen zwei gingen häufig zu grausamen und grundlosen Angriffen über. „Sie verprügelten und schlugen ihre Jungen, stießen wilde Laute aus und drückten die Gesichter der Affenbabies in den Boden aus Drahtgeflecht."[191]

„Man kann sich alles erklären", schrieb Martin Walser, „aber den nächsten 16jährigen, der drei Frauen und zwei Kinder verbrennt, diesen ganz sinnlosen Täter, der damit auch sein eigenes Leben zerstört, den kann man nicht begreifen."[192] Vielleicht doch? Wenn wir fragen, warum solch schreckliche, sinnlos scheinende, unverständliche, kalte Gewalt entsteht und den Spuren der Täter folgen, stoßen wir nicht immer, aber allzuhäufig auf ähnliches Elend wie bei Harlows Affen. Die Gesellschaft hat hier gar keine Wahl. Entweder sie nimmt in ihrem öffentlichen Erziehungswesen die Verantwortung auf sich und versucht, was sie nicht mehr heilen kann, wenigstens zu versorgen, oder sie wird Schaden leiden, vielleicht sich selbst gefährden. Dafür genügen Mitleid und guter Wille allein nicht, dies braucht Sachverstand.

3. Kindheit und Ausbeutung

Erikson sah in der menschlichen Kindheit die psychologische Basis für alle Ausbeutung des Menschen. „Die Polarität von Groß und Klein ist die erste in der Reihe der existentiellen Gegensätze wie männlich und weiblich, Herrscher und Beherrschter, Besitzender und Höriger, Schwarz und Weiß; lauter Gegensätze, um derentwillen in unserer Zeit wilde politische und psychologische Emanzipationskämpfe entbrannt sind. Das Ziel dieser Kämpfe ist die Anerkennung der getrennten Funktionen der Partner, die gleichwertig sind, nicht weil sie wesensgleich wären, sondern weil sie, gerade durch ihre Verschiedenheit, beide für eine gemeinsame Funktion wesentlich sind. Wir müssen an dieser Stelle eine Behauptung einschränken ... nämlich, daß Frustration zu Aggression führe. *Im Dienst eines Glaubens kann der Mensch sinnvolle Versagungen ertragen* (kursiv WP). Wir sollten vielleicht richtiger feststellen, daß es die Ausnutzung ist, die zu unfruchtbarer Wut führt ... Ausnutzung liegt dort vor, wo eine geteilte Funktion von einem der beteiligten Partner für seine eigene Pseudo-Erhöhung mißbraucht wird, wobei er den so erniedrigten Partner jedes Identitätsgefühls und jedes Glaubens an seine Integrität beraubt. Der Verlust der fruchtbaren Gegenseitigkeit, der eine derartige Ausnutzung kennzeichnet, zerstört unter Umständen die gemeinsame Funktion und am Ende den Ausnutzer selbst.“[193]

Im Mißbrauch von Kindern für *pornographische Aufnahmen* bis zum *sexuellen Mißbrauch,*[194] im *Sextourismus*, häufig und umfassend dokumentiert,[195] liegt Ausnutzung ebenso offen zutage wie bei der *Kindesmißhandlung,*[196] beim *Drogenproblem,*[197] im *Leistungssport.*[198] Dabei hat der Leistungsdruck im Gefolge des Traums vom leichtverdienten großen Geld mit Hilfe des sportbegabten Nachwuchses längst den Breitensport durchsetzt. So beobachtet man im Fußball, wie schon in der Altersklasse der Acht- und Neunjährigen nur noch der Sieg zählt, zu dem die Kinder mit großem Druck und nicht selten unter Beschimpfungen getrieben werden. Nicht die Freude am Spiel zu wecken und zu erhalten ist das Ziel, sondern der Erfolg – Kinderarbeit. Vereine leisten dann nicht mehr, was sie so wichtig machte, einen erweiterten, ergänzenden Lebensbereich zur Familie bereitzustellen. Der Leistungsdruck zerstört das Miteinander, verhindert seelische Regeneration im Spiel, treibt die Kinder in Konkurrenz zueinander und damit in die Isolation. Wieder schließt sich ein Teufelskreis.

Ausbeutung in der Kindheit läßt sich jedoch so einfach nicht benennen. Es entstehen Abhängigkeitsverhältnisse, von denen die Betroffenen nicht selten meinen, sie dienten ihrem Besten. In Unselbständigkeit aufgewachsen, weckt jeder Gedanke an Selbständigkeit Angst. Auch lassen sich ‘Ausbeutung’ und ‘Leistung’ nur schwer unterscheiden. Vorhandene Bereitschaft und Fähigkeit sinnvoll gefördert und gefordert, verbessern individuelle und kollektive Lebensqualität, verleihen dem Leben Ziel, oft auch Sinn und bereichern es mit Glück. Wenn allerdings Begabungen und Fähigkeiten nicht nach dem Grundsatz der Selbst-, sondern dem der Fremdbestimmung stimuliert und genützt werden, handelt es sich um Ausbeutung. Die Übergänge sind fließend, die Grenzen schwer zu definieren. Denn das ‘Ich’, vielleicht besser das ‘Selbst’, wächst nicht gleich der ‘Blauen Blume’ der Romantik in weltlicher Abgeschiedenheit, sondern bildet sich im Laufe des Lebens in interaktiven Identifikationsprozessen, in der Auseinandersetzung mit Lebensaufgabe, Mitmensch und Umwelt. Rainer Maria Rilke hat dies eindrucksvoll beschrieben:

Ich lebe mein Leben in wachsenden Ringen,
die sich über die Dinge ziehen.
Ich werde den letzten vielleicht nicht vollbringen,
Aber versuchen will ich ihn.

Im Laufe dieses Prozesses wird stetig Fremdes zu Eigenem. Wer will da noch scheiden, es sei denn die Betroffenen selbst? Lediglich aus den Folgen kann man rückschließen: Ausbeutungsverhältnisse münden häufig in Gewalt.

Erziehung und Ausbeutung

Wo immer es gilt, einen Bachlauf zu reinigen, ein Waldstück von Freizeitmüll zu säubern, in der Regel sind Kinder dabei, mit Eifer, mit Begeisterung, voller Überzeugung und Idealismus. „Fünfjährige sammeln Müll im Kindergarten, Achtjährige boykottieren Plastikverpackungen in der Schule und fordern Milch und Kakao in Glasflaschen. Zehn- und Elfjährige demonstrieren gegen den Hunger in der Dritten Welt und Atomraketen.“[199]

Wo da ein Problem sei? Es liegt dort, wo die altersgemäße Neigung zur Idealisierung und Verehrung instrumentalisiert wird. Beim Kind dieses Alters gelangen *„Ideale* zur Wirksamkeit“,[200] es wird „von imponierenden Erscheinungen, Verhaltensweisen und Leistungen fasziniert und wählt sich ihre Träger zu Vorbildern, denen es in der eigenen Erscheinung, Verhaltensweise und Leistung gleichzuwerden versucht.“[201]

Nur logisch und auch zu begrüßen, daß etwa Greenpeace und Robin Wood sich zur Zeit ihrer spektakulären Aktionen einem Ansturm von 10–14jährigen gegenübersahen, den sie kaum bewältigen konnten.[202] Entsprechen die Bilder dieser Aktionen doch genau dem sogenannten „Siegfried-Ideal“,[203] dem Helden, der für das ‘Gute’ kämpft.

Die „Begeisterungsfähigkeit an sich“, der Idealismus dieser Altersstufe, legt den Boden für Ausnützung. Werden sie verbraucht für Unterrichtszwecke oder Zwecke der pädagogischen Selbstdarstellung, wandelt sich die pädagogische Beziehung zu einem Ausnützungsverhältnis. Weil Umwelterziehung im Trend liegt, machen ‘wir’ natürlich mit. Da wird ein Flaschenmilchverkauf an der Schule organisiert, die Arbeit auf die Schultern der Kinder gepackt unter dem Motto: Wir tun was für die Umwelt. Die Eltern singen Loblieder – am Elternabend aber steht der Schulhof voller Autos, obwohl niemand weiter als 2 km von der Schule entfernt wohnt; das Lehrerkollegium fährt beim Lehrerausflug mit dem Bus 400 km und verlegt den jährlich einmal stattfindenden Pädagogischen Tag[204] an einen Ort, der nur mit Auto zu erreichen ist – die Kinder aber dürfen nur Hcftc mit Umweltschutzpapier benützen ...

Clevere SchülerInnen wissen sich zu entziehen. Den anderen wird früher oder später dämmern, daß sie benutzt und ausgenutzt wurden. Alle aber erfahren wieder einmal die Diskrepanz zwischen verkündeten hehren Grundsätzen und alltäglichem pädagogischem Handeln, die wir als eine Gewalt fördernde Folge autoritärer Erziehung kennengelernt haben.

In diesen Zusammenhang gehören auch *Selbstmorde* von Heranwachsenden. Die Fakten wirken bedrückend, Bilder, Geschichten kennen wir alle: Der 15jährige Gymnasiast, der das Klassenziel nicht erreichte, zu Hause ohne ein Wort auf den Speicher geht und sich dort erhängt ... Natürlich hat dies auch mit Schule und der von dort ausgehenden Leistungsanforderung zu tun. Doch sollte man nüchtern analysieren, wobei der Vergleich mit ‘früher’ hilfreich sein kann.

„Wir vier Kerle sind morgens um Viere zum Mähen, daß man schier gestorben ist. Ha, und dann ist man heim, nach dem man (das Gras bzw. Heu) eingeführt hatte. Da hat man zuerst gevespert, und dann mußte man wieder (an die Arbeit) ... Und dann hat man auch geackert, der Karl und ich und der Gustav und der Frieder. Der eine hat vorn getrieben, und der andere hatte hinten den Pflug. Pflügen mußten wir auch, die Männer waren doch fort, Da waren wir so neun, zehn Jahre alt.“[205]

Die Schule kam wie nebenbei noch dazu. Damit verglichen kann ein durchschnittlich belastbares Kind, ein einigermaßen intaktes Umfeld vorausgesetzt, die von der Schule gestellten Anforderungen heute gut bewältigen. Doch am intakten Umfeld scheint es zu fehlen.

„1400 Jugendliche bringen sich jährlich um. Eine kühle Welt, in der Eltern Beziehungen, Wohnorte und Berufe häufiger wechseln, läßt die Suizidgefahr alarmierend steigen ... »Unfaßbar« ist für den Hamburger Pädagogikprofessor und Vorsitzenden des Deutschen Kinderschutzbundes Walter Bärsch, der zehn Jahre lang mit jugendlichen Suizidversuchern arbeitete und deren Abschiedsbriefe analysierte, das Ausmaß an Demütigung, Spott und Lieblosigkeit, dem Kinder und Jugendliche ausgesetzt sind. »Immer wieder«, so Bärsch, »tauchte ein Schlüsselsatz auf: 'Ich weiß nicht, warum ich auf der Welt bin.'« ... Nach Auffassung von Bärsch liegen die Wurzeln für die erschreckenden Fremdgefühle in einem zunehmenden Narzißmus, der nicht wenige Väter und Mütter zu 'perfekten Egoisten' gemacht habe. Sie seien beherrscht von einem neuen Ich-Wahn, einem radikalen Wunsch nach Selbstverwirklichung. Dabei sähen sie ihre Kinder vor allem als Verlängerung ihrer Existenz und forderten von ihnen den reibungslosen Durchlauf genormter Karrieren."[206]

Ein ähnliches Bild bieten die *Straßenkinder*. „Das Leben zu Hause erscheint den meisten Streunern im Rückblick wie ein schlimmer Fluch. »Kinder, die mit zehn, elf Jahren auf Trebe gehen«, weiß Gisela Chenitir, Diplompsychologin beim Berliner Notdienst für Kinder unter 14, »leiden alle unter Beziehungsarmut«. Sie flüchten vor Beziehungen, die brüchig wie morsche Stege waren; Beziehungen, in denen sie immer wieder abgestürzt sind, belogen wurden, beschimpft, enttäuscht, mißhandelt, gedemütigt, ausgenutzt und rumgeschubst. Beziehungen, in denen sich oft die Rollen fatal umkehrten: Die Kinder umsorgten ihre Eltern, trösteten sie, machten ihnen Mut, kauften ein, kochten, betreuten die kleinen Geschwister. Viele Mädchen mußten als Sexualobjekt stillhalten."[207]

Straßenkinder versuchen, dies erhebt sie fast zum Symbol der Zeit, eine doppelte Antwort zu finden, zum einen auf das Problem 'Verkehrte Welt', in der Kinder die Eltern versorgen, zum anderen auf die Verengung kindlicher Lebensräume. Auch Huckleberry Finn war ein typisches Straßenkind. Doch ließ ihm die Gesellschaft genügend Raum zu einem Leben 'nach seiner Façon', ließ ihm Ausweichräume. Und heute? „Was machen Kinder, die sich allein überlassen sind in engen, stickigen Großstädten? Früher gab es noch ein paar Hinterhöfe, wo sie sich treffen konnten. Heute, da fast alles zubetoniert ist, fahren sie den ganzen Tag lang Rolltreppe im Warenhaus."[208]

Läßt man moralische Gesichtspunkte beiseite, abstrahiert man von den Inhalten, betrachtet man nur die Strukturen, so bieten Straßenkinder ein im Grunde vertrautes Bild, das Bild des Aufwachsens von Kindern unter Kindern. Seit Beginn dieses Jahrhunderts wurde immer wieder versucht, solche Modelle zu verwirklichen, in der Jugendbewegung unter dem Motto „Jugend führt Jugend", vom Nationalsozialismus in der HJ ebenso geschickt ausgenützt wie von der SED in der FDJ. Anklänge schimmern bei den Halbstarken der Fünfziger, ja sogar bei den 68ern durch.

„Wohlmeinende Erwachsene, die auf die armen Kleinen zugehen, im Kopf ein festes Sanierungsprogramm, stoßen meistens auf trotzige Ablehnung. Die Kinder, die ihr Leben auf der Straße selbst managen, geben ungern die Kontrolle wieder ab ... Sie haben keine feste Tagesstruktur, das Straßenleben bedeutet Freiheit für sie. Die Alternative erscheint ihnen wenig reizvoll: Erwachsene, die ihnen wieder Vorschriften machen, sie in einem zementierten Alltag pressen, sie bevormunden. »Nichts wollen diese Kinder mehr, als über sich selbst bestimmen«."[209]

Kennen wir das nicht? Ganz ähnlich läßt Mark Twain Huckleberry Finn erzählen: „Die Witwe Douglas nahm mich als Sohn an und will versuchen, mich zu *sievilisieren* („im Kopf ein festes Sanierungsprogramm" WP), wie sie sagt. Das schmeckt mir furchtbar sauer in dem Hause mit der abscheulichen Regelmäßigkeit, wo immer um dieselbe Zeit gegessen und geschlafen werden soll, einen Tag wie den andern. Einmal bin ich auch schon durchgebrannt, bin in meine alten Lumpen gekrochen, und – hast du nicht gesehen, war ich draußen im Wald und in der Freiheit."[210]

Und Lebrac mit seiner Bande von Longeverne? Sie lebten mitten im sozialen Raum; zwar stand Huckleberry Finn draußen vor der Tür, aber es gab Brücken herüber und hinüber; die Straßenkinder jedoch hausen im gesellschaftlichen Nirgendwo, in pervertierten Reservaten der Bahnhofsviertel.

Nelly, das Straßenkind, von dem SPIEGEL-Redakteurin Angela Gatterburg berichtet, „ist zwölf Jahre alt", Huckleberry Finn, Tom Sawyer, Lebrac und seine Kumpane, die Schüler im „Fliegenden Klassenzimmer" Erich Kästners ... immer etwa dasselbe Alter, neun bis dreizehn. Zufall? Keineswegs, vielmehr Ausdruck eines neuen Lebensgefühls, der Sehnsucht des gereiften Kindes nach Freiheit und Selbstbestimmung, einer „Nachaußengewandtheit, die der geistigen Eroberung der Außenwelt dient".[211] Man versteht das Problem nicht, wenn man es nur unter sozialen, nicht auch unter entwicklungspsychologischen Gesichtspunkten betrachtet.

Die Versuchung liegt nahe, den Schwarzen Peter den 'schuldigen' Eltern zuzuschieben. Doch stoßen wir dabei nur auf den Kreislauf 'böse Eltern erziehen böse Kinder, die böse Eltern werden, die böse Kinder erziehen ...' Nichts änderte sich! Festhalten aber sollten wir, daß die Instrumentalisierung von Heranwachsenden für fremdbestimmte Zwecke, Erikson nennt es Ausnutzung zur eigenen Pseudo-Erhöhung, häufig in Gewalt mündet, richte sich diese nach außen oder nach innen, gegen den Mitmenschen oder gegen die eigene Person.

Die vor unseren Augen sich ereignende, offenkundige, die Gesellschaft stabilisierende Ausbeutung Heranwachsender in Familie, Schule, Sport und Medien wird verdrängt, die Folgen individuellem Versagen zugerechnet: die Kinder würden immer frecher, und die Eltern taugten auch nichts mehr. Man kann es ganz anders sehen. Nicht die Kinder werden immer schlechter, „richtig ist doch, daß die Welt für Kinder immer schlechter wird."[212]

Ausbeutungsverhältnisse können sich im Laufe der Entwicklung wandeln. Manchmal entpuppen sie sich als unvermeidbarer Übergang zu einer höheren Reifungsstufe. Wir kennen dies in vielen Variationen aus den Märchen, wo Helden und Heldinnen erst nach Zeiten der Erniedrigung und Ausbeutung („Dienste") ihren Weg und ihren Wert finden, etwa in „Die Gänsehirtin am Brunnen".[213]

Ein junger Graf traf im Wald eine alte Frau und bot ihr seine Hilfe an. Erfreut nahm sie an, dann packte sie ihm auf: das Tragtuch voll Holz auf den Rücken, Körbe mit Äpfeln und Birnen an den Arm, das drückte „so schwer, als wären lauter Wackersteine darin, und die Äpfel und Birnen haben ein Gewicht, als wären sie von Blei". So lange der Weg eben verlief, ging es noch, aber bergauf war er mit seinen Kräften bald am Ende. „Die Schweißtropfen standen ihm auf der Stirne und liefen ihm bald heiß, bald kalt über den Rücken hinab. »Mütterchen«, sagte er, »ich kann nicht weiter, ich will ein wenig ruhen.« »Nichts da«, antwortete die Alte, »wenn wir angelangt sind, so könnt Ihr ausruhen, aber jetzt müßt ihr vorwärts. Wer weiß, wozu Euch das gut ist.« »Alte, du wirst unverschämt«", wehrte sich der Graf und wollte das Tragtuch abwerfen. Doch es gelang ihm nicht. Es hing an seinem Rücken, fest. Die Alte lachte dazu, humpelte mit ihrer Krücke vergnügt umher und versprach ihm zu Hause ein gutes Trinkgeld. Schließlich „tat sie einen Satz, sprang auf das Tragtuch und setzte sich noch oben darauf; wie zaundürr sie war, so hatte sie doch mehr Gewicht als die dickste Bauersfrau. Dem Jüngling zitterten die Knie, aber wenn er nicht fortging, so schlug ihn die Alte mit einer Gerte und mit Brennesseln auf die Beine. Unter beständigem Ächzen stieg er den Berg hinauf und langte endlich bei dem Haus der Alten an, als er eben niedersinken wollte..."

Was so schlimm begann, endete glücklich. Die Alte schenkte ihm ein Büchslein, „das aus einem einzigen Smaragd geschnitten war, »es wird dir Glück bringen«.

Der junge Graf kam auf ein Schloß. Dort verursachte er mit seinem Smaragd helle Aufregung. Der König hatte nämlich seine jüngste Tochter verstoßen. Sie hatte auf die Frage, wie lieb sie ihn hätte, geantwortet: „Die beste Speise schmeckt mir nicht ohne Salz, darum habe ich den Vater so lieb wie Salz.“ Der König aber hatte ihren Vergleich nicht verstanden, war in Zorn geraten und hatte sie davongejagt. „Wie hat sie geweint, als sie uns verlassen mußte! Der ganze Weg ist mit Perlen besät worden, die ihr aus den Augen geflossen sind ... Aber stellt Euch vor, als ich Euer Smaragdbüchslein aufmachte, so lag eine Perle darin, gerade der Art, wie sie meiner Tochter aus den Augen geflossen sind,“ erzählte ihm die Königin. Die Königstochter lebte als Gänsehirtin bei der Alten, die dem Grafen so übel mitgespielt hatte.

Man machte sich auf, um sie zu suchen. „Wie erstaunte er aber, als sie zu dem Brunnen trat, die Haut ablegte und sich wusch, als die goldenen Haare über sie herabfielen, und sie so schön war, wie er noch niemand auf der Welt gesehen hatte.“

Die Alte meinte, auch wenn die Tochter ungerechterweise verstoßen worden sei, hätte es ihr nicht geschadet. „Sie hat drei Jahre lang die Gänse hüten müssen. Sie hat nichts Böses gelernt, sondern ihr reines Herz behalten. Ihr aber seid durch die Angst, in der ihr gelebt habt, hinlänglich bestraft ... ich schenke ihr die Tränen, die sie um euch geweint hat, das sind lauter Perlen, schöner, als sie im Meer gefunden werden, und sind mehr wert als euer ganzes Königreich.“

Nein, nie verhält es so einfach, wie wir's gern hätten, weder mit Leid noch mit Leistung. „Wer immer strebend sich bemüht, den können wir erlösen,“ heißt es bei Goethe. So lautet die eine hoffnungsvolle Botschaft dieses Märchens; die andere, daß aus überwundenem Leid Reichtum erwächst; die dritte schließlich – sie gilt Eltern/LehrerInnen und entlastet sie von einer übergroßen Verantwortung –, nicht jedes Mißverständnis, nicht jede falsche Entscheidung wirke sich verhängnisvoll aus. Das Leben – und das Kind – helfe sich auch selbst.

4. Kindheit – ein Übergang

Nicht erst seit Bruno Bettelheims „Kinder brauchen Märchen“ kennen wir den Wert von Märchen und Mythen für die Erziehung. In der analytischen Psychologie C. G. Jungs und seiner Schule galten sie schon immer ähnlich dem Traum als „via regia“, als Königsweg zum Unbewußten. Sie zeigen „in ihrem Erzählverlauf aus der Krise heraus immer auch einen Entwicklungsweg ... Märchen sind getragen von der Hoffnung auf Veränderung, auf die Wandelbarkeit des Lebens, getragen aber auch von dem Bewußtsein, daß genügend Kräfte vorhanden sind, um die Situation jeweils zum Besseren zu wenden, man muß diese Kräfte nur suchen und finden. Das mag ein Grund dafür sein, daß heute Märchen wieder so sehr beachtet werden. Ein anderer ist, daß die Märchen in Bildern sprechen, also auch in uns Bilder anregen, unsere imaginativen Fähigkeiten hervorlocken; Märchen sprechen nicht so sehr unser logisches als vielmehr unser ganzheitliches Denken an, unsere Fähigkeit, Zusammenhänge zu erschauen.“[214]

Märchen, Mythen, auch Erfahrungen vor-zivilisatorischer Gesellschaften bieten Modelle der Daseinsbewältigung, nicht in Form einer rückwärts gewandten Utopie, der Sehnsucht nach einem irgendwie natürlich-einfachen Leben, sondern für das Hier und Jetzt.

In der Schöpfungsgeschichte, die man sich bei dem nordamerikanischen Indianerstamm der Navajos erzählt, wird geschildert, wie Erster Mann und Erste Frau, nachdem sie eine erste Ordnung auf dieser Welt gestaltet hatten, nebeneinander auf dem Boden ruhten. Da fragte sie Türkis, ihr Sohn: „»Was plant ihr, daß es Euch den Mund versiegelt?« Erster Mann aber antwortete ihm: »Heilig sind unsere Gedanken, und unser Plan ist gut. Denn wir denken an die Zeit, die nach uns sein wird. Wir denken an das, was unser Werk sein muß, damit die, die nach uns kommen und die Welt bewohnen, leben und gedeihen können«.“[215]

So ähnlich hatten dies seit Rousseau, Pestalozzi und Ellen Key[216] viele gewollt. Sie erstrebten eine Welt für Kinder, in welcher deren Lebensrecht und Lebensraum geachtet würde. Alle diese Bemühungen stoßen auf das Problem der Ablösung, das ich neutraler Problem des Übergangs nennen möchte. Im Mittelpunkt stehen dabei die von der jeweiligen Kultur vorgeformten Muster für Rollenverständnis und Rollenverteilung von und zwischen Erwachsenen und Heranwachsenden, eine Aufgabe, nicht nur während der Kindheit zu lösen. Sie zieht sich durch das gesamte menschliche Leben, prägt auch die laufende Gewaltdiskussion. Eigentlich handelt es sich um ein Daseinsproblem. Die Schöpfungsmythologie der Navajos beschreibt die Rolle der Erwachsenen in diesem Konfliktfeld als die von Sorgenden, für die Zukunft folgender Generationen Vor-Sorgenden. In dem schon erwähnten Brief an Alexander Mitscherlich anläßlich dessen 60. Geburtstags (siehe Seite 31), der den bezeichnenden Titel trägt „Zur Notlage unserer Zeit“, unterscheidet Eissler zwischen Sorge und Angst und führt dazu aus: „Ich glaube, daß beim reifen Menschen aus der kindlichen Angstbereitschaft Sorge wird. Sorge und Angst sind etwas Verschiedenes ... Im sorgenden Menschen kommt es zu einer Synthese zwischen Ich und Über-Ich. Der Sorge des reifen Menschen scheint keine Abwehrfunktion zuzukommen. Im Gegenteil, sie erweitert den Kreis der bedeutungsvollen Umwelt und verfestigt die liebevolle Beziehung zur Umwelt ... Der für-sorgende Mensch ist nicht auf die eigene Person, sondern auf die Welt der Objekte gerichtet ... Je mehr er sich für andere sorgt, desto angstfreier wird er. Er braucht das Angstsignal viel weniger, da ihm das Wohl der anderen ständig vor Augen schwebt.“[217]

Dem entspräche, von Heranwachsenden aus gesehen, zur Kultivierung der Aggressivität das Erziehungsmodell *„Identifikation mit dem Sorgenden, Beschützenden“*.

Demgegenüber malt das Alte Testament ein ganz anderes Szenarium. Nicht der Sorgende, der Herrschende, Gehorsam Heischende steht im Mittelpunkt. Folgerichtig beschreibt es den Übergang als ‘Vertreibung aus dem Paradies’: „Der Herr Gott aber rief den Menschen und fragte ihn: »Wo bist du?« Er sprach: »Ich habe dein Geräusch im Garten gehört; da erschrak ich, weil ich nackt bin, und so verbarg ich mich.« Er sprach: »Wer hat dir verraten, daß du nackt bist? Hast du vom Baume gegessen, von dem zu essen ich dir verboten habe? ... Weil du solches getan hast, bist du verflucht ....« Zum Weibe aber sprach er: »Vermehren will ich deine Mühsal bei deiner Schwangerschaft. In Mühsal sollst du Kinder gebären, und doch geht dein Verlangen hin nach deinem Manne, obschon er waltet über dich.« Und zu Adam sprach er: »Weil du auf deines Weibes Stimme hast gehört und von dem Baum gegessen, von dem ich dir geboten: 'Du darfst davon nicht essen', so ruht der Fluch um deinetwillen auf dem Acker. In Mühsal sollst du dich dein Leben lang von ihm ernähren. Dir soll er Dorn und Distel tragen, und doch mußt du das Kraut des Feldes essen. Im Schweiße deines Angesichts wirst du dein Brot verzehren, bis du zur Erde wiederkehrst, wie du von ihr genommen bist. Denn Staub bist du und kehrst zum Staube wieder.« ... Dann sprach der Herr Gott: »Ja, der Mensch ist jetzt wie unsereiner im Erkennen von Gutem und Bösem. Daß er nicht seine Hand ausstrecke und gar vom Lebensbaum esse und ewig lebe!« So trieb ihn der Herr Gott aus Edens Garten, damit er den Erdboden bebaue, aus dem er genommen war. So verstieß er den Menschen."[218]

Ganz ähnlich nennt das griechisch-römische Altertum diesen Vorgang Ende des 'Goldenen Zeitalters', wo „Mühsal Herrschaft gewann über alles". „An die Stelle der üppigen Fruchtbarkeit der Erde und der müßigen Leichtigkeit des Lebens treten 'unersättlich' und unaufhaltsam das Prinzip der dauernden Mühsal und mit ihm das zweite der drückenden Armut, unter denen der Göttervater das Menschengeschlecht, wie Vergil es deutet, erst vollends zu seiner eigentlichen Menschennatur heranreifen läßt."[219]

In beiden Strömen, aus denen sich unsere Kultur speist (dem jüdisch-christlichen und dem römisch-griechischen), stoßen wir auf Bilder, die den Übergang als Vertreibung deuten, letztlich als einen Akt der Gewalt. Rührt es daher, daß unsere Kultur durchdrungen scheint von der Überzeugung, Kindheit und Jugend seien Phasen, in denen vor allem Versagung und Frustrationstoleranz gelernt werden müssen? „Versagung ist für das reifende Individuum alles, was dem als lustvoll erlebten natürlichen leib-seelischen Energiegefälle und dessen Befriedigung oder Sättigung entgegensteht oder entgegengesetzt wird. Auch sie ist ein Geschehen, das der ganzen belebten Natur auferlegt ist, nicht allein dem Menschen ... Versagung im Sinne der Reifungsgefährdung oder der Reifungsverzögerung, die sich gelegentlich bis zur Lebensgefährdung steigern kann, trifft, wie bekannt, beim Menschen im frühen Kindesalter vorwiegend die triebhaft nutritiven und libidinösen Bereiche der Reifung, die ja in dieser frühesten Phase im Mittelpunkt des Reifungsgeschehens stehen, während sie sich in späteren Phasen immer mehr auch in anderen Bereichen natürlicher Daseinslust oder Daseinserweiterung auswirkt,"[220] äußerte Wilhelm Laiblin, Lehrer, Dozent und Lehranalytiker für analytische Psychologie.

Ähnlich sieht es Bruno Bettelheim, orthodoxer Psychoanalytiker. „Das Märchen von 'Hänsel und Gretel' erfüllt die Ängste und Lernaufgaben des kleinen Kindes mit Substanz und zeigt ihm in symbolischer Form, daß es seine primitiven oralen und letztlich destruktiven Wünsche überwinden und sublimieren muß. Das Kind muß lernen, daß es, wenn es sich nicht selbst von diesen Fixierungen freimacht, von seinen Eltern und der Gesellschaft gegen seinen Willen dazu gezwungen werden wird, ebenso wie die Mutter aufhört, das Kind zu stillen, wenn sie das Gefühl hat, daß die Zeit dafür reif ist."[221]

M. J. Langeveld wiederum formuliert die klassische Position der Pädagogik. „Man kann sehr wohl kein Erzieher sein oder sich vornehmen, man wolle nie mit Erziehung etwas zu tun bekommen, aber man kann nicht leugnen, daß Erziehung notwendig ist. Wer diese Notwendigkeit leugnet, behauptet die 'angeborene Erwachsenheit', die volle Selbstverantwortlichkeit des unmündigen Kindes und mehr solcher Absurditäten. Oder aber er übersieht, daß der Mensch – sich selbst überlassen – lediglich seinen Reflexen, Instinkten, Trieben folgen kann, während beim Kleinkind nicht von selbst die Instanz entsteht, die diese Naturkräfte richten oder bremsen kann. Oder aber er verzichtet auf jeden positiven Wert menschlichen Erwachsenseins, aber damit hat er sich dann auch selber jegliches Recht und die Grundlage seiner eigenen Behauptungen, die sich gegen die Erwachsenheit richten, entzogen."[222]

Sigmund Freud spricht davon, daß im Laufe des Heranwachsens das „Realitätsprinzip" an die Stelle des frühkindlichen „Lustprinzips" treten müsse. „Wir wissen, daß das Lustprinzip einer primären Arbeitsweise des seelischen Apparates eignet und daß es für die Selbstbehauptung des Organismus unter den Schwierigkeiten der Außenwelt so recht von Anfang an unbrauchbar, ja in hohem Grade gefährlich ist. Unter dem Einflusse der Selbsterhaltungstriebe des Ichs wird es vom Realitätsprinzip abgelöst, welches, ohne die Absicht endlicher Lustgewinnung aufzugeben, doch den Aufschub der Befriedigung, den Verzicht auf mancherlei Möglichkeiten einer solchen und die zeitweilige Duldung von Unlust auf dem langen Umwege zur Lust fordert und durchsetzt."[223] An anderer Stelle führt er aus: „Die Erziehung kann ohne weitere Bedenken als Anregung zur Überwindung des Lustprinzips, zur Ersetzung desselben durch das Realitätsprinzip beschrieben werden; sie will also jenem, das Ich betreffende Prinzip, eine Nachhilfe geben ..."[224]

Erikson wiederum sieht hier jenen Bereich, in dem sich das in der ersten Lebensphase erworbene Urvertrauen lebenslang bewähren müsse. „Aber selbst unter den günstigsten Umständen scheint diese Phase ein Gefühl innerer Spaltung und eine allumfassende Sehnsucht nach einem verlorenen Paradies in das Seelenleben einzuführen (ein Gefühl, das geradezu prototypisch dafür wird). Gegen diese machtvolle Kombination des Gefühls, beraubt zu sein, gespalten zu sein und verlassen zu sein, muß sich das Urvertrauen ein ganzes Leben lang aufrechterhalten."[225]

Die Verlängerung von Kindheit und Jugend im Laufe der Industrialisierung hat diesen „Übergang von der Familie zur Gemeinschaft der Erwachsenen"[226] erschwert, denn „die Schwierigkeit der Trennung von den ursprünglichen Liebesobjekten nimmt im allgemeinen mit der 'Stärke' ihrer Besetzung zu. In der ursprünglichen Großfamilie konnte das Kind seine Liebes- und Haßregungen auf eine große Anzahl von Angehörigen verteilen. Je mehr jedoch diese umfangreichen Hausgemeinschaften zur modernen Kleinfamilie zusammenschrumpften, desto größere Besetzungsmengen flossen den Eltern zu. Die Ablösung von ihnen ist zudem eine Frage der realen äußeren Abhängigkeit. Es ist schwer, sich innerlich von Menschen zu lösen, von denen man äußerlich, materiell, noch völlig abhängig ist. Jedenfalls verschärft eine solche reale Abhängigkeit die Ablösungskonflikte."[227]

Aus der Sicht des Kindes beschreibt wohl Erikson am eindrucksvollsten die Wirkung des solchen Überlegungen entspringenden Erzieherverhaltens. Es fühle sich „beraubt zu sein, gespalten zu sein und verlassen". Das Kind in unserer Kultur erlebt demnach im Erziehungsvorgang den Erwachsenen weniger als sorgenden Beschützer, mehr als einen, von dem Gewalt ausgeht. *„Identifikation mit dem Angreifer"* hieße das entsprechende Erziehungsmodell, das in dem zukünftigen Erwachsenen nicht beschützendes, sondern aggressives, zur Gewalt neigendes Verhalten vorformt. Eissler meint sogar, darin einen grundlegenden Konflikt der christlich-abendländischen Kultur zu erkennen. Er geht von der Beobachtung aus, daß sich Kriege gleichsam im Generationenrhythmus wiederholten. „Man kann sich des Eindrucks nicht erwehren, daß es sich hier um tief verdrängte Kräfte handelt, die unbezwingbar periodisch zum Durchbruch kommen; und wehre sich eine Nation noch so sehr gegen Kriege, sie wird unvermeidbar in Kriegsschuld verstrickt, wenn sie die Macht hatte, Kriege zu führen."[228]

Er setzt voraus, „daß die Häufigkeit und Regelmäßigkeit der Kriege bei christlichen Völkern besonders ausgesprochen sei"[229], und fährt fort: „Ist es nicht auffallend, daß der Bund, den Gott mit einem Erzvater schließt, mit der Tötung eines Sohnes zusammenhängt? Die jüdische Nation, die jüdische Religion gehen ja auf jenen Augenblick zurück, als Abraham sich bedingungslos dem Gebote Gottes unterordnete und in idealer Gefügigkeit sich bereit erklärte, seinen Sohn zu opfern. Wie Sie wissen, hat diese Episode vielen Denkern zu schaffen gemacht ...Wie grundlegend die Abraham-Episode ist, ersieht man aus ihrer Wiederholung im Christus-Mythus. Ich spreche hier vom Mythus, da ja für unsere Kultur die historische Wahrheit nicht von Bedeutung ist, sondern das mythische Element, das im Neuen Testament festgehalten ist, das psychologisch und kulturell Relevante ist ... Die enorme Produktivität, die in dem Töten der Söhne an den zwei entscheidenden Stellen der Bildung einer Religion liegt, die den westlichen Kulturkreis aufs tiefste bewegt hat, kann nicht ohne Folgen für die Kultur geblieben sein."[230]

Er verweist darauf, daß in den perfekten Statistiken über Kriege ausgerechnet die Altersverteilung der Getöten fehle und folgert: „Da nun im Westen auch unter optimalen Bedingungen Kriege generationenweise in Erscheinung treten, schließe ich, daß die biologische Wurzel des Krieges spezifischer als die allgemeine Aggressionsneigung des Menschen ist und im Speziellen die Rache der älteren Generation an der jüngeren darstellt. Wenn nun dem Unbewußten durch den geoffenbarten Text eingeprägt wird, daß die Tötung des Sohnes unter bestimmten Umständen eine gottgefällige Tat ist, wenn es vorkommen kann, daß eine Gottheit die Tötung des Sohnes sogar verlangt, dann wäre es verständlich, daß Kriege in der Geschichte des Westens eine größere Rolle spielen als in anderen Kulturkreisen."[231]

Wenn wir die Gewaltproblematik verstehen, zu ihren Wurzeln vordringen wollen, dürfen wir solche Überlegungen nicht beiseiteschieben. Stimmen sie doch überein mit der Beobachtung, daß auch die Diskussionen über Gewaltbereitschaft unter Heranwachsenden etwa im Generationenrhythmus immer wieder aufflammen. Natürlich läßt sich die Sache auf einen einfacheren Nenner bringen. Der junge Mensch auf der Suche nach seinem Platz in der Gesellschaft, handelt aggressiv, will (und muß) ein Revier erobern; der Erwachsene 'hat' sein Revier und will es für alle Zeiten sichern. Was daraus wird, Jugendrevolte und/oder eine Erneuerung der Gesellschaft, hängt davon ab, wie wir mit diesem Grundkonflikt umgehen. Zu fragen ist allerdings, ob wir nicht auch in unserer 'Mythologie' – also etwa in den Märchen – andere, gewaltfreiere Modelle des Übergangs finden.

Ablösung und Übergang im Märchen

Schneewittchen

„Schneewittchen", eines der Deutschen Lieblingsmärchen, beschreibt vielleicht am besten, wie unsere Zeit diesen Ablösungskonflikt zu bewältigen versucht.

„Es war einmal mitten im Winter, und die Schneeflocken fielen wie die Federn vom Himmel herab, da saß eine Königin an einem Fenster, das einen Rahmen von schwarzem Ebenholz hatte, und nähte. Und wie sie so nähte, stach sie sich mit der Nadel in den Finger, und es fielen drei Tropfen Blut in den Schnee. Und weil das Rote im weißen Schnee so schön aussah, dachte sie bei sich: »Hätt ich ein Kind so weiß wie Schnee, so rot wie Blut und so schwarz wie der Rahmen!"

Ein Kind soll also her, ein Wunschkind nach eigenen Vorstellungen, fast aus der Laune heraus geboren. Daß die Mutter nach der Geburt stirbt, daß sie gar noch durch eine garstige Stiefmutter ersetzt wird – es schadet der Idylle nicht, es vertieft sie.

So viel Idylle macht mißtrauisch. G. von Staabs, die den Sceno-Test für die Kinderpsychotherapie entwickelte, machte uns darauf aufmerksam, wo immer ein Kind über-harmonische Szenen im therapeutischen Spiel aufbaue, versuche es in der Regel, Neid-, Haß- und Aggressionsgefühle zu verbergen; von Anna Freud hörten wir, wenn solche Gefühle in der Beschreibung der Kindheit fehlten, liege die Vermutung einer Verdrängung nahe. Das wie nebenbei vermerkte „Sterben“ der Mutter und ihr Ersetzen durch eine Stiefmutter weist in dieselbe Richtung. In solchen Bildern konkretisieren Träume und Märchen die Ablösungs- und Übergangsproblematik.

„Ursula ist ein zehneinhalbjähriges gesundes Kind ... Die Kleine brachte mir folgenden Traum, der sich im Laufe der Zeit wiederholte: »Mutti ist gar nicht meine richtige Mutti, sondern eine Stiefmutter. Sie haben mich und den Klaus (ihren Bruder) in den Wald fortgejagt. »Und was passierte im Wald?« »Weiß ich nicht«, antwortete Ursula, »ich werde dann immer wach und habe schreckliche Angst.« Später konnte ich von dem Kind erfahren, daß man im Wald »totgehen« kann[232]... Es handelt sich hier um Angstträume von Kindern in einem Alter, da die Kindheit im engeren Sinne sich ihrem Abschluß nähert und die Vorpubertät ... ihre Schatten vorauswirft. Die bevorstehende Ablösung von der kindlichen Lebensstufe, zu der die Mutterbindung bzw. die Familienbindung in einem engen Zusammenhang steht, wird in der *seelischen Vorwegnahme* bei Ursula im Traum als eine heftige Angst erlebt ... Von einer bösen Mutter erfährt das Kind das treibende, auf Entwicklung drängende Wachsen. Es handelt sich um eine biologische Urszene im Sinne von Rudolf *Bilz.* In der Lebensentwicklung der Vögel gibt es eines Tages eine Ablösungsszene. Die treusorgende, atzende Vogelmutter wird dann gleichsam zu einem *stiefmütterlichen* Wesen. Ihre Mutterrolle erlischt, so wie auch die des Nestlings ihr Ende findet. Vom Kind aus gesehen, das in seiner Situation verweilen möchte, könnte sie als eine garstige Mutter erscheinen. Von einer höhern Warte aus betrachtet steht die Vogelmutter im Dienste einer natürlichen Planmäßigkeit. Es liegt in ihrer *Zeitgestalt*, daß die mütterliche Fürsorglichkeit endet, so wie das Leben eines Tages vom heranwachsenden Jungen die Ablösung von der Lebensstufe der Kindheit verlangt. Kindheit und die Funktion nährender, schützender Eltern lassen sich biologisch nicht konservieren.“[233]

Niemand kann auf Dauer im ‘Paradies’ verbleiben. Ob er sich vertrieben fühlt oder es selbst verlassen will – gereift und fürs Leben gerüstet, weil es ihm zu eng geworden ist und/oder neue Aufgaben, neue Horizonte reizen, die Welt lockt –, dieser Unterschied bestimmt den weiteren Lebenslauf. Allerdings gilt es auch hier, das Schwarz-Weiß-Schema zu meiden. Zwischen den Extremen finden sich Zwischenstufen und Schattierungen. Ihnen angemessen zu begegnen, gehörte zu den Aufgaben pädagogisch fundierter Erziehung.

Mit dem Gefühl der Vertreibung verbindet sich der Wunsch nach Rache. Bei „Schneewittchen“ entsteht daraus ein Kreislauf von Haß und Gewalt: mehrere Mordversuche der Mutter an der Tochter; versuchter Kannibalismus; schließlich die erbarmungslose Rache der Tochter. „Aber es standen schon eiserne Pantoffeln über Kohlefeuer, und wie sie glühten, wurden sie hereingebracht und sie mußte die feuerroten Schuhe anziehen und darin tanzen, daß ihr die Füße jämmerlich verbrannt wurden, und eher durfte sie nicht aufhören, als bis sie sich zu Tode getanzt hatte.“

Die Idylle birst in einem Inferno der Gewalt. Warum? Weil die Mutter nicht erträgt, daß die Tochter, dieses Kind nach ihrer Vorstellung, sich zu einem Wesen eigener Art entwickelt – weil die Tochter verzweifelt festhalten will an der Illusion, doch noch passiv Erfüllung zu finden, wo aktiver Eintritt ins Leben gefordert wäre; es nicht schafft, sich – nicht mit *ihrem* – mit *dem* Dasein zu versöhnen; weil beide festhalten wollen und nicht loslassen können.

„Schneewittchen“ spiegelt den mißglückten Verlauf des Generationenkonflikts und die Erziehungsnot der Gegenwart. Es zeigt, daß unsere Lösungsversuche in einen Kreislauf der Gewalt münden. Genau das erleben wir zur Zeit. Die Beschreibung der Symptome gleicht sich ja erstaunlich. Walter Bärsch (siehe Seite 47) spricht davon, Eltern betrachteten Kinder als Verlängerung ihrer Existenz; der SPIEGEL schreibt, „die alten Kids duldeten keine neuen neben sich“;[234] die Psychoanalyse nennt dies eine narzißtische Besetzung des Kindes durch die Eltern. „In Hunderten von neurosenpsychologischen Anamnesen, überwiegend bei erwachsenen Frauen, die ich in den letzten Jahren erhoben habe, und in vielen psychoanalytischen Behandlungen, in denen das Kinderwunschthema bearbeitet wurde, hat sich mein Eindruck vertieft, daß die narzißtische Komponente häufig eine überragende Rolle spielt. Dabei scheint mir das Bedürfnis besonders bei Frauen, das Kind als Substitut für das eigene narzißtische Selbst zu gebrauchen, über den engeren klinischen Rahmen hinauszugehen ... Das Kind soll häufig dazu dienen, Gefühle von innerer Leere, Trostlosigkeit, Ungeborgenheit, Einsamkeit und Wertlosigkeit auszugleichen; es hat die Funktion, Selbstwertgefühle zu stabilisieren bzw. die Grandiosität des eigenen Selbst wiederherzustellen."[235]

Unter diesen Gesichtspunkten hält die Idylle bei "Schneewittchen" genauerem Hinsehen nicht stand. Die Frau ist allein, mit Hausarbeit beschäftigt, ein Mann fehlt, Winter, Schnee, ein Bild der Erstarrung, Leere und Einsamkeit. Der schmerzhafte Stich in den Finger macht ihr die Situation bewußt. Mit dem Größerwerden des Kindes, mit seinen Ansprüchen an Versorgung und Selbstwerdung, wächst die Enttäuschungswut, die schließlich auf seine Beseitigung sinnen läßt.

Aber Schneewittchen, dieses lieblich-liebe Kind, das sich nicht einmal wehrt, als es ihm ans Leben gehen soll, nur anfängt „zu weinen und spricht: »Ach, lieber Jäger, schenk mir mein Leben; ich will in den Wald laufen und nimmermehr wieder heimkommen" – erinnert es nicht an jene Sibylle, die zitternd vor Angst den Überfall über sich ergehen ließ? Das Eingebundensein in das Wunsch- und Beziehungsgeflecht der Eltern verbaut eine eigenständige Entwicklung, verfestigt die Abhängigkeit, verhindert Training, macht hilf- und schutzlos. Die Aggressivität wird verdrängt, nicht kultiviert. Und dann ereignet sich, was sich eben bei der Wiederkehr des Verdrängten ereignet: Die nackte Wut bricht durch und tobt sich aus. „Scheue Menschen haben oft Aggressionsdurchbrüche, die man ihnen eigentlich nicht zutraut und die oft schlecht einfühlbar, wirklich ein wenig 'wölfisch' sind. Wo wir unsere Triebseiten nicht leben, sind wir verletzlich und unausgeglichen, deshalb zeigen wir ein so widersprüchliches Verhalten."[236]

Es geht, eine Grundversorgung vorausgesetzt, weder bei Schneewittchen noch bei den Erziehungsproblemen der Gegenwart in erster Linie um zu wenig Zuwendung, Geborgenheit und dergleichen mehr. *Der Grundkonflikt besteht darin, daß Eltern Kinder als Objekte ihrer Wünsche behandeln, sie nicht als Subjekte eigenen Daseins leben lassen.*

Hänsel und Gretel

In „Schneewittchen" wird eines der schrecklichsten Tabus, der Mord an der Mutter (an den Eltern), öffentlich und anscheinend bedenkenlos gebrochen. Es bietet sich das Bild einer von allen guten Geistern verlassenen Kultur, deutscher Geschichte nicht fremd. Bei „Hänsel und Gretel" treffen wir auf eine andere Lage. Dies zeigt schon die Ausgangssituation.

„Vor einem großen Walde wohnte ein armer Holzhacker, der hatte nichts zu beißen und zu brechen und kaum das tägliche Brot für seine Frau und seine zwei Kinder, Hänsel und Gretel. Endlich kam die Zeit, da konnte er auch das nicht schaffen, und wußte keine Hilfe mehr für seine Not. Wie er sich nun abends vor Sorge im Bett herumwälzte, sprach seine Frau zu ihm: »Höre Mann, morgen früh nimm die beiden Kinder, gib jedem noch ein Stückchen Brot, dann führ sie hinaus in den Wald, mitten inne, wo er am dicksten ist, da mach ihnen ein Feuer an, und dann geh weg und laß sie dort allein, wir können sie nicht länger ernähren«."

Daß die Mutter die Kinder 'verstößt', verstehen wir inzwischen, doch alles andere unterscheidet sich von „Schneewittchen". Armut herrscht, ja Not. Da bleibt keine Zeit, sich Tag und Nacht mit den Kindern zu beschäftigen. Von klein auf wohl mußten sie mitanpacken, den Lebensunterhalt herbeischaffen helfen. Selbständig sind sie dabei geworden. Dementsprechend reagieren sie auch in dieser für sie gefährlichen Situation.

„Hänsel aber sprach: »Sei still, Gretel, und gräm dich nicht, ich will uns helfen.« Damit stieg er auf, zog sein Röcklein an, machte die Untertüre auf und schlich hinaus. Da schien der Mond hell und die weißen Kieselsteine glänzten wie lauter Batzen. Hänsel bückte sich und steckte so viel in sein Rocktäschlein als nur hinein wollten ..."

Er handelt, wie Anna Freud (siehe Seite 33) empfiehlt, mit kühler Überlegung und hält so der Angst stand. Es hilft nicht viel, das Leben nimmt seinen Lauf. Sie geraten an die Hexe, und nun ist es Gretel, die zur Tat schreitet. Als die Hexe sie in den Ofen schieben will, stellt sie sich dumm – eine Strategie, auch SchülerInnen im schultäglichen Machtkampf nicht unvertraut. „»Ich weiß nicht, wie ich das anfangen soll, zeige mirs erst, und setz dich auf, ich will dich hineinschieben.« Da setzte sich die Alte auf das Brett, und weil sie leicht war, schob Gretel sie hinein so weit es konnte, und dann machte es geschwind die Türe zu und steckte den eisernen Riegel vor."

Bevor sie allerdings dazu fähig war, mußte sie eine 'Ausbeutungsphase' durchmachen. „Das Gretel aber schüttelte sie und rief: »Steh auf, du Faulenzerin, hol Wasser und geh in die Küche und koch was Gutes zu essen ...".

Wenn wir die Hexe als die 'dunkle Seite der Mutter' verstehen, erkennen wir, wie schwer selbst von einer solch 'bösen' Mutter die Ablösung fällt. Erst durch die Ausbeutungsphase gewinnt Gretel genug Abstoßungsenergie, um sich freizumachen – wieviel schwerer muß dies in 'königlichen Verhältnissen' wie bei Schneewittchen oder bei unseren Wohlstandskindern sein? Einmal befreit, steht überquellender Reichtum zur Verfügung, „... und sie brauchten für Essen und Trinken nicht mehr zu sorgen."

Auch hier geht es nicht ohne Gewalt, aber sie bleibt im 'normalen' Rahmen, am Ende ist sie überwunden. Wenn wir gängigen Deutungsmustern folgen, dafür gibt es Gründe, beschreibt „Hänsel und Gretel" *symbolische, nicht reale Gewalt.* In diesem Sinne stünde der Wald als Bild des Unbewußten, die Hexe für die dunkle Seite der Mutter. Das Märchen beschriebe einen Reifungsprozeß, einen kulturellen Fortschritt im Sinne von Sigmund Freud (s. u.). Dieser gelang, weil das Beziehungsgeflecht weniger dicht war, die Bindungen schwächer, die Schuldgefühle geringer. Es gibt hier ja auch einen Vater. Mendel[237] nennt ihn eine wichtige Hilfe, um die Angst vor der verschlingenden Mutter – die Königin will Schneewittchens Lunge und Leber essen, die Hexe will Hänsel braten und verzehren – zu überwinden, sich aus einer zu engen Bindung zu befreien. Er zitiert Freud, der darin eine höhere Kulturstufe zu erkennen meint. „Aber diese Wendung von der Mutter zum Vater bezeichnet einen Sieg der Geistigkeit über die Sinnlichkeit, also einen Kulturfortschritt, denn die Mutterschaft ist durch das Zeugnis der Sinne erwiesen, während die Vaterschaft eine Annahme ist, auf *einen Schluß und auf eine Voraussetzung* (kursiv WP) aufgebaut. Die Parteinahme, die den Denkvorgang über die sinnliche Wahrnehmung erhebt, bewährt sich als ein folgenschwerer Schritt[238] ... Der Fortschritt in der Geistigkeit besteht darin, daß man *gegen die direkte Sinneswahrnehmung zu gunsten der sogenannten höheren intellektuellen Prozesse* (kursiv WP) entscheidet, also Erinnerungen, Überlegungen, Schlußvorgänge ...[239] Man steht also vor dem Phänomen, daß in der Entwicklung der Menschheit die Sinnlichkeit allmählich von der Geistigkeit überwältigt wird und daß die Menschen sich durch jeden solchen Fortschritt stolz und gehoben fühlen. Man weiß aber nicht zu sagen, warum das so sein sollte."[240]

Hans mein Igel

„Hans mein Igel" erzählt ebenfalls die Geschichte eines Wunschkindes, „das war oben ein Igel und unten ein Junge". Die Eltern sind über dieses Kind nicht glücklich und nennen es 'Hans mein Igel'. Er kann nicht bei seiner Mutter trinken und lebt auf ein wenig Stroh hinter dem Ofen.

„So lag er da hinter dem Ofen acht Jahre, und sein Vater war ihn müde und dachte, wenn er nur stürbe; aber er starb nicht." Eines Tages nun geht der Bauer zum Markt und fragt zuletzt auch seinen Sohn, ob er ihm etwas mitbringen solle: „»Väterchen«, sprach er, »bring mir doch einen Dudelsack mit« ... Und wie Hans mein Igel den Dudelsack hatte, sprach er: »Väterchen, geht doch vor die Schmiede und laßt mir meinen Gockelhahn beschlagen, dann will ich fortreiten und will nimmer wiederkommen«. Da war der Vater froh, daß er ihn loswerden sollte, und ließ ihm den Hahn beschlagen." Hans zieht mit Esel und Schweinen in den Wald, hütet sie dort „lange Jahre", auf einem Baum sitzend, „und wußte sein Vater nichts von ihm. Wenn er aber auf dem Baum saß, blies er seinen Dudelsack und machte Musik, die war sehr schön."

Die Sache geht, bedenkt man die Ausgangssituation, überraschend gut aus. Hans mein Igel kann sich seiner Igelstacheln entledigen, bekommt Prinzessin und Königreich.

Man kann dieses Märchen aus der üblichen Perspektive „armes Kind – verständnislose Eltern" interpretieren. „Das Thema von 'Hans mein Igel' ist die Abhängigkeit des Sohnes von väterlichen Ansichten und Gesetzen, die um so größer ist, als das mütterliche Element ein so geringes Gewicht hat wie in diesem Märchen ... Die Stacheln des Igels erinnern nicht nur an die persönliche Problematik eines geschädigten und von seinen Eltern ausgebeuteten Kindes ..."[241] und: „Unser Märchen aber erzählt von Eltern, die Igel-Hans nicht verstehen, die ihn ablehnen, weil er nicht ist wie ihr Wunsch-Kind, weil er dieser Vorstellung nicht entspricht ... Vor allem vom Vater her ist die Ablehnung dieses Kindes geradezu brutal."[242]

Wenn man das Verhalten der Eltern an diesen Deutungen mißt, steht das Urteil fest: Rabeneltern schlimme, schuldig!

Man kann das Märchen aber auch aus der Perspektive „Eltern mit schwierigem Kind" betrachten. Erikson spricht von der „mangelnden Sendekraft des Kindes",[243] an der eine Beziehung manchmal scheitere. Man denke an autistische Kinder, an behinderte Kinder jeder Art. Petra Dreyer schrieb darüber ein Buch und gab ihm den Titel „Ungeliebtes Wunschkind – Eine Mutter lernt, ihr behindertes Kind anzunehmen";[244] an Kinder, die das Leben beschädigte und verletzte wie den kleinen Djemal aus Kroatien, der ganz ruhig geblieben war als er „erfuhr, daß eine Granate dem Vater beide Beine weggefetzt hatte. Auch den anschließenden Zusammenbruch seiner Mutter hatte er mitverfolgt. Also beschloß sie, nachdem sie sich einigermaßen gefaßt hatte, beruhigend und ehrlich mit ihm zu reden. Das ging scheinbar gut; er hörte ihr zu. Doch drei Tage später ging er plötzlich wütend auf seine Mutter los. Er sagte: »Du lügst, warum lügst du! Ich habe in der Nacht von meinem Vater geträumt, und er hat seine Beine noch, es stimmt gar nicht, daß er sie verloren hat! Du lügst, und meine Tante lügt auch!«."[245]

Von einem anderen Fall berichtete Gerhard Mauz aus einem Prozeß wegen Kindesentführung. Sechzig Stunden war dabei ein Junge, sieben Jahre alt, im Mai 1992 gefesselt in einem Waldstück gelegen, Mund und Augen mit Klebefolie umwickelt und entkleidet. Über die Vernehmung der Mutter des entführten Kindes schreibt er: Sie „erinnert sich aber auch, und daneben verblaßt alles andere: »Er hat uns (nach der Entführung WP) gehaßt und gesagt: 'Ich hasse euch. Ihr seid nicht mehr meine Eltern'.« Sie hat versucht, sich diese schrecklichen Worte zu deuten: »Damals hätte er uns gebraucht, und wir waren nicht da. Das Kind hat das Vertrauen in uns verloren.« Die Bedeutung der Eltern für ihr Kind ist uns noch nie so vor Augen geführt worden. Nichts von dem, was Andreas angetan wurde, ist seinen Eltern vorzuwerfen. Doch da hat er gefesselt gelegen, Mund und Augen schmerzhaft zugeklebt, sich schämend, denn sein Unterkörper war entkleidet, »falls er mal mußte«, hat der Angeklagte das begründet. Und er hat nicht nur 60 Stunden nichts zu essen und zu trinken bekommen. Er ist 60 Stunden lang völlig allein der Ungewißheit überantwortet gewesen. Rettungsphantasien, wie sie verschüttete Bergleute haben, halfen ihm, aber die blieben

Phantasie: Die, die ihn einfach finden und retten mußten, kamen nicht, die Eltern, die Mutter vor allem. ... Er hasse seine Eltern, hat Andreas geschrien, die Mutter hat er weggeschickt, sie sei böse, sie sei nicht seine Mutter ... wenn eine Gefahr hereinbricht wie die, die über Andreas kam, über einen Siebenjährigen – dann klagt der nicht den Täter oder das Leben an, das so etwas zuläßt: Dann haben ihn die Eltern nicht gefunden, dann ist die Mutter nicht gekommen.“[246]

Unter diesem Blickwinkel liest sich „Hans mein Igel“ ganz anders. Da wird von normalen, wohlhabenden Eltern und ihren normalen Reaktionen auf ein schwieriges Kind erzählt, das weder narzißtisch besetzt noch aus Not verstoßen werden muß. Nichts wird verschwiegen und beschönigt: „... und sein Vater war ihn müde und dachte, wenn er nur stürbe ... da war der Vater froh, daß er ihn loswerden sollte ...“ Die Pädagogik spricht von der Bedeutung der „Echtheit“ des erzieherischen Handelns, davon, wie wichtig es sei, daß Handlungs- und Gefühlsebene übereinstimmen. Nun, dies scheint hier der Fall zu sein. Nirgends entsteht der Eindruck, es werde Theater gespielt. Auch wird weder ausgebeutet noch mißhandelt noch gefordert, nicht einmal erzogen. Die Eltern lassen vielmehr das Kind leben, im Sinne des Wortes, „acht Jahre lang“. Und doch schimmert Akzeptanz durch, Aufeinanderzugehen, auch Ordnung. Hans mein Igel – hört man da nicht so etwas wie annehmende Wärme? Als er ungewöhnliche Wünsche äußert – Dudelsack, beschlagener Hahn –, werden sie nicht sofort erfüllt? Sie lassen ihn ziehen, mit Schwein und Esel, werden dabei nicht Bedingungen abgesprochen, Regeln vereinbart, nach denen die Trennung verlaufen soll? Gewiß, das alles wirkt kümmerlich; paßt so gar nicht zu den großen Worten, mit denen die Pädagogik wenigstens einmal pro Woche die Welt verändert. Man muß schon genau hinhören: Hoffnungen erfüllen sich nicht; Enttäuschung ist zu verarbeiten; man lebt so nebeneinander her, hat sich eigentlich wenig zu sagen, eben menschlich-allzumenschlicher Alltag. Aber man läßt leben, man gewöhnt sich aneinander, dabei wächst offensichtlich das Gefühl füreinander. Auch fehlt in dieser Eltern-Kind-Beziehung jede Gewalt, jeder Haß. Es herrscht eher der Grundton einer gewissen Trauer, der immer mitschwingt, wenn darum gerungen wird, sich mit der Wirklichkeit auszusöhnen. Zur rechten Zeit aber wird richtig gehandelt – das Leben findet seine Bahn und bringt seine Frucht. „Hans mein Igel aber setzte sich auf seinen Gockelhahn, trieb die Schweine vor sich her ins Dorf und ließ schlachten; hu! da war ein Gemetzel und Hacken, daß man's zwei Stunden weit hören konnte ...“

Während seiner Zeit im Wald hatte „Hans mein Igel“ zwei verirrten Königen den rechten Weg gewiesen. Jeder hatte ihm dafür versprochen, „was ihm zuerst begegnete am königlichen Hofe, sobald er nach Hause käme.“ Natürlich läuft ihnen als erstes die Tochter entgegen. Der eine König denkt gar nicht daran, den Vertrag einzuhalten. Als 'Hans mein Igel' ihn einlösen will, läßt er „auf ihn schießen, hauen und stechen“. Doch „Hans mein Igel“ beharrt auf seinem Recht und bleibt die Antwort nicht schuldig. „Es ging aber anders, als (der König) dachte; denn als sie ein Stück Wegs von der Stadt waren, da zog ihr Hans mein Igel die schönen Kleider aus und stach sie mit seiner Igelhaut, bis sie ganz blutig war, sagte: »Das ist der Lohn für eure Falschheit, geh hin, ich will dich nicht«, und jagte sie damit nach Hause, und war sie beschimpft ihr Lebtag.“

Zur Frau nimmt er die Tochter des zweiten Königs. „Wie etliche Jahre herumwaren, fuhr er mit seiner Gemahlin zu seinem Vater und sagte, er wäre sein Sohn; der Vater aber sprach, er hätte keinen, er hätte nur einen gehabt, der wäre aber wie ein Igel mit Stacheln geboren worden und wäre in die Welt gegangen. Da gab er sich zu erkennen, und der alte Vater freute sich und ging mit ihm in sein Königreich“ – und weder Mord noch Totschlag, keine glühenden Schuhe, keine Ausbeutung und Gewalt nur dort, wo sie das Leben fordert.

Wege gewaltfreier Ablösung

In „Schneewittchen“ und „Hänsel und Gretel“ treffen wir in unterschiedlichen Graden auf Gewalt. Wir können dies mit Bettelheim als eine unvermeidliche Begleiterscheinung des Übergangs betrachten, mit der gleichfalls die Scheidung von Gut und Böse gekoppelt wäre. Es „ist unausbleiblich“, schreibt er, „daß das Kind die Mutter als böse, als das Kind ablehnend ansieht. Ohne die Mutter als böse zu sehen, kann sich das Kind nicht von ihr trennen, kann es kein Individuum werden. So wird die Mutter gesehen, als ob sie das Kind verlassen würde, weil in Wirklichkeit das Kind die Mutter verlassen will, aber noch nicht den Mut dazu hat.“[247]

Er vertritt hier die übliche Sicht. Man kann das Geschehen anders betrachten. In beiden Märchen taucht die böse Mutter nicht nur in der Angst auf, verlassen oder verstoßen zu werden. Beidesmal droht sie die Kinder ‘aufzufressen’. Nun meint der umgangssprachliche Ausdruck ‘das frißt mich auf’ soviel wie ‘ich fühle mich ausgenutzt, ausgebeutet’. Die Vermutung liegt nahe, die Angst, aufgefressen zu werden, beschreibe ein Ausbeutungsverhältnis.

Ausbeutung und Gewalt sind Geschwister. In einem Ausbeutungsverhältnis bleiben Grundbedürfnisse des Kindes unbefriedigt. Das Festhalten an kindlichen Entwicklungsstufen, Wurzel jeder Verweigerungshaltung, drückt den Versuch aus, ein unbefriedigt gebliebenes Grundbedürfnis zu stillen. *Das Verlassen einer Entwicklungsstufe, bevor dieser Mangel behoben ist, würde immer als verfrüht erlebt*, hinterließe das Gefühl des Ausgestoßenseins mit den schon beschriebenen Folgen, hinterließe auch, was Bettelheim orale Gier nennt. „Das Lebkuchenhaus ist ein unvergleichliches Bild ... Dieses Häuschen symbolisiert die orale Gier und zeigt, wie gern man ihr nachgibt ... Das ist der Grund, weshalb Hänsel und Gretel sich weigern, die warnende Stimme zu hören, die fragt, was sie denn da gerade machen. Diese Stimme ist ihr nach außen projiziertes Gewissen. Sie sehen sich hier ganz in ihrer oralen Gier.“[248]

Weniger moralisierend ausgedrückt, wird hier die Erfüllung eines bisher unbefriedigten Grundbedürfnisses geschildert, des „Hungers aus Armut“. Sich endlich einmal satt essen – wer könnte diesen Wunsch angesichts der Ausgangslage nicht verstehen? Erst dann gelingt der Schritt zur nächsten Reifungsstufe, denn verzichten kann man nur auf etwas, daß man *hat*. Hänsel und Gretel können es jetzt. Dies öffnet ihnen den Weg zu den Schätzen des Lebens und macht sie frei für den weiteren Lebenslauf. Bei Schneewittchen verläuft es anders, deshalb die viel größere Gewalt, Rache des ungelebten Lebens. Es bleibt in einem Teufelskreis gefangen.

Vergleichen wir weiter, fallen zusätzliche Unterschiede und Ähnlichkeiten auf. Bei „Schneewittchen“ stoßen wir im Fortgang der Erzählung auf Formen der Beziehung zu einer Art verkümmerter, nicht erwachsener Menschen, den Zwergen. Am Ende aber mündet wieder alles in die Zweisamkeit der Familie; „Hänsel und Gretel“ spielt gleichsam im gesellschaftsfreien Raum. Von anderen Menschen erfährt man nichts; „Hans mein Igel“ dagegen lebt ‘mitten im Dorf’: der Vater geht in die Stadt und zum Markt – die anderen Bauern verspotten ihn – es gibt einen Pfarrer, eine Magd, einen Schmied, gute und böse Könige samt Bediensteten, Soldaten und Töchtern, es wird gefestet, „daß man’s zwei Stunden weit hören konnte“ – kurz, eine Vielzahl verschiedenartigster, normaler Beziehungen, in denen es weder an Spott noch Hinterhältigkeit noch Freundlichkeit fehlt, wie’s halt im Leben so ist.

Zieht man Bilanz, so scheint eine Familie auf sich allein gestellt selbst unter ‘königlichen Bedingungen’ unfähig, einen gewaltfreien Übergang zu meistern. Sie braucht Unterstützung von außen. Die Botschaft lautet, *das Leben in erweiterter Gemeinschaft – in der Wärme und dem Schutz des „sozialen Uterus“, wie es Mitscherlich ausdrückte – sei wichtiger als die stete, behütende und umsorgende Zuwendung der Eltern,* an der es ja bei „Hans mein Igel" völlig mangelte.

Eine weitere Bedingung findet sich in der Schöpfungsgeschichte der Navajos: daß die Welt „in der Ordnung sei" und nicht verkehrt: die Eltern sorgten für die Kinder, eine *Grundversorgung* sei gewährleistet.

Was diese Grundversorgung zu umfassen habe, darüber gehen die Meinungen auseinander. Bei „Hans mein Igel" zeigt sie sich auf ein Minimum beschränkt: Wohnung, Nahrung, Wärme des Ofens, gelegentliche Aufmerksamkeit. Nicht einmal an der Mutter konnte er trinken – nach herrschender Zuwendungspsychologie und -pädagogik ein psychisches Todesurteil. Mitscherlich meint in Anlehnung an Harlow, „die Erfüllung der Bedürfnisse, die sich mit der Gestalt der Mutter verbindet ... (müsse) für den Menschen in der Spanne zwischen drittem und zwölftem Lebensmonat (gegeben sein). Danach ist eine 'Prägung', wie sie zuerst Konrad Lorenz in seinen Versuchen mit Enten gezeigt hat, in dieser Richtung nicht mehr möglich."[249]

Für Liedloff erstreckt sich diese Phase vom Augenblick *unmittelbar nach der Geburt,* wo „das folgenreiche Ereignis der Prägung"[250] stattfinde, bis ebenfalls etwa 6–8 Monate nach der Geburt. „Bei unserer eigenen Gattung ist es, im Gegensatz zu den meisten anderen, ... notwendig, *daß die Mutter auf das Baby geprägt wird,* denn ein Menschenbaby ist zu hilflos, irgend jemandem zu folgen oder irgendetwas zur Aufrechterhaltung des Kontaktes mit seiner Mutter zu unternehmen, außer, ihr ein Zeichen zu geben, wenn sie seine Erwartungen nicht erfüllt[251] ... Wenn eine Mutter dafür sorgt, daß ihr Baby die ersten sechs bis acht Monate hindurch *ständig herumgetragen wird,* so wird dies sein Selbstvertrauen sichern und die Grundlage dafür legen, daß es während der folgenden fünfzehn oder zwanzig Jahre, in denen es zu Hause lebt, sozial, anspruchslos und ausgesprochen hilfsbereit sein wird."[252]

Sie begründet dies eindrucksvoll. Der Säugling schlafe zwar meist, „doch schon im Schlaf gewöhnt er sich an die Stimmen seiner Angehörigen, an die Geräusche, die mit ihren Handlungen verbunden sind, an die Stöße, Püffe und unerwarteten Bewegungen, an unerwartetes Anhalten, an Gehoben- und Gedrücktwerden gegen verschiedene Körperteile, während der Mensch, in dessen Obhut er sich befindet, ihn wie seine Tätigkeit oder Bequemlichkeit es erfordert, hin und her schiebt. Er gewöhnt sich an den Rhythmus von Tag und Nacht, an die Veränderungen von Stoffen und Temperaturen an seiner Haut und an das sichere, 'richtige' Gefühl, gegen einen lebenden Körper gehalten zu werden."[253]

Erstaunlicherweise entdecken wir in dieser Beschreibung Ähnlichkeiten mit „Hans mein Igel", nämlich die *Wichtigkeit sinnlicher Erfahrungen.* Zwar fehlte ihm unmittelbare körperliche Nähe, aber an seinem Platz hinter dem Ofen war er immer dabei, acht Jahre lang, hörte, sah und roch, was um ihn geschah. Und da man sich offensichtlich wenig um ihn kümmerte, *widerfuhren ihm keine zusätzlichen Beschädigungen,* vielmehr konnte heilen und vernarben, was vorher verletzt worden war.

Ferner gehört ein *ausreichendes Beziehungs- und Identifikationsangebot* für Heranwachsende dazu, ausreichend nach Alter und Geschlecht. Die schlimmsten Formen von Gewalt finden wir in der vaterlosen Familie bei „Schneewittchen". Einige, denen Tatbeteiligung in Mölln und Solingen vorgeworfen wird, entstammen ebenfalls vaterlosen Familien.

Kehren wir nochmals zu Harlows Experimenten zurück (siehe Seite 43). Sie haben die Sozialwissenschaften beeinflußt, auch deshalb, weil alles so klar, so einfach, so nachvollziehbar scheint. Doch liegt nicht gerade hier eine Gefahr? Menschliche Verhältnisse sind immer kompliziert, verflochten, verwoben, vernetzt. „Hans mein Igel" zeigt, was bei Harlow fehlt: das soziale Umfeld. Da waren ein Käfig und junge Affen und Drahtmütter – sonst nichts. Die Experimente untersuchten die *Bedeutung der Mutter im Zustand sozialer Isolation.* Dann aber gelingt Erziehung nur im geglückten Ausnahmefall. *Gefahr droht vor allem, wenn Menschen in Isolation geraten* – das vielen Gewalttätern gemeinsame Schicksal. Die vorherrschende Familienideologie, verbunden mit dem Verlust an Nachbarschaft, fördert diese Gefahr, indem sie die Verantwortung für Heranwachsende privatisiert. Sie schafft damit Bedingungen, die bizarre Gewalt für ihr Gedeihen braucht.

Böte also unsere Tradition, orientiert man sich etwa an den Märchen, gewaltfreiere Lösungswege? Sie widersprächen allem, was landauf landab und seit Jahrzehnten gepredigt und abverlangt wird. Nicht noch *mehr* Liebe, *mehr* Zuwendung, *mehr* Geborgenheit, *mehr* Behütung, *mehr* Bindung, *mehr* Autorität, *mehr* Erziehung wäre gefragt, sondern von allem *weniger*; dafür mehr einfach Dasein für- und miteinander, mehr Freiraum, mehr Auslauf, mehr Sich-selbst-überlassen-sein, mehr von jenem „Laß doch der Jugend ihren Lauf", von dem selbst das Volkslied weiß, jenem *wohlwollendem Laissez-faire*, das so Viele so unbedacht für die Wurzel aller Übel halten.

„Deine Kinder sind nicht deine Kinder. Sie sind die Söhne und Töchter der Sehnsucht des Lebens nach sich selbst. Sie kommen durch dich, aber nicht von dir, und obwohl sie bei dir sind, gehören sie dir nicht. Du kannst ihnen deine Liebe geben, aber nicht deine Gedanken, denn sie haben ihre eigenen Gedanken. Du kannst ihrem Körper ein Heim geben, aber nicht ihrer Seele, denn ihre Seele wohnt im Haus von morgen, das du nicht besuchen kannst, nicht einmal in deinen Träumen. Du kannst versuchen, ihnen gleich zu sein, aber suche nicht, sie dir gleich zu machen. Denn das Leben geht nicht rückwärts und verweilt nicht beim Gestern. Du bist der Bogen, von dem deine Kinder als lebende Pfeile abgeschickt werden ... Laß deine Bogenrundung in der Hand des Schützen Freude bedeuten."

Diese Worte von Kahlil Gibran, mit denen Alexander Sutherland Neill sein Buch über Summerhill eröffnete, umschreiben, worum es geht. Belastend wirkt dabei der kulturelle, eingegrenzt der pädagogisch-gesellschaftliche Hintergrund, umschrieben in der Behauptung, „daß der Mensch – sich selbst überlassen – lediglich seinen Reflexen, Instinkten, Trieben folgen kann, während beim Kleinkind nicht von selbst die Instanz entsteht, die diese Naturkräfte richten oder bremsen kann".[254] Im Bereich der Erziehung kann dies einen sich von Generation zu Generation fortsetzenden verheerenden Kreislauf erzeugen. „Immer häufiger wird unser angeborenes Gefühl dafür, was am besten für uns ist, durch Mißtrauen abgeblockt, während der Intellekt, der nie viel über unsere wahren Bedürfnisse wußte, beschließt, was zu tun sei. Es steht z. B. nicht dem Verstand zu, darüber zu entscheiden, wie man ein Baby behandeln muß. Lange ehe wir einen Entwicklungsstand erreichten, der dem des *homo sapiens* ähnelte, verfügten wir über hervorragend genaue Instinkte, die über jede Einzelheit der Kinderaufzucht Bescheid wußten."[255]

Auch wenn unüberhörbar die Sehnsucht nach der Rückkehr ins Paradies anklingt; auch wenn zu fragen wäre, wie denn die hier zitierte Jean Liedloff ihre Erkenntnisse anders gewonnen hätte wenn nicht über Beobachtung, Vergleich und Schlußfolgerung, spricht sie doch eine einfache Wahrheit aus: *Mensch wird man durch Geburt, nicht durch Pädagogik.* Biographischer Hintergrund und soziokulturelles Feld zusammen können allerdings ein Ausmaß an Entfremdung, an Desorientierung und Ratlosigkeit erzeugen, daß das Gefühl für menschengerechtes Handeln verlorengeht. Die *Orientierung an Autoritäten und das Handeln nach abstrakten Regeln* kann zur Entfremdung von den eigenen Gefühlen und Bedürfnissen und damit zum Verlust der Einfühlung in den Mitmenschen führen, aus der Gewalt entspringt. Mir scheint, die gegenwärtige Gewalt- und Erziehungsdiskussion spiegele diesen Zustand. Wenn in der Desorientierung Heranwachsender eine mögliche Quelle für Gewalt liegt, so zeigt sie nur ein Abbild der Desorientierung Erwachsener im Umgang mit Kindern. Sie betrifft nicht nur die Familie aus Einfachstverhältnissen, sondern reicht bis zu namhaften Wissenschaftlern und angesehenen Zeitungen, von Alice Miller und dem „unschuldigen Kind", über manche PsychoanalytikerInnen, die in Übereinstimmung mit der traditionellen Pädagogik im Kind nach der Geburt nur „ein egozentrisches und asoziales Wesen"[256] sehen bis zur FAZ und der Behauptung, „nichts zu lernen, Gewalt zu üben und die eigenen Wünsche über die aller anderen zu stellen – das braucht man niemandem beizubringen, Kindern schon gar nicht".[257]

Ebenso widersprüchlich und noch verwirrender geht es zu, wenn die Sprache auf die Eltern-Kind, vor allem die Mutter-Kind Beziehung kommt. Die Auslassungen von Bettelheim stehen stellvertretend für eine Fülle entsprechender Meinungen. Einerseits erklärt er, das Kind halte seine Mutter deshalb für lieblos und selbstsüchtig, also böse, weil *sie* „nicht länger bereit ist, alle seine oralen Wünsche zu erfüllen",[258] also *zum Kind 'NEIN' sagt*. Wenige Zeilen später lautet es gerade umgekehrt, weil „in Wirklichkeit das Kind die Mutter verlassen will",[259] das *Kind also zur Mutter 'NEIN' sagt*, müsse es die Mutter als böse phantasieren. NEIN und JA, die Ablösungs- und Beziehungsproblematik gehört zu den Grundproblemen unserer Kultur, eingebettet in einen Kreislauf gegenseitiger Schuldzuweisungen: Kinder fühlen sich und werden von Eltern, Eltern fühlen sich und werden von Kindern ausgebeutet; jede Generation sieht in der anderen „das Tier auf der Lauer liegen".

Kinder als Subjekte eigenen Daseins anzuerkennen, die weniger der Erziehung denn der behutsamen Begleitung auf ihrem Weg zur Eigenständigkeit bedürften, da wäre die Lösung zu suchen. Warum eigentlich sollten sie diesen nicht gehen wollen? Leben, sofern es nicht im Kern beschädigt wurde, will leben, dies ist sein Sinn. Deshalb wird es sich seinem Lebensraum anpassen und/oder ihn zu verändern suchen. Für den pädagogischen Umgang hieße dies, *von anfänglich größtmöglicher Nähe zu stetig wachsender Distanz fortzuschreiten, nicht nach dem Urteil des Erwachsenen, sondern nach Maßgabe des Kindes*. Das Kind bestimmt aus seiner Entwicklung heraus selbst, wann es krabbeln, gehen, sprechen, sich lösen kann und will – warum nicht auch und ebenso in anderen Bereichen?

5. Gesellschaft

Betrachtet man die Gesellschaft in den Achtzigern, entsteht der Eindruck, die Vorgänge und Umwälzungen in den frühen 70ern seien kaum unter die gesellschaftliche Oberfläche gedrungen, wenig habe sich wirklich geändert. Gefangen in einer Watte-Welt behütend-wohlwollender Freundlichkeit, blieben Heranwachsende, was sie eh und je waren, Objekte der Einwirkung Erwachsener, keineswegs Subjekte eigener Entscheidungen, gar eigenen Handelns. Woher sollte wohl eine realistische Selbsteinschätzung der eigenen Fähigkeiten kommen, die Gewißheit, sich in einer schwierigen Welt behaupten oder gar durchsetzen zu können?

Dabei war stets zu spüren, daß dies in einer *Atmosphäre der Unechtheit* ablief: die untergründige Brutalität im Umgang miteinander, wie sie sich im professionellen Sport bis zur Selbstzerstörung ausbreitete, wie sie im Straßenverkehr offensichtlich ist (51 263 Kinder unter fünfzehn Jahren wurden 1992 Opfer von Verkehrsunfällen, 512 wurden dabei getötet. Von den Verunglückten verletzten sich 16 583 als Mitfahrer im Pkw, 17 289 als Radfahrer und 15 760 als Fußgänger;[260] die – oft unerwarteten, scheinbar unbegründeten und schwer verständlichen – Gefühlsausbrüche von Eltern/LehrerInnen, denen im Freundlichkeits- und Friedlichkeitsstreß die Verhaltenskontrolle entglitt. Als tragisches, wenn auch extremes Beispiel steht der Fall Luthe, der 1990 Schlagzeilen machte. Der 57jährige Chefdesigner von BMW hatte in der Nacht zum Karsamstag 1989 „in München seinen 33jährigen, tabletten- und alkoholsüchtigen Sohn Ulrich nach jahrelangen, mit unendlich scheinender Geduld ertragenen Demütigungen und Enttäuschungen im Affekt mit acht Messerstichen“[261] umgebracht. Seine beiden anderen Söhne sagten aus, Luthe sei ein ‘Supervater’ gewesen. „Einen menschlicheren Menschen habe ich nie kennengelernt“[262], erklärte sein Sohn Christoph als Zeuge vor Gericht.

In dieser Atmosphäre wuchs eine Generation heran, auf die wie auf keine vor ihr zutrifft, was Antoine de St.-Exupéry 1943 schrieb: „Man hat uns Arme und Beine abgeschnitten, dann ließ man uns frei herumlaufen.“[263]

Auch die *Bildungspolitik* setzte seit dem Kongreß „Mut zur Erziehung“ 1978[264] verstärkt auf Autorität. Im Gefolge dieses Kongresses wurde – unabhängig von der jeweiligen parteipolitischen Konstellation – versucht, folgende Ziele zu verwirklichen:

1. Die Macht der Autoritäten – also auch der Lehrer – wieder zu stärken.
2. Die Mitwirkungs- und Selbstbestimmungsrechte von Kindern und Jugendlichen einzuschränken.
3. Die wissenschaftliche Pädagogik durch eine Ideologie der Sozialidylle zu ersetzen: auf dem Dorf – da ist die Welt (der Schule) noch in Ordnung.

Die bildungspolitische Wende gelang, weil die *Gesellschaft* insgesamt sich umorientierte. „Daß nun in den Hörsälen mehr und mehr Kurzhaarige sitzen, daß schlagende Verbindungen wieder Zuwachs melden, daß sich Tanzschulen alter Art neuen Zuspruchs erfreuen – dies alles könne, meint der Karlsruher Hochschullehrer Peter Wapnewski, doch nicht einfach »Zufall« sein. Und ist es nicht auch ein politisches Symptom, wenn, wie der »Kirchenbote des Bistums Osnabrück« meldet, »die Zahl der jungen Menschen, die an Wallfahrten teilnehmen, steigt«? Wenn an westdeutschen Gymnasien, jahrelang Hochburgen der Wehrdienstverweigerer, jetzt schon mal eine Oberprima geschlossen zur Armee überläuft?“[265] So beschreibt DER SPIEGEL das gesellschaftlich-politische Klima in der Bundesrepublik seit 1976, das eine Karikatur[266] aus demselben Jahr drastisch ins Bild setzte (s. Abb. 3).

Es war geprägt von einer konservativen Grundströmung in der Gesellschaft, wie sie sich auch in den Ergebnissen der *Wahlforscher* jener Zeit widerspiegelten. Werner Kaltefleiter veröffentlichte 1976 „erstaunliche Umfrage-Daten über das potentielle Wahlverhalten der 18–23jährigen (der jetzigen Eltern-Generation der 35–40 jährigen WP): 44,5 Prozent für die CDU/CSU, 39,8 Prozent für die SPD."[267] Der heute Dreiundzwanzigjährige kam da gerade in die Schule.

Abbildung 3

„... seht ihr hier einen großen Deutschen, dessen progressive Dialektik die Basis der Lohnabhängigen ..."

Selbst in *Gerichtsurteilen* schlug sich in den Achtzigern der wieder autoritäre Zeitgeist nieder. Der Kriminologe und Jugendgerichtsexperte Christian Pfeiffer[268] „hat alle Urteile bundesdeutscher Straf- und Jugendrichter aus der Zeit von 1984 bis 1989 verglichen. Dabei stellte er fest, daß Täter zwischen 14 und 21 Jahren häufiger und länger zu Freiheitsstrafen verurteilt werden als Täter über 21 Jahren. Vor allem rückfällige Jugendliche tragen im Vergleich zu Erwachsenen ein »erheblich höheres Risiko« einer Verurteilung ohne Bewährung."[269]

Bei den Jugendrichtern stießen seine Ergebnisse auf ungläubiges Staunen, z. T. auf erbitterten Protest. „»Über die eigene Strenge«, sagt der Wissenschaftler, bestehe unter Juristen eine »verbreitete Fehleinschätzung«."[270] Dahinter stehe die Absicht, die straffällig gewordenen Jugendlichen »erziehen zu wollen«. Das Stichwort »Erziehung« sei geradezu zum »Einfallstor für pädagogisch verbrämte Repression» geworden."[271]

In dieselbe Richtung deuten Ergebnisse der *Demoskopen*. „Die Tage liberaler und antiautoritärer Erziehung sind gezählt. Die Ziele der Erzieher haben sich ... in den letzten fünf Jahren radikal geändert. Während in den 70er Jahren eher die freie Entscheidung der Kinder als Wert betont wurde, wollten die Eltern nun ihre Kinder wieder stärker prägen."[272]

Diese Tendenz hat sich seitdem eher verstärkt. Und 1988 eröffnete DER SPIEGEL mit der Titelgeschichte „Tollhaus Schule“[273] die Diskussion über Gewalt an Schulen. Zufall? Aber mitnichten.

Angesichts dieser Fakten mutet es abenteuerlich an, wenn nach der Methode „Haltet den Dieb!“ ausgerechnet den 68ern die Schuld am sogenannten *'Werteverfall'* in die Schuhe geschoben werden soll. Die Antiautoritären, heißt es da, „propagierten damals die Selbstverwirklichung des einzelnen als Lebenszweck und versuchten, sämtliche Werte und konservative Tugenden des Bürgertums über Bord zu werfen. Diese 68er haben den *Gang durch die Institutionen* angetreten, nehmen heute unter anderem in den Schulen unseres Landes teilweise Schlüsselfunktionen ein und sind daher mit ursächlich für die erzieherische Fehlleitung vieler Kinder und Jugendlicher.“[274]

Nun bestanden die 68er nicht nur aus den Medienstars Dutschke und Teufel. Da schwammen Mancher und Manches mit. Nimmt man alles in allem, waren sie die ersten Rebellen in unserem Land, die nicht hingerichtet, nicht verjagt, nur noch verfemt wurden. Sie konnten ihre Erfahrungen weitergeben: Freiheitserfahrung in Deutschland, zum erstenmal eine Geschichte des Erfolgs; die erste Generation deutscher Demokraten in der Nachkriegszeit, auf welche die Analyse von McClelland aus dem Jahre 1958[275] nicht mehr zuträfe: „Die Deutschen haben im politischen, nicht im psychologischen Sinn eine Demokratie. Sie besitzen diese Regierungsform, weil sie gesagt bekommen, daß sie eine solche haben sollten und dies von Autoritäten suggeriert wird, auf die sie vertrauen und die sie bewundern.“[276]

Die 68er haben mehr Demokratie gefordert und dies gewagt gegen die Autoritäten. Ja, sie haben Autoritäten zum erstenmal in der deutschen Geschichte demontiert und dennoch überlebt. Darin bestand ihre große Leistung, die nur möglich war in einem demokratischen Rechtsstaat. Sie handelten, wie Goethe gefordert hatte:

Was du ererbt von deinen Vätern hast,
Erwirb es, um es zu besitzen!

Weil sie überlebten, konnten sie den Gang durch die Institutionen antreten – das macht sie gefühlsmäßig für manche so gefährlich, dafür gibt es kaum Gründe, wirken sie doch logischer- und dankenswerterweise systemstabilisierend, man denke – stellvertretend für viele – an Daniel Cohn-Bendit in Frankfurt. Bei einer Diskussion „25 Jahre 68er“ wurden zwei Journalisten, damals aktiv dabei, gefragt, was ihnen persönlich denn nun geblieben sei aus jener Zeit. „Seitdem lebe ich mit dem Grundgesetz unterm Arm“, so der eine, „Nicht alles allein entscheiden, zuerst mit anderen besprechen“, der andere. Sich am Recht zu orientieren und am Mitmenschen, nicht nur an der Autorität, wäre also das politische Erbe dieser Zeit, das es zu bewahren gilt. Gelänge dies, bedeutete es den Anfang vom Ende der langen Tradition deutscher Gehorsamskultur, die unter der Nazidiktatur ihren schrecklichen Höhepunkt erreichte.

An den Aufzeichnungen von Rudolf Höss über sein Leben kann man die Auswirkungen einer solchen an abstrakten Werten und an Autoritäten orientierten Erziehung erkennen. „Von meinen Eltern war ich so erzogen, daß ich allen Erwachsenen und besonders Älteren mit Achtung und Ehrerbietung zu begegnen hätte, ganz gleich aus welchen Kreisen sie kämen, Überall, wo es notwendig ist, behilflich zu sein, wurde mir zur obersten Pflicht gemacht. Ganz besonders wurde ich immer darauf hingewiesen, daß ich Wünsche oder Anordnungen der Eltern, der Lehrer, Pfarrer usw., ja aller Erwachsenen bis zum Dienstpersonal unverzüglich durchzuführen bzw. zu befolgen hätte und mich durch nichts davon abhalten lassen dürfte. Was diese sagten, sei immer richtig. Diese Erziehungsgrundsätze sind mir in Fleisch und Blut übergegangen.“[277] Gerade dies mag ihn mit dazu veranlaßt haben, „zur vollsten Zufriedenheit seiner Vorgesetzten ... Hunderttausende von Menschen – vornehmlich Juden, Zigeuner und russische Kriegsgefangene – in den Gaskammern von Auschwitz ermorden"[278] zu lassen.

Das mit den Werten, der Werteerziehung und dem Werteverfall verhält sich, zumal in Deutschland, so einfach wohl nicht. Schon 1958 vermerkte dazu McClelland. „In Deutschland gebührt die Loyalität dem System, einem Ehrenkodex, den Regeln, welche die zwischenmenschlichen Verpflichtungen beherrschen, die rational der Gesellschaft das Beste bringen, selbst wenn sie einzelne Menschen bei einem besonderen Anlaß verletzen ... Nach diesem Kodex zu leben, heißt nicht nur sich selbst opfern, es heißt auch einzelne andere opfern."[279]

Heinrich Himmler hat es in einer berüchtigten Rede vor SS-Leuten so ausgedrückt: „Ich meine jetzt die Judenevakuierung, die Ausrottung des jüdischen Volkes. Es gehört zu den Dingen, die man leicht ausspricht. – »Das jüdische Volk wird ausgerottet«, sagt ein jeder Parteigenosse, »ganz klar, steht in unserem Programm, Ausschaltung der Juden, Ausrottung, machen wir.« Und dann kommen sie alle an, die braven 80 Millionen Deutschen, und jeder hat seinen anständigen Juden. Es ist ja klar, die anderen sind Schweine, aber dieser eine ist ein prima Jude. Von allen, die so reden, hat keiner zugesehen, keiner hat es durchgestanden. Von euch werden die meisten wissen, was es heißt, wenn 100 Leichen beisammen liegen, wenn 500 da liegen oder wenn 1000 da liegen. Dies *durchgehalten zu haben und dabei – abgesehen von Ausnahmen menschlicher Schwächen – anständig geblieben zu sein* (kursiv WP), das hat uns hart gemacht. Dies ist ein niemals geschriebenes und niemals zu schreibendes Ruhmesblatt unserer Geschichte."[280]

Deutlicher kann man die Perversion nicht umschreiben, man müsse den konkreten Menschen abstrakten Idealen opfern. Einen Nachhall dieses schrecklichen Denkens finden wir in jenen Aussagen, man habe persönlich nichts gegen *Ausländer*, aber gegen die *Überfremdung* müsse man sich zur Wehr setzen. Spuren schließlich erkennen wir in allem autoritätsorientierten Denken, wonach man andere nicht deshalb nicht verletzen darf, weil es ihnen wehtut, sondern weil es verboten sei. Folgerichtig steht hinter der gegenwärtigen Wertediskussion auch eine Auseinandersetzung um deutsches Selbstverständnis: Ob wir inzwischen seelisch bereit und fähig seien, den Glauben an den auf scheinbar festen, unabänderlichen Werten ruhenden Autoritätsstaat abzulegen und uns für den offenen, wandelbaren demokratischen Rechtsstaat zu entscheiden.

Denn unübersehbar wächst angesichts der ethischen Misere das Bedürfnis nach Neuorientierung. Autorität, Beherrschung der Natur, Wachstum, Macht oder Karriere verlören an Bedeutung, erklärte Rolf Gerling, Erbe des Gerling-Versicherungskonzerns in seiner Antrittsrede als Aufsichtsratsvorsitzender.[281] In Zeiten des Wertewandels, und in einer solchen Zeit leben wir, lautet die Devise jedoch nicht keine Werte, sondern andere Werte. Weil dabei auch eine destruktive Phase durchgearbeitet werden muß – Abbau der alten Werte – breitet sich tiefe Beunruhigung aus, verbunden mit Angst und dem Gefühl der Desorientierung. Jeder Lehrer, der eine pubertierende Klasse unterrichtet und sich den Gefühlen seiner SchülerInnen stellt, kennt dies: da breche etwas weg und sei nicht zu halten, und man treibe schließlich wie in einem Boot ohne Kompaß auf hoher See, kein Land in Sicht. Doch er kennt auch dies, wie da jedesmal Neues wächst, zunächst kaum wahrnehmbar in all der Unsicherheit, schließlich sich doch zu einer anderen Art des Seins in der Welt und neuem Umgang miteinander entwickelt. Es scheint, als laufe dies in der Gesellschaft nicht anders, zeigten doch „die neunziger Jahre ... ein wiedererwachtes Interesse an der gesamtgesellschaftlichen Verfassung. Freilich nicht mehr in der Gestalt einer aufs Ganze zielenden, terroristisch-revolutionären Moral, sondern in Form einer pragmatischen Sozialethik."[282]

Autorität – Gehorsam – Gewalt

Wo es um Gewalt geht, kommt man nicht darum herum zu prüfen, ob nicht auch sie zu tun habe mit der „Dialektik von Autorität und Gehorsam“[283]. Die schlimmste aller Strafen für das Kind nämlich „wäre der Verlust an Geborgenheit, Vertrauen und Liebe, der einen Selbstverlust mit innerer wie äußerer Vereinsamung gleichkäme. Also wird das Kind, selbst um den höchsten Preis, versuchen, sich an das von den Eltern gewünschte Verhalten anzupassen. Es wird alles Geschehen vergessen und darauf verzichten, das zu entwickeln, was seine Vorstellungen und Wünsche von sich selbst ursprünglich enthielt. Dieser Prozeß der Anpassung und Unterordnung bedeutet für das Kind eine Entfremdung von seiner eigenen Gefühls- und Triebwelt und den Verzicht auf eine eigenständige Identität. Sein Denken und Handeln wird in Zukunft eingeschränkt sein auf konformistische Rollenerwartungen. Das verdrängte Gefühls- und Triebpotential verbleibt, vom Bewußtsein abgespalten, als archaisch unorganisierte Energie in den tiefen Schichten der Person. Von dort aus entfaltet es seine destruktive Wirkung, die sich ... als subjektives Leiden maskiert, die sich aber auch – auf den geeigneten Abruf wartend – als sadistische Zerstörungswut nach außen entladen kann.“[284]

Den vermuteten Zusammenhang zwischen Autorität, Gehorsam und Gewaltbereitschaft hat das sogenannte „Milgram-Experiment“[285] aus den Jahren 1960–1963 erschreckend-eindruckvoll bestätigt. Milgram führte an Hunderten von Personen experimentelle Untersuchungen durch, wie weit sie aus Gehorsamsbereitschaft gegenüber Autoritäten zu gehen bereit wären. Sie sollten scheinbar mitarbeiten an der Überprüfung einer Theorie, nach der ein „Mensch etwas exakt lernt, wenn er für seinen Fehler jedes Mal bestraft wird.“[286] Die Versuchspersonen stellten den „Lehrer“ dar. Bei falschen Antworten sollten sie den „SchülerInnen“ sich jeweils steigernde Stromstöße versetzen. Diese – für die „Lehrer“ nicht erkennbar – nur simulierten Stromstöße konnten bis zur lebensgefährlichen Dosis von 450 Volt gesteigert werden. Die einzelnen Dosen waren für die Versuchspersonen auf einer Skala zwischen »leichtem« bis »Gefahr! Bedrohlicher Schock« deutlich ablesbar. War der „Schüler“ weder in Sicht- noch Hörweite, fanden sich 65 Prozent dieser repräsentativ ausgewählten Durchschnittsamerikaner nach Aufforderung durch den Versuchsleiter bereit, Stromstärken bis zur Maximalgrenze zu verabreichen. Mußten sie selbst die Hand des „Schülers“ auf die Stromplatte legen, hatten sie also direkten Kontakt mit ihm, taten dies immer noch 30 Prozent. Milgram folgert daraus: „Wir sind ... mit einem Potential an Gehorsamsbereitschaft geboren, das dann mit den gesellschaftlichen Einflüssen zusammenwirkt, um den gehorsamen Menschen hervorzubringen[287] ... Der Schlüssel zum Verhalten von Personen liegt nicht in einem aufgestauten Ärger oder in Aggression, sondern in ihrer Beziehung zur Autorität.“[288]

Wenn wir dem Begriff „Gehorsam“ die im selben Feld anzusiedelnden Begriffe Gefolgschafts- und Verehrungsbereitschaft, Bereitschaft zur Idealisierung und zur Identifikation – Begriffe, auf die wir immer wieder und überall stoßen – zur Seite stellen, befinden wir uns unversehens im innersten Zentrum erzieherischer Prozesse. Vieles spricht dafür, Milgram urteile richtig, es handle sich hier um eine autonome, nicht unmittelbar steuerbare Neigung des Menschen. Der Umgang damit kann zweifach mißlingen, zum einen, indem diese Neigung ausgenutzt, zum andern, indem sie negiert wird. Die Gefahr der Ausnutzung besteht in allen autoritären, die Gefahr des Negierens in allen demokratisch-antiautoritären Systemen.

Die Zerstörung von Kindheit und Jugend
Prozeß der Entmündigung

Fünfzehnjährige, ohne eigenes Einkommen, völlig abhängig von ihren Eltern, scheinen eine 'natürliche' Sache. Wenn uns eine fünfzehnjährige Türkin ihre Verlobung, gar ihre Heirat mitteilt, heben wir die Augenbrauen ob solch seltsamer Sitten. Dabei herrschten bei uns bis vor fünf-, sechs Generationen ganz ähnliche Bräuche. Tobias Brocher beschreibt in einem lesenswerten Aufsatz 1961,[289] daß um 1800 Mädchen der gebildeten Stände mit 11 bis 14 Jahren ihre Entwicklung beendet hatten und als „Damen" galten. „Schon 14–15jährige Mädchen heirateten .... Jungen traten vor 1800 mit 15 Jahren als Fahnenjunker in die Armee ein. Nicht eine größere Primitivität war die Ursache, eher die geistige Kultur der gebildeten Stände damals höher als heute ... *Karl Philip Moritz Reiser*[290] ... (ist) als 15jähriger ... bereits im akademischen Studium. *Heinrich Jung Stilling*[291] ... (arbeitet) mit 14 ... als Volksschullehrer. *Felix Platter*, geb. 1536, beginnt bereits als 13jähriger Arzneibücher zu lesen, Heilkräuter zu sammeln und therapeutische Verfahren aufzuzeichnen. Nach absolvierter Buchdruckerlehre wird das mit 15 Jahren bereits begonnene Medizinstudium mit einer Promotion noch vor dem 21. Geburtstag abgeschlossen."[292]

Die Verlängerung der Jugend begann in der zweiten Hälfte des 19. Jahrhunderts. Jugend, wie wir sie verstehen, gab es vorher nicht. Die Kindheit mündete, was Brocher nicht verschweigt, aber nicht diskutiert, unmittelbar in die Arbeitswelt. Gleichzeitig läßt sich zeigen, „wie zwischen 1870 und dem Ersten Weltkrieg Erziehung und Unterricht in Haus und Schule unsicher werden, die jungen Menschen immer häufiger aus diesen Vollzügen und Ordnungen herausfallen und daher zum Problem werden."[293]

Die Entwicklung läuft parallel zur Industrialisierung in der westlichen Welt. Seit den Zwanzigern verstärkt sich der Trend, „immer mehr Jugendliche aus der Arbeitswelt (= Erwerbswelt *WP*) herauszunehmen und in den Schulen zu belassen. HOFSTÄTTER hat uns ... gezeigt, wie in den USA von 1920 bis 1940 die Zahl der in Arbeit stehenden 14–15jährigen sich um reichlich zwei Drittel, die der 16–17jährigen um reichlich die Hälfte und selbst die der 18–19jährigen noch um ein Achtel vermindert hat. Das heißt, daß immer mehr Jugendliche »in die Jugendzeit entlassen« werden".[294]

Dieser Vorgang hat sich seitdem stetig, in den 70ern und 80ern rasant beschleunigt. Dahinter stehen auch wirtschaftliche Gründe, ebenso ergeben sich soziale Folgen. Jugend entsteht, zwar befreit vom Zwang zur Erwerbstätigkeit, aber gleichzeitig in Abhängigkeit von Familie und Gesellschaft.

In einer Gesellschaft, zu deren obersten Werten die Freiheit und das Recht auf Selbstbestimmung gehören, muß eine solche Abhängigkeit und die mit ihr einhergehende gesellschaftliche Verkindlichung biologisch Erwachsener um so bedrückender und verwirrender wirken, je mehr sie sich zur Mehr-Generationenproblematik verschärft. „Die Großelterngeneration, kaum 25 Jahre von der modernen Elterngeneration getrennt, behauptet innerhalb des Gesellschaftsgefüges den eigenen Platz fester, zum Teil weit bis über das 65. Lebensjahr hinaus. Die nachfolgende Elterngeneration sieht sich häufig genug im Alter von 40 Jahren bereits eigenen Kindern von 10–18 Jahren gegenüber. Während die Elterngeneration selbst in weitgehend materieller und ideeller Abhängigkeit von der Großelterngeneration steht, wird sie gleichzeitig bedrängt von der raumfordernden, nachfolgenden, aktiven Jugendgeneration,"[295] beschrieb sie Brocher schon 1960. Inzwischen, im Zeitalter der 'jungen Alten' und des Pflegenotstands, hat sich die Problematik erheblich vergrößert. So gilt in verstärktem Maß, was ebenfalls Brocher schon 1960 feststellte: „Der Rebellions- und Ablösungscharakter der heute nachdrängenden Jugendgeneration steht in unverkennbarem Gegensatz zur Reibungslosigkeit des Übergangs früherer Jahrhunderte."[296]

Denn, so wäre zu ergänzen, die biologische Reifung richtet sich nicht nach dem Wunschdenken Erwachsener, sondern folgt ihren eigenen Gesetzen. Wenn gefolgert wird, weil die soziale Reife bei Heranwachsenden der körperlichen Reifung hinterherhinke, müsse man Heranwachsende länger bevormunden, gibt es natürlich auch umgekehrt einen Sinn: *weil Heranwachsende immer stärker immer länger bevormundet werden, bleibt die soziale Reife hinter der körperlichen zurück.* Während diese nach ihren natürlichen Gesetzmäßigkeiten abläuft, entwickelt sich jene im komplizierten vernetzten Beziehungsgeflecht sozialer Interaktion. Versagt die Gesellschaft zusätzlich bei der Verteilung des immer knapper werdenden Gutes „Arbeit", droht Jugendlichen, in die Arbeitslosigkeit entlassen, ein Leben in Abhängigkeit auf Dauer. Daß dann manche in der Gewalt einen letzten Ausweg, vielleicht gar einen letzten Lebenssinn sehen, scheint nicht undenkbar. „Ein rechtsradikaler Skin gab ... die alarmierende Einsicht zu Protokoll, er habe sich für diese Lebensweise entschieden, weil politisch anders nichts mehr durchzusetzen sei."[297] Wer das Gewaltproblem nicht in diesem Zusammenhang einer seit Generationen ablaufenden Entwicklung sieht, wird es nicht verstehen und wird es, was immer er tut, eher verschärfen denn lindern.

Die Herabsetzung des Volljährigkeitsalters von 21 auf 18 Jahre, die Einrichtung von Jugendzentren und Jugendhäusern in den 70ern stehen als Beispiele für den Versuch, durch das Bereitstellen von Freiräumen das Entstehen einer eigenständigen, von Erwachsenen respektierten Jugendkultur zu fördern, den Eigenwert der Kindheit und des Jugendalters zu achten. In den Achtzigern ging man den umgekehrten Weg. Die „Sekundärgeneration", also die Elterngeneration der heute etwa Vierzigjährigen, versuchte, ihren Lebensraum zu behaupten, indem sie Freiräume der Enkelgeneration (= ihrer Kinder) beschnitt. Nicht Mündigkeit sollte erarbeitet, Unmündigkeit festgeschrieben werden. Dabei fällt auf, wer wen für unmündig erklärt: Tun dies nicht jeweils und je nach Gunst der Stunde die Herrscher mit den Beherrschten, die Politiker mit den Bürgern, die Männer mit den Frauen, die Erwachsenen mit den Kindern, die Lehrer mit den Schülern – kurz, die Mächtigen mit den Ohn-Mächtigen, Ausdruck des Willens, die eigene Position zu behaupten? „Die psychologische Ursache für die Platzhaltung und die sehr oft aggressive Defense der Primärgeneration ist die Angst vor dem Altern, vor vermeintlicher Leere, Widerstand gegen notwendige weitere Entwicklungsprozesse, Furcht vor Prestigeverlust und letztlich anthropologische Todesangst."[298]

Alles andere also als Spielerei. Doch nun wird einerseits Mut zum Risiko gefordert, andererseits allergrößter Wert auf Unmündigkeit gelegt. Woher aber sollen diese wünschenswerten Fähigkeiten kommen, wenn sie nicht von klein auf eingeübt werden? Durch die Gabe des Heiligen Geistes um 0.00 Uhr am Tage der Volljährigkeit?

„Eine Demokratie darf es, um der emotionalen Gesundheit willen, nicht dahin kommen lassen, daß sich die Dinge bis zu einem Punkt entwickeln, wo die intelligente Jugend, die stolz auf ihre Unabhängigkeit und glühend vor Initiative ist, die Gesetzgebung, das Recht und die gesamte Politik, von Krieg und Frieden gar nicht zu sprechen, den 'Eingeweihten' und den 'Bossen' überlassen muß. Die (amerikanische) Jugend kann zum vollen Ausmaß ihrer Identität und Vitalität nur dann gelangen, wenn sie sich der autokratischen Tendenzen in unserem und in anderen Ländern bewußt wird, wie sie immer wieder im Wechsel der Geschichte zum Durchbruch gelangen."[299]

Erik H. Erikson schrieb dies jeder demokratischen Gesellschaft ins Stammbuch. Vergleichen wir damit die Symptome massivster Politikverdrossenheit unter Heranwachsenden, auch eine mögliche Quelle für Gewalt, scheint Umdenken geboten.

Die Vernichtung der Freiräume

Bis zum Ersten Weltkrieg gab es in Süddeutschland für die männliche Jugend den sogenannten 'Äbbehes', einen von den Erwachsenen bewußt geachteten und nicht kontrollierten Freiraum. „Im Sommer waren sie abends an ihren Treffpunkten – den 'Äbbehes' ('Irgendwohin') – und bei ihren sonntäglichen Ausflügen ebenso unkontrolliert wie im Winter, wenn sie gegen ein geringes Entgelt sich in einer großen Wohnstube treffen durften. Die Eltern und der Kirchenkonvent, Kontrollorgan für den sittlichen Zustand in der Gemeinde, kümmerten sich um diese Freiräume nicht, und der örtliche Polizeidiener hatte die 'Äbbehe' im Unterschied zur Lichtstube der Mädchen ausdrücklich *nicht* zu visitieren. »Da hat man alles gemacht! Ach was, am Abend ist man ja auf die Äbbehe! Wir sind nämlich noch auf die Äbbehe, als wir schon aus dem Krieg gekommen sind! ... Nach dem (Ersten Welt-) Krieg! So (sehr) sind wir Kameraden gewesen! Dort sind wir erst (= richtig) Kerle gewesen!« Dort waren die jungen Leute unter sich, hier lernten die Jüngeren von den Älteren all jene sozialen und normativ-symbolischen Regeln und Werte, die für das Leben im Dorf unabdingbar waren, einschließlich der Beachtung der Grenzen für Eheschließungsabsichten, die im 19. Jahrhundert ziemlich genau mit den jeweiligen elterlichen Besitzgrößen übereinstimmten. Offenbar wußten die Erwachsenen, jedenfalls die männlichen, was dieses jugendeigene Brauchtum als Ventil wert war in einem Alltag, der an allen Ecken und Enden Veranlassung bot, immer wieder 'Dampf ablassen' zu müssen. – Der Erste Weltkrieg unterbrach die Tradition der jugendlichen Kultur der 'Jahrgänge': die älteren mußten mit 18 oder 19 einrücken und blieben viele Jahre oder für immer fort; die Tradition riß ab: »Wer hätte uns einlernen sollen?«"[300]

An die Stelle der 'Äbbehes' traten die Gesangs-, Turn-, Schützen- und Fußballvereine. Auch diese Tradition zerbrach, seit nicht mehr das Miteinander, sondern Sieg und Erfolg zum alles beiseitedrückenden Ziel der Vereinsarbeit aufstiegen. Schon in den untersten Spielklassen werden Spieler von auswärts 'eingekauft', jeder Dorfgesangsverein träumt von der eigenen Schallplatte und einem Auftritt in der 'Volkstümlichen Hitparade'.

Die Mai-Bräuche, wie sie noch in manchen ländlichen Gegenden ausgeübt werden, boten ebenfalls eine solche, von der Gesellschaft legitimierte Lücke. Dabei dürfen Heranwachsende in der Nacht zum 1. Mai ihren destruktiven Gefühlen 'fast' freien Lauf lassen. Natürlich waren die Schulen häufig das Ziel solcher 'Scherze'. Nicht selten etwa fanden LehrerInnen am Morgen des 1. Mai einen Misthaufen auf ihrer Terasse oder vor der Schultür. Die psychohygienische und systemstabilisierende Funktion dieser Bräuche kann gar nicht hoch genug eingeschätzt werden. Letzte Reste finden sich bei den Treffen Jugendlicher auf Grünflächen mit Bank, an Bushaltestellen oder auf geräumigeren freien Plätzen, in den Saufgelagen von Jugendlichen in fernab im Wald gelegenen Grillhütten: verzweifelte Versuche, über eine Gegenkultur der Gleichaltrigen jugendliche Identität zu definieren.

Diese Vorgänge verlaufen schleichend, deswegen nehmen wir ihre Auswirkungen nur schwer wahr. Wieviel sich verändert hat, merkt man erst, wenn man die Summe zieht. „Wirklich (= heute) sagen sie immer, die Kinder seien so böse. Wir sind kein Haar besser gewesen, bloß haben es die Eltern nicht gewußt, weil die auf dem Feld gewesen sind, und wir sind daheim gewesen. Wenn man von der Schule gekommen ist, dann hat die ganze Nachbarschaft gespielt und manchmal auch fast Händel gehabt. Aber eine schöne Jugend ist es gewesen. Da ist man gar nicht im Haus gewesen. Ich sage immer, die Kinder wirklich (= heute), die können gar nichts heimlich tun, weil man sie dauernd unter Aufsicht hat, und wir haben da Freiheit gehabt ... Ich weiß, ich habe einmal einer, die zwei Jahre älter gewesen ist als ich, einen Schurz verrissen; ich bin arg kräftig gewesen. Dann hat die gesagt: »Den bring ich deiner Mutter, den muß die flicken!« Und das habe ich furchtbar gefürchtet. Aber sie ist nicht gekommen. Einem habe ich einmal mit einem Stein ein Loch geschmissen. Das haben meine Eltern gar nicht erfahren, weil man da so seine Freiheit gehabt hat. Da ist man halt am Abend, wenn es geläutet hat (die Betglocke), hat man halt daheim sein müssen. Und sonst haben einen die Eltern soweit in dem Alter, so mit neun, zehn Jahren pfludern lassen (=sich selbst überlassen). So ist es gewesen."[301]

Eine Personifizierung solcher Kindheit hat Louis Pergaud im „großen Lebrac" geschaffen. „Er war starrköpfig wie ein Maulesel, schlau wie ein Affe und flink wie ein Hase. Keiner konnte mit so unfehlbarer Sicherheit auf zwanzig Schritt eine Fensterscheibe einwerfen, wobei es ganz gleichgültig war, wie er den Stein warf: mit der Hand, mit einer Bindfadenschleuder, einer Gummischleuder oder mit einem gespaltenen Stock. Im Nahkampf war er ein gefürchteter Gegner. Er hatte dem Pfarrer, dem Lehrer und dem Flurwächter schon die unglaublichsten Streiche gespielt. Er fabrizierte aus schenkeldicken Holunderzweigen großartige Spritzen, aus denen das Wasser fünfzehn Schritt weit hervorschoß – jawohl, mein Junge, fünfzehn Schritt! –, und Pistolen, die so laut knallten wie richtige und deren Kugeln aus Werg man nie mehr wiederfand. Beim Murmelspiel hatte er das beste Fingerspitzengefühl; keiner konnte die Murmeln so dirigieren wie er; sie rollten wie von selbst, und er gewann den anderen im Handumdrehen ihre Schätze ab. Zuweilen gab er dann ohne Stolz und Prahlerei seinen Partnern ein paar von deren Murmeln zurück, die er ihnen abgenommen hatte, und das hatte ihm den Ruf unerhörter Großzügigkeit eingebracht."[302]

Achtzig Jahre später beschreibt die SPIEGEL-Redakteurin Ariane Barth jenen Tucky, das Haupt der „Schüler-Gang von Essen-Karnap". „Tucky, 15, war der Antreiber einer Jungenclique der Karnaper Hauptschule. Er kann nicht nur reden wie ein Buch, er schmettert im Tischtennis die tollsten Bälle und ist im Fußball ein Star, er bringt im Rap den Überschlag und beherrscht auch das gefährlichste Spiel der Kanalkinder: Pfeilschnell wie ein Kampfschwimmer durch die Bugwelle und dann dem Ungetüm von einem Kahn senkrecht die Bordwand hoch – Tucky, ein kompaktes Kerlchen, springlebendig wie ein Gummiball, kann das.[303]

Die immer gleichen, unveränderten Muster sich vollendender Kindheit. Die Unterschiede? Sie liegen auch in den zeitbedingt veränderten Erscheinungsformen kindlich/jugendlichen Verhaltens; sie liegen aber vor allem in der Reaktion der Umwelt. Im Buch „Krieg der Knöpfe", geschrieben 1912, gibt's Prügel, als die Sache rauskommt; im gleichnamigen Film von 1968 wandert Lebrac aus der Freiheit ins Internat; Tucky, 1992, landet in den Mühlen der Justiz. Gewalt gegen Heranwachsende nach wie vor, aber immer sublimer; immer schwerer zu greifen; immer aussichtsloser, sich ihr zu entziehen.

Die Zerstörung kindgemäßen Lebensraums

„Wißt ihr noch? Die Gefechte von 68? Seufz. Der Autor erinnert sich noch ganz genau. Schließlich war er Oberkommandierender, damals, beim Gefecht im Hullerholz.

Eine bittere Niederlage war das. Denn unser Lager, Tannenzapfen-Fort auf der Wetterstetter Höh', galt als uneinehmbar – und wurde am Ende doch fürchterlich geschleift. Aber eins nach dem andern.

Dreifach war die Feste gesichert. Erst kamen Palisaden aus Eichenpflöcken, die wir dem Lenderl-Bauer stibitzt hatten; den zweiten Wall lieferte die Himbeere: Dornengestrüpp, dicht wie Nato-Drahtverhau; schließlich hatten wir zwischen mächtigen Fichtenstämmen Fallgruben ausgeschaufelt und mit Buchenästen getarnt. Hier oben auf dem Berg konnten wir die Bewegungen des Feindes vorzüglich studieren. Aber schon beim Aufmarsch zeigte sich: Die alliierten Lamsöder-Truppen waren hoffnungslos in der Überzahl.

So nahm also das Verhängnis seinen Lauf. Die erste Attacke ließ sich noch mit schwerem Geschütz abfangen: Birkenrundlinge und Wurzelstrünke donnerten den Berg hinunter und verbreiteten Furcht und Schrecken in des Gegners Reihen. Doch die Angreifer teilten sich und rückten zangenartig und so flink vor, daß wir unsere leichte Artillerie – Steinschleuder, Speer, Pfeil und Bogen sowie Blasrohr – nicht mehr einsetzen konnten.

Sie umgingen geschickt die Fallgruben und durchschlugen die Himbeerlinie. Lamsöd ante portas! Schlachtenlärm scholl durchs Hüllerholz. Es tobte ein erbitterter Nahkampf, und alsbald zeigte sich, daß wir zahlenmäßg und waffentechnisch unterlegen waren. Wir führten Eschenholzschwerter, der Gegner aber focht mit fingerdicken, stählernen Weidezaunstiften. Don wehrte sich wie einst Hagen von Tronje gegen Kriemhildens Hunnen. Uri, Tom und all die anderen wackeren Degen hauten so grimmig um sich, als sei die Schlacht bei Ravenna noch einmal zu schlagen. Und der Oberkommandierende fühlte sich wie Roland unter den Sarazanen, nur daß er kein Horn Olifant besaß, mit dem er Kaiser Karls Entsatzheer hätte anrufen können.

Es kam, wie es kommen mußte. Die Fahne sank ins Laub, die Halmberger lagen gebunden und nasenblutend im Moos. Aber kapitulieren? Nie und nimmer! Also blühte den geschlagenen Heerführern die Folter. Eine grausame Prozedur: Wir wurden auf Leiterwagen gefesselt und so oft in die Brennesseln geschoben, bis wir um Gnade flehten."[304]

Dieser Text erinnert an Louis Pergauds „Der Krieg der Knöpfe". Durchforstete man ihn mit dem Strafgesetzbuch in der Hand, es käme wohl allerhand zusammen. Doch niemand wäre damals auf eine solche Idee gekommen. Selbst die biedere, pädagogisierende Entwicklungspsychologie der 50er betrachtete ein solches Verhalten als normal. „Die vitalbedingte Aktivität ist entsprechend der Nachaußengewandtheit des mittleren Kindesalters ganz auf die Außenwelt, auf die Mit- und Sachwelt, gerichtet. Die *Strebungen des Miteinanderseins erfahren eine abermalige Steigerung*, tendieren aber nun nach der Lösungsphase des Gestaltwandels auf Menschen jenseits des engen familiären Kreises: auf Kameraden, mit denen man spielen und sich herumtreiben, Fische fangen und auf Bäume klettern, seine Interessen teilen und seine Erfahrungen austauschen kann ... Das Kind will sich nun Gruppen Gleichaltriger eingliedern, innerhalb deren es im Spiel seine leiblichen und in der Eroberung der Außenwelt seine geistigen Kräfte messen kann. Freilich ist die Kameradschaft noch labil: heute verbündet man sich mit einem Schüler und schwört auf ihn, morgen verprügelt man ihn ..."[305]

Das Wort „verprügelt" steht da, als gehe man von etwas Selbstverständlichem aus. Natürlich wurde aus solchem Spiel manchmal bitterer Ernst, erwuchsen schwerwiegende Folgen. Doch hierin sah man das Risiko, das sich entwickelndes Leben zu tragen habe. Wir dagegen schreien 'Sittenverfall' und 'Abendlandsuntergang'.

Wieviel schon zerstört wurde, verlorenging, wie sehr sich unser Blick und unser Verstehen verengten, ohne daß wir es merkten, zeigt der Vergleich mit einem anderen Text aus unserer Zeit. Ich fand ihn im Mitteilungsblatt meiner Gemeinde, eines 2000-Seelen-Dorfes auf der Schwäbischen Alb, inmitten von Wiesen, Feldern und Wäldern gelegen, einen See gibt's auch und Trockentäler und steinzeitliche Höhlen ...

„Seit Jahren haben die Ortschaftsräte für ihren Nachwuchs Ortschaftsmittel angespart, um nun endlich Nägel mit Köpfen machen zu können. Für insgesamt 17 000 DM werden eine Spielkombination mit zwei Türmen, einer davon überdacht, einer Rampe, einer Rutsche, einem Netzband und einem Dreier-Reck angeschafft, dazu eine Doppelschaukel, eine viersitzige Holzwippe, eine Torwand für den Fußballernachwuchs, sowie vier Federtiere – zwei Ein- und zwei Zweisitzer – installiert."[306]

Weg mit den Kindern aus der freien Wildbahn, rein in den mit öffentlichen Mitteln erstellten Kinderzoo! Was bleibt ihnen anderes übrig, als eines Tages die Einrichtung zu demolieren? Merken wir gar nicht, was wir da tun? Daß wir Kindheit zerstören, jenes Zwischenreich zwischen menschlicher Natur und Zivilisation, wo wir den Weg aus der Steinzeit ins 20. Jahrhundert abschreiten, wo die biographischen Fundamente aller Kultur gelegt werden? Sind wir nicht dabei, aus der Kindheit ein System perfekter, lückenloser totalitärer

Überwachung und Kontrolle zu machen? Wie sollen Kinder auf solchen Plätzen, auf denen sie selbst „Spielen“ nur konsumieren können, lernen, wo Toleranzgrenzen liegen? Wie sollen sich hier, wo besorgte Mütter sofort dazwischenfahren, aus der Erfahrung, was einem selbst wehtut, wohl auch dem anderen wehtue, eine stillschweigende Übereinkunft herausbilden, gewisse Grenzen nicht zu überschreiten, grundlegende Spielregeln zu achten, weil sonst das Spiel zerstört würde? Wie sollen Kinder hier allmählich den fürs seelische Überleben notwendigen Abstand gewinnen zu der emotional überladenen und überhitzten, überforderten, um sich selbst rotierenden und im eigenen Saft schmorenden Kleinfamilie? Wie soll in solch totalitärer Nähe jener Schritt gelingen, bei dem das Kind die bisher idealisierten Eltern allmählich an der Wirklichkeit mißt, durch Erfahrung die „wirklichen Eigenschaften der Eltern“[307] schrittweise erkennt? Handelt es sich doch dabei um einen „Entwicklungs- und Reifungsschritt, der für den Schutz der Persönlichkeit gegen die Gefahr narzißtischer Regression von großer Bedeutung ist.“[308] Erst dann könnte das Kind Enttäuschung verarbeiten, sich jene seelische Stabilität aufbauen, die das gereifte Ich Verführungen besser widerstehen läßt.

Trotz direkter Sprache und derben Bildern schildert Pergaud voller sensibler Poesie diesen Augenblick. Nachdem die Longeverner ihre Prügel verdaut hatten, kommt das Gespräch auf die Eltern.

„»Na schön, aber das mit den Alten war kein Spaß. Im Grund ist es ja gemein. Die tun genau, als hätten sie früher nie was ausgefressen!« ...

»Ja, ich hab mal an einem Abend im letzten Winter gehört, wie mein Alter den anderen erzählt hat, was er früher gemacht hat, um sich mit meiner Mutter zu treffen.

Er ist immer in den Pferdestall gegangen und hat dort gewartet, bis ihre Eltern zu Bett gingen, und dann ist er zu meiner Mutter rauf und hat bei ihr geschlafen. Aber eines Abends hätte mein Großvater ihn beinahe erwischt, als er noch mal in den Stall kam, um nach den Tieren zu sehen. Da hat sich mein Alter dann unter der Krippe versteckt, direkt vor den Mäulern der Ochsen, und die haben ihm in die Nase geprustet, ganz übel war das!

Und mein Großvater ist ganz harmlos mit der Laterne drauflosgegangen und hat sich zufällig so umgedreht, daß mein Alter schon dachte, er hätte ihn gesehen und würde ihm gleich an die Kehle springen.

Aber, was meint ihr, der hat gar nicht daran gedacht. Er hat sich die Hose aufgeknöpft und in aller Ruhe angefangen zu pinkeln. Und immer wieder hat er sein Dings geschüttelt, wie mein Vater erzählt hat! Der hielt es fast nicht mehr aus, weil es ihm so im Hals kitzelte und er Angst hatte, er müßte husten. Und erst als mein Großvater weg war, konnte er sich wieder aufrichten und Atem schöpfen. Und eine Viertelstunde später hat er dann schon mit meiner Mutter im oberen Zimmer im Bett gelegen.

Da seht ihr mal, wie die's getrieben haben! Und jetzt frage ich euch: Hat etwa einer von euch sich je so 'ne Schweinerei geleistet? Wir geben doch höchstens unserer Freundin mal 'n Kuß, wenn wir ihr einen Lebkuchen oder eine Apfelsine schenken; und da machen die wegen so eines dreckigen Verräters und Diebes, dem wir eins mit dem Stock verpaßt haben, ein Theater, als wär 'n Ochse krepiert!«“[309]

Sie fangen an, die Eltern in ihrer alltäglichen Wirklichkeit zu sehen; Kritik kommt auf, sie wird stärker werden. Und doch bleibt ein untergründiger Stolz erhalten, was ihre 'Alten' doch seinerzeit für Kerle gewesen seien! Sie werden ihn brauchen, diesen Stolz. Er wird die kommenden Auseinandersetzungen auf ein erträgliches Maß dämpfen, denn ihre Kindheit geht zu Ende, die Jugend beginnt. Die dafür erforderlichen, grundlegenden Spielregeln können nur im freien, sich selbst regulierenden Spiel gelernt werden. „Diese Spielregeln sind verhältnismäßig einfach. Konflikte werden als unvermeidlich, ja natürlich angesehen. Sie müssen in Grenzen gehalten werden, und sie müssen auf dem Weg über kollektive Verhandlungen gelöst werden.“[310]

Das klingt so kompliziert und links und antiautoritär und radikal und meint doch nur Selbstverständliches.

Wenn unsere Kinder mit Gleichaltrigen auf der Wiese hinterm Haus Fußball spielten und um Foul oder nicht Foul, Elfmeter ja oder nein, Tor oder kein Tor stritten und Reden hielten wie weiland Demosthenes auf der Agora von Athen; wenn sie dann manchmal den Streit durch einen weisen Schiedsrichterball entschieden, manchmal durch zeitweiligen Abbruch der gegenseitigen Beziehungen, manchmal auch durch Gewalt und Krieg: dann bewarfen sie sich mit Dreck, bis es ihnen zu dumm wurde oder die Mutter Kuchen auf die Mauer stellte ...; und wenn man schon da erkennen konnte, wie das alles einmal laufen würde: den Tatmenschen, der die Sache hinter sich bringen wollte; den Vermittler, stets bemüht, es mit keinem zu verderben; den Staatsmann, immer im Kampf für Gerechtigkeit; nicht zuletzt den Chaoten, der mit diebischem Vergnügen jeden mühsam ausgehandelten Kompromiß wieder kippte ... dann machten sie dasselbe, was Neill in Summerhill in seiner Schulversammlung institutionalisierte und Mendel „Lösen von Konflikten durch kollektive Verhandlungen" nennt, nämlich eine Einübung ins Leben, soziales Lernen, das nur noch selten stattfindet, nicht, weil die Jugend nicht mehr wollte, sondern weil es kaum noch Wiesen hinter Häusern gibt. „Wenn unsere Städte so aussehen wie Marzahn, ist Vandalismus junger unbeschäftigter Menschen nicht nur verständlich, er ist notwendig, damit wir lernen, unsere Häuser und Wohnungen, unsere Straßen und Plätze, unsere Schulen und Arbeitsstätten anders zu bauen."[311]

Deshalb brauchen wir 'Wiesen' in den Schulen – z. B. in den Turnstunden. Warum dort nicht genau so spielen lassen, ohne LehrerIn als Schiedsrichter? Dies wäre *kompensatorische* Erziehung im eigentlichen Sinne, nämlich gesellschaftlichen Fehlentwicklungen im Rahmen des Möglichen entgegenzusteuern, Räume zu alternativem, ausgleichendem Verhalten anzubieten. Denn Fehlentwicklungen zeichnen sich überdeutlich ab. „Wenn Kinder nicht hüpfen können, hat es erst gar keinen Sinn, ihnen Zahlen beizubringen",[312] behaupten LehrerInnen an einer Hamburger Grundschule, die mit Inge Flehmig, der Leiterin des Hamburger Instituts für Kindesentwicklung zusammenarbeiten. „Vielen Kindern fehlt heutzutage die körperliche Reife für die Schule. Sie klettern nicht mehr auf Bäume, matschen nicht mehr im Dreck,"[313] kritisiert sie.

Eigentlich ist die Sache ganz einfach. Eine Gesellschaft, die ihren Heranwachsenden keinen Raum zur Entwicklung läßt, ruft nicht nur Gegengewalt hervor, sondern schneidet sich ihre Wurzeln ab und gefährdet die eigene Zukunft. Denn wie werden wohl Kinder nach solchen sozialen Erfahrungen mit den heute gesellschaftlich Mächtigen umgehen, wenn sie an deren Stelle getreten sind und die anderen als Alte, Gebrechliche und Pflegebedürftige dann *von ihnen* abhängig sein werden?

Werden legale Räume verweigert, finden Kinder und Jugendliche andere Auswege. Über einen noch harmlosen, wenn auch in „einem rechtlichen Problemfeld" angesiedelten, berichtete die SWP am 11.9.1993. Es handelt sich um sogenannte „Jugend-Buden", die im schwäbischen Oberland zwischen Alb und Bodensee wie Pilze aus dem Boden schießen und vermuten lassen, die Kultur der 'Äbbehes' habe im soziokulturellen Untergrund überlebt und trete wieder ans Tageslicht. „Die Fahne der Bundesrepublik ist fast immer dabei. Sie gehört zur Bude … Buden, das sind Jugendtreffs in Kellern, Ställen, Holzschuppen, Scheunen, Bau- und Zirkuswagen, in alten Lkw-Anhängern, in einigen Fällen sogar in ganzen Häusern, ausgestattet mit all dem, was zu Jugendtreffs gehört: brettergezimmerte Bars, durchgesessene Sofas und Sessel, Tische, Bänke und Stühle und fast immer komplette CD-Anlagen, in Eigeninitiative errichtet, zusammengespart. Abend für Abend versammeln sich dort junge Männer in Motorradkleidung und Jeans. Auch Mädchen sind dabei. Alle kommen sie aus dem jeweiligen Dorf oder der Nachbarschaft, fahren schnelle Motorräder und alte Autos, arbeiten im Handwerk, in der Fabrik, in Verwaltungen, in der Landwirtschaft, sind

Mitglieder von Vereinen, wo sie brav Marschmusik spielen und Volkslieder singen, während in der Bude ausschließlich Pop und Rock gefragt sind. Es ist eine Gegenwelt, die sie sich aufgebaut haben: ohne Satzung, ohne Verein, ohne Organisation, in über 90 bekannten und sicher 20 bis 30 unbekannten Buden allein im Landkreis Biberach. Laut geht's zu, und manche im Dorf stört dies. Da kann es dann schon einmal passieren, daß ein aufgebrachter Nachbar … die Bude in Gülle ertränkt und damit stillegt."

Es gibt gefährlichere Formen. S-Bahn-Surfen gehört dazu. „Draußen krallen sich die Finger blitzartig an der zentimeterbreiten Regenrinne fest, die unterm Dach verläuft. Die Füße finden notdürftigen Halt auf der schmalen, schrägen Leiste an der unteren Außenwand. Hinein jetzt in die langgezogene Kurve. Dann der Bahnhof. Davor noch der Betonpfeiler, 30 Zentimeter vom Gleis entfernt."[314]

Mit dem Skateboard sich von Lastwagen mitziehen lassen; Fahrstuhlspringen; „Burn out" – das Heißfahren von Autoreifen ... Die Übergänge zur Illegalität verfließen ebenso wie zur Gewalt. Zum „Burn out" muß man sich trauen, „das Auto vom Alten für ein paar Stunden zu klauen";[315] Satanskulte, Skinheads, Autonome, alle – manchmal mit Gewalt – auf der Suche nach Räumen für jugendliche Gegenwelt. Doch sei vor vorschnellem Urteil gewarnt – nicht die Strukturen haben sich geändert, nur die Inhalte. Wir klauten die Äpfel aus den Gärten, jetzt geht es um den Kaugummi aus dem Supermarkt; im Hüllerholz waren es noch „Palisaden aus Eichenpflöcken, die wir dem Lenderl-Bauer stibitzt hatten" jetzt ist es, zeitgemäß, das „Auto vom Alten für ein paar Stunden" – eben der Unterschied zwischen Steinschleuder und Pistole. Gerhard Wenzel, ein Sozialpsychologie aus dem Berliner Wedding, der mit solchen Jugendlichen an einem Projekt 'Abenteuer Leben' arbeitet, meint, „es führe auf die falsche Fährte, immer nur fehlendes soziales Umfeld und drohende Asozialität als Ursachen für derartige Entgleisungen im Hobby-Bereich anzunehmen. »Es ist komplizierter und paradox. Ich betreue Schüler, die sich aus bewußter und also durchdachter Ablehnung bürgerlicher Scheinwerte in solche Abenteuer stürzen. Kluge Köpfe, wirklich!«"[316]

Dazu paßt, wie sie über ihr Elternhaus reden und denken, z. B. Vater Ingenieur, Mutter Hausfrau, „dann fällt mir zuallererst Freiheit ein – Staubfreiheit".[317]

Es handelt sich von Generation zu Generation um dieselbe Geschichte, nur daß die Räume immer enger werden. Während früher, von etwa 1900 bis in die 60er hinein, die Gesellschaft noch Freiräume bot zum Ausleben des jugendlichen Bedürfnisses nach Eroberung der Außenwelt, Selbstbestimmung und Leben unter Gleichaltrigen, schrumpften diese Bereiche inzwischen so sehr, daß Heranwachsende mit einer zu schmalen sozialen Basis abstürzen. „»Schlimm, daß sinnliches Erleben inzwischen per Sozialarbeit herbeiorganisiert werden muß«, äußert der Sozialpsychologe Wenzel, »Wo diese Sinnlichkeit zum Gegensatz zum normalen, alltäglichen Lebensgefühl und gängiger Lebensrhythmen wird, läuft in der Gesellschaft etwas schief.«"[318]

Das gilt auch für die Schule. Was sich früher auf den *Schulbänken* fand – aufgemalt, eingekratzt, geschnitzt – und heute in Schulmuseen zu besichtigen ist, das trifft man, nachdem die Tische mit kratz- und säurefesten Platten versehen wurden, heute an den *Schulwänden* wieder. Dabei brauchte es seinerzeit wesentlich mehr (kriminelle) Energie – immer in der Gefahr, erwischt zu werden –, mit dem Taschenmesser (auch eine Waffe!) die alten Holzbänke zu bearbeiten, als heute irgendwelche Sprüche/Fratzen an den Beton zu sprühen.

Gibt die Gesellschaft hier nicht Raum – und sie tut es immer weniger –, wirkt sich das aus. Es bleiben den Heranwachsenden entweder Unterwerfung, Rebellion, Ausbruch oder der Weg in die Illegalität. Dabei staut sich an, was alltäglich nicht mehr ausagiert werden kann; um so verheerender die Flut, wenn die Dämme schließlich brechen. Dies aber kommt im Sinne des Wortes teuer zu stehen. wobei die scheinbar bequemste und lange Zeit als Störung gar nicht auffallende Haltung, nämlich die der Unterwerfung, die schlimmsten Folgen zeitigt. Wie soll eine Gesellschaft, deren Rückgrat und wirtschaftliches Fundament in einem großen Potential risikofreudiger, schöpferischer und Neuem gegenüber aufgeschlossener Menschen liegt, überleben mit gebrochenem Rückgrat?

Isolation, Ohnmacht und Gewalt

Wie eng Angst und Gewalt zusammenhängen, erlebte ich an einer schwierigen Klasse. Schon bald merkte ich, daß hinter ihrer Aggressivität Angst pur steckte. 'Ausagieren der Angst' würde die Psychoanalyse ihr Terrorverhalten nennen. Sie saß sehr tief. Ich erfuhr dies auf einer Nachtwanderung durch den Wald. Da fragte mich plötzlich der schon 17jährige Klassensprecher, der Kampfsportarten betrieb und zu Hause der „Chef" war: „Was tun wir, wenn jetzt ein Werwolf kommt?" Ich meinte, er mache einen Witz, aber es war ihm bitterernst – diesem 17jährigen Riesenkind, das immer über seine Belastbarkeit hinaus hatte tragen müssen.

Wissenschaftlich untersucht hat H. E. Ransford den Zusammenhang zwischen Isolation, Ohnmacht und Gewalt an einer Stichprobe von Farbigen aus Los Angeles, die an gewalttätigen Unruhen beteiligt waren. Er kam zu dem Ergebnis, zur Gewalt neige „eine Gruppe, deren Angehörige sehr unzufrieden sind, sich ohnmächtig fühlen, ihre Lage zu verändern, und deren Bindung an die Mehrheit der Gesellschaft minimal ist. Diese Farbigen haben das Vertrauen in die Führungskräfte und die Institutionen der Gemeinschaft verloren und haben vermutlich nur wenig Hoffnung, ihre Lage mit Hilfe organisierten Protestes verbessern zu können. Für sie ist Gewalt ein Mittel der Kommunikation mit der Gesellschaft ..."[319]

Man braucht nur einige Begriffe austauschen, dann paßt dieser Text auf die „Schüler-Gang von Essen-Karnap",[320] auf die Situation in Ostdeutschland wie auf die Institution Schule insgesamt. Überall, wo wir auf Gewalt stoßen, begegnen wir diesem Gemisch aus Ratlosigkeit, Angst und Ohnmachtsgefühlen. Bernward Vesper, Mitglied der RAF, spricht von der „Ohnmacht derjenigen, die dem politischen Machtapparat ausgeliefert sind. Wir hatten Angst".[321] Der zitierte Gymnasialprofessor (siehe Seite 10) beklagte 1973 die Ohnmacht der Lehrer und wünschte sich die Prügelstrafe zurück; nach Aussagen von Studien über Kindesmißhandlungen „sind es Gefühle der Ohnmacht, die Eltern gewalttätig werden lassen";[322] 1992 wird berichtet, „Schulbehörden und Lehrer ... (hätten) Angst, ihre Hilflosigkeit gegenüber den Kleinen zugeben zu müssen",[323] die rechtsradikale Anne spricht von der „Angst vor der Überfremdung des deutschen Volkes",[324] ein Schüler aus Ostdeutschland erklärte, „was in den Dörfern rund um Zittau an Frust herrscht, das tragen die Kleinen in die Schule",[325] und SPIEGEL-Reporter Cordt Schnibben fügte hinzu: „Die Gewalt der Kinder ist die Angst der Eltern."[326]

6. Schule

Die Schule als Zwangssystem übt immer und zuerst Gewalt aus. „»Von dem Lehrer habe ich erzählen wollen. Früher hat man ja keine geteerten Straßen gehabt, da hat man natürlich keine gewichsten Stiefel gehabt (man hat ja nur ein Paar gehabt für Werktag und Sonntag). Und da hat der eingeführt, daß man jeden Morgen frisch gewichste Stiefel haben mußte für die Schule. Und dann habe ich mit meinem Vater (einen Wagen holen müssen), und dann ist mein Schuh staubig gewesen, und der (Lehrer) hat's gevisitiert, und dann habe ich meine Tatz' gekriegt. Da hat man die Hand so hinhalten müssen, und dann hat er mir da eine hineingehauen. Und dann habe ich gezuckt, weil der donderschlächtig hineingehauen hat. Und wissen Sie, was der getan hat? Der nimmt mich und schmeißt mich auf den vorderen Bank und hat mir eine Hosenspannete gegeben, und wie! Bloß wegen den Schuhen! Und ich habe gesagt, ich hätte das für meinen Vater tun müssen, die seien frisch gewichst gewesen.« Die Schule und der Lehrer vermittelten den Kindern vor allem eins: Angst. Es wird berichtet, daß man vor lauter Angst morgens vor der Schule keinen Bissen herunter bekam, daß man vor dem Unterricht auf den Knien Bittgebete verrichtete, daß man schon in Tränen ausbrach, noch bevor der Rohrstock niedergesaust war."[327]

Natürlich ist heute derlei nicht mehr der Brauch. Aber bis in die 70er hinein gab es das. Auf den Spuren des Lehrers, der damals seine SchülerInnen selbst den Stock im Wald holen ließ, mit dem sie anschließend verprügelt wurden, bewegt sich heute noch jener Grundschullehrer, der mit seiner vierten Klasse im Zeltlager eine Nachtwanderung veranstaltet. An deren Ende wird jedes Kind mit einem nassen, ihm aus dem Dunkel ins Gesicht klatschenden Schwamm empfangen: Pädagogik aus demselben (Un-)Geist! Die Tradition einer Erziehung ohne direkte – auch körperliche – Gewalt steht in unserem Land auf wackligen Beinen. Dies wirkt nach. Zum einen haben große Teile der Bevölkerung Ähnliches noch selbst erlebt; zum anderen spukt in den Köpfen nach wie vor die Meinung, anders gehe es nicht. „Geprügelt wird in Arbeiter-, Angestellten- und Akademikerfamilien. In 570 repräsentativen Familien ... gaben ein Drittel der Eltern an, ihre Kinder zu schlagen. In 10 Prozent der Fälle geschah dies häufig und mittels gefährlicher Gegenstände wie Stöcken oder Gürteln, bei 16 Prozent der Familien entwickelten sich daraus im Laufe der Jahre massive Gewaltkonflikte."[328]

Wenn die pädagogische Kultur eines Landes mehr geprägt wurde durch Autorität bis zur Gewalt, fehlt ein Schatz positiver Erlebnisse, bewegen sich alle diesbezüglichen Versuche in pädagogischem Neuland. Erlebte wenigstens eine deutlich wahrnehmbare Minderheit als Heranwachsende eine gewaltlose Erziehung, weiß sie später: es geht. Sie könnte diese in Kindheit und Jugend gesammelten Erfahrungen in die öffentliche Diskussion einbringen und so die Angst mindern helfen, welche die Forderung nach mehr Freiheit für Heranwachsende immer auslöst. Fehlt in einer Gesellschaft ein solcher Schatz, und in Deutschland war dies bis in die Siebziger hinein der Fall, steigert dieser Mangel die Angst und die Gefühle der Ohnmacht, bereitet den Boden für Gewalt.

Große Schule – kleine Schule

Ausgangs der 60er war in der Bildungspolitik das Ende der Zwergschulen angesagt. Konnten Schulen damals, polemisch ausgedrückt, nicht groß genug sein, läuft seit den 80ern das Kontrastprogramm: Kleinheit ist gefragt und Heimeligkeit. Dafür gilt die große, anonyme Schule jetzt als Quelle aller (pädagogischen) Übel und natürlich als Hauptursache von Gewalt. „Die moralischen Anstalten von einst, die zu Recht im liberalen Klima nicht mehr gewollt wurden, sind vielfach verkommen zu seelenlosen Wissensfabriken: oftmals über 1000 Schüler, über 100 Lehrer, die einander nicht mehr alle kennen, gelegentlich auch über 3000 in einem kracherfüllten Komplex,"[329] oder: „Schulfabriken bieten kaum noch Identifikationschancen...,"[330] oder: „Vor allem die riesigen Schulzentren lösen bei Heranwachsenden oft Aggressionen und Verlassenheitsgefühle aus."[331]

Was kümmert es da, daß die schon des öfteren als Beispiel herangezogene „Schüler-Gang von Essen-Karnap" an einer Hauptschule mit 260 (!) Schülern ihr Unwesen trieb, wo nun wirklich jeder noch jeden kennt? Daß einer der vermutlichen Täter von Mölln eine überschaubare Realschule besuchte, der andere gar auf einem Dorf zur Schule ging? Daß an der Hauptschule, die Christian, der seine Beteiligung am Brandanschlag von Solingen gestand, besuchte, nur 468 Schüler registriert waren, darunter „eher erstaunlich wenig Ausländer"?[332] Es paßt nicht in das schaurig-schöne Bild von den trostlosen Betonkomplexen, in denen darbende Schülerseelen verkümmern.

Über zehn Jahre unterrichtete ich in einem solchen Schulkomplex mit 3 verschiedenen Schularten, drei Pausenhöfen, einer verwinkelten, unübersichtlichen Anlage mit etwa 1500 Schülern. Unmöglich, auch nur alle LehrerInnen, geschweige denn alle SchülerInnen zu kennen. Obwohl sich die Schule in einem sehr schwierigen Einzugsgebiet befand und die Zeiten auch nicht einfach waren, blieb das Ausmaß an Gewalttätigkeiten eher unterdurchschnittlich. Für die 'Ehemaligen' entwickelte sich die Schule zu einer Art heimatlicher Anlaufstation in einem schwierigen Umfeld. Sie nahmen stets in großer Anzahl an Schulveranstaltungen teil. Klassentreffen von Schulentlassenen waren üblich. Dagegen habe ich nirgends soviel Haß von SchülerInnen auf die Schule – auch Gewalt untereinander, hierarchisch reglementiert und damit legalisiert – erlebt wie in einer kleinen Dorfschule.

Betrachtet man die Kritik an den großen Schulkomplexen genauer, stößt man auf schon nicht mehr Erstaunliches. Sie gleicht fast wörtlich jener, die an der Stadt geübt wird, seit es Städte gibt. Man bräuchte nur das Wort 'Schule' durch das Wort 'Stadt' ersetzen – voilà! Dabei schaffen große Schulen Schülern ähnliche Vorteile und Probleme wie das Leben in der Stadt im Vergleich zum Leben auf dem Dorf.

Die Schwierigkeiten an kleinen Schulen werden verdrängt oder verleugnet. Dazu gehören nicht nur die angst- und haßvolle Abwehr alles Fremden und Neuen, verbissenste Konkurrenz unter den Kindern und autoritäres Gehabe von 'Mächtigen', dazu gehören auch Strukturprobleme, die denen der Stadt nicht nachstehen.

Jahrhundertelang war die Gesellschaftsordnung des Dorfes durch die Bauernschaft geprägt. Diese rückte inzwischen in der dörflichen Rangordnung fast an die letzte Stelle. Zur bestimmenden Schicht stiegen Facharbeiter und Angestellte auf. Sie können aber ihre Position nur schwer stabilisieren. Zum einen befindet sich diese Entwicklung im Fluß, klare Führungsstrukturen können sich nicht herausbilden. Zum anderen gelingt eine Weitergabe der einmal errungenen Position an die eigenen Kinder – im Gegensatz etwa zu den Verhältnissen vorher bei den Bauern – nur selten, weil die höhrere Übergangsquote auf die Gymnasien eine höhere berufliche Mobilität nach sich zieht. Damit einher geht eine tiefe Verunsicherung im Bereich der Wertmaßstäbe. Diese waren im bäuerlichen Dorf klar und einfach: Besitz und die damit verbundene personale Autorität hatten Gewicht. Und heute? Bedingt durch das gegliederte und ausgegliederte Schulwesen entfällt die Schule als Raum, in dem Rangordnungen vorbereitet werden könnten. Wenn außerdem alle ungefähr dasselbe tun, ungefähr dasselbe verdienen – wer soll dann das Sagen haben? Dies führt unvermeidlich zu ständigen Konkurrenzkämpfen unter etwa Gleichwertigen.

Es gehörte deshalb zu den Aufgaben der Schule im ländlichen Raum, Regeln und Formen des Zusammenlebens zu erarbeiten und zu vermitteln. Sie versagt dabei aus demselben Grund, aus dem manche LehrerInnen das Arbeiten in der ländlichen Schule so mögen. Die intakten hierarchischen Machtstrukturen wirken sich in der Regel zugunsten von LehrerInnen aus und 'erleichtern' die Arbeit. Daraus erwächst die Gefahr – je kleiner das Dorf, um so größer die Gefahr – daß sich die Machtverhältnisse des Dorfes in der Schule widerspiegeln. Wer also aus einer angesehenen und anerkannten Familie des Dorfes kommt, wird auch unter seinen MitschülerInnen leichter Anerkennung finden als ein Kind, das einer Außenseiterfamilie entstammt. Ebenso werden Fähigkeiten, Leistungen und Begabungen, die mit den Wertmaßstäben des Dorfes übereinstimmen, eher erkannt, anerkannt und gefördert als solche, bei denen dies nicht der Fall ist.

Auch entpuppt sich die Situation von LehrerIn in einer kleinen Gemeinde im Laufe der Zeit als keineswegs so idyllisch, wie sie in der anfänglichen Begeisterung gesehen wird. Ist man doch – allein oder in einer nur kleinen Lehrergruppe – fast ohne schützende Distanz den Einflüssen aus der Gemeinde ausgesetzt. Man wird sich – es sei denn, es handelte sich um eine außergewöhnliche Persönlichkeit – früher oder später arrangieren, sich an den Maßstäben des Dorfes ausrichten.

Daß dies auch anders sein könnte, haben LehrerInnen an ländlichen Schulen immer wieder bewiesen, am eindruckvollsten vielleicht Adolf Reichwein.[333] Mitten im Faschismus veröffentlichte er 1937 einen Bericht über seine Arbeit an einer einklassigen Dorfschule (300 Einwohner, 40 Kinder, 1 Lehrer). „Eines Tages wurde der Schornstein einer alten Ziegelei gesprengt. Aus den Trümmern schlugen wir uns Steine, karrten sie in unseren Garten und verwirklichten nun den alten Plan, ein Gewächshaus zu bauen ... Schon beim Ausschachten ergaben sich ganze Reihen von mathematischen Aufgaben ... Strecken- und Winkelmessungen waren notwendig, Flächen- und Raumberechnungen ... Schließlich stand der Rohbau, und ... (wir) feierten ... unser 'Fest der Arbeit' ... Der Kuchen war zu Bergen aufgestapelt, der Kaffee dampfte, und das kleine Haus hallte vom Gesang der Kinder."[334]

Eine ländliche-pädagogische Idylle? Nein, Mathematikunterricht und Volksschularbeit in der braunen Diktatur. Wie meinte doch ein Vater, nach seiner Meinung gefragt? „Der Professor? Wissen Sie, der hat unsere Kinder *frei* gemacht."[335] Allerdings gilt es, einem weitverbreiteten Mißverständnis innerhalb der Pädagogik entgegenzuwirken. Die Arbeit Reichweins zeigt, was außergewöhnliche LehrerInnen bewirken können, wenn sie an einer ländlichen Schule weitgehend selbstverantwortlich arbeiten dürfen. Insofern stellt sie die Ausnahme dar, nicht das Modell. Die Pädagogik neigt aber dazu, *die Ausnahme zum Modell zu erklären – einer der Gründe für das vielfache Scheitern pädagogischer Reformbemühungen.* Außerdem wäre zu fragen, wie sich diese Arbeit Reichweins wohl entwickelt hätte, wenn er nicht nur einige Jahre, sondern zwanzig, dreißig damit zugebracht hätte. Wäre ein solches Engagement so lange durchzuhalten gewesen – auch ohne Professorentitel und bekannten Namen?

Nein, auf das allgemeine Schulsystem übertragbar sind weder Tiefensee, wo Reichwein arbeitete, noch Summerhill. Aber die Pädagogik sollte an solchen Beispielen untersuchen, welche Elemente *die durchschnittliche Schule und die durchschnittliche Lehrkraft* übernehmen könnte.

Institutionelle Ursachen

Die 1961 geborene, antiautoritär erzogene Brigitte Tornau beschreibt ihre Erwartungen an die Schule: „Gespannt war ich auf die Schule, viel lernen wollte ich und schnell groß werden ... Aber schon das ruhig Auf-einem-Stuhl-sitzen-Müssen, das lange Zuhören, die vielen Regeln und Einschränkungen machten mir Mühe, machten mir auch Angst."[336]

Die Pädagogik diskutiert diesen Konflikt seit eh und je. Er entsteht überall, wo man Leben einem Zwangssystem unterwirft. Beim Schulanfang tritt er besonders hervor, da zu dieser Zeit das Kind in einer Phase erhöhter Vitalität und Aktivität steht. „Dies drückt sich deutlich im Verhalten aus: in unermüdlichem Betätigungsdrang und ständiger Unternehmungslust. Der Junge tollt mit seinen Kameraden, bastelt mit allerhand Werkzeug, will Geschichten hören und tausend Fragen beantwortet wissen ... Ein unbändiger *Bewegungs-*

drang läßt die Kinder nie untätig sein, sondern dauernd mit etwas tändeln, ständig laufen, hüpfen, springen ... Man braucht sie nur auf dem Schulhof zu beobachten, um sich davon zu überzeugen: wie sie hin- und herlaufen, sich fangen, necken und balgen, natürlich mit möglichst viel Geschrei – je lauter der Lärm, desto schöner!"[337]

Und jetzt: stillsitzen, stundenlang! Vermeiden oder auflösen läßt sich dieser Konflikt nicht, denn „das Individuum ist jetzt potentiell erwachsen; es muß seine Fähigkeiten entwickeln und lernen, sich in die Gesellschaft einzugliedern"[338] – eine der wichtigsten Weichenstellungen im Leben von Heranwachsenden. „An diesem Punkte wird jetzt die größere Gesellschaft wichtig mit ihren jeweiligen Methoden, das Kind zu einem Verständnis für bedeutsamere Rollen in der Gesamtökonomie zu führen. Wieviele Kinder erleben einen Bruch in ihrer Entwicklung, weil das Familienleben sie nicht auf das Schulleben vorbereitet hat, oder weil das Schulleben die Versprechungen früherer Stadien nicht hielt."[339]

Entscheidend ist wiederum, wie die Schule mit diesem Grundkonflikt zwischen Einzelwesen und sozialem Massenbetrieb umgeht: ob dies in eine Art „Kulturterror"[340] ausartet mit dem einzigen Ziel, den Eigenwillen des Kindes zu brechen, der „vom ersten Schuljahr an bis zum Militärdienst und zum Universitätsstudium das Subjekt zur Regression zwingt und mit allen Mitteln das Ichideal durch ein anales Über-Ich zu ersetzen versucht;[341] ob sich die Schule als starres System erweist, das nur Unterordnung zuläßt. „wo Kinder sich einer völlig vorgegebenen – noch dazu widersprüchlichen – Ordnung im wesentlichen nur einzufügen (hätten), (dann entstünden) als einzig möglicher Ausdruck ihres Freiheits- und Selbständigkeitsstrebens und ihrer Initiative »Disziplinschwierigkeiten«;"[342] ob sie ein Mindestmaß an einfühlendem Entgegenkommen zeigt, indem der Lehrer versucht, „die Spannungen, die durch das längere Ruhigsitzen entstanden sind, zu lösen, indem er beim Stundenwechsel etwas pausiert, bei geöffneten Fenstern einige Lockerungsübungen einschaltet, vielleicht ein Lied singen läßt oder ähnliches. Er muß sich darüber im klaren sein, daß das erzwungene stundenlange Stillsitzen für seine Schüler im Grunde unnatürlich, weil ihrem Bewegungsdrang zuwider ist,"[343] wie die Entwicklungspsychologie bereits in den 50ern forderte; oder ob sie den Rahmen des Möglichen offensiv für Selbst- und Mitbestimmung von SchülerInnen ausschöpft und ihr pädagogisches Handeln bewußt unter Art. 1,1 GG stellt: „Die Würde des Menschen ist unantastbar. Sie zu achten und zu schützen ist Verpflichtung aller staatlichen Gewalt."

Leistung und Leistungsdruck

Es gibt Begriffe, die sich in der wissenschaftlichen Gerüchteküche – einer schreibt's vom andern ab – ungeschlechtlich fortpflanzen und bei Bedarf, wenn wieder einmal eines der (pädagogischen) Weltübel auf eine griffige Formel gebracht werden soll, aus der Schublade hervorgezaubert werden. Der Begriff „Leistungsdruck" gehört dazu. Natürlich taucht er auch jetzt auf als eine der Ursachen für 'wachsende Gewaltbereitschaft'.

„Was meinen wir, wenn wir von Gewalt in der Schule sprechen? Und was gehört eigentlich alles dazu? Sicherlich nicht nur die Gewalt von Schülern gegen Sachen und Mitschülern, sondern auch systemimmanente Gewalt, unter der versagende Schüler mehr leiden als die erfolgreichen. Die Notengebung wird eben erst dann zum Problem, wenn sich Fünfen und Sechsen häufen ... Gewalttätige Schüler sind zumeist solche, die die allgemeine Leistungsnorm nicht erfüllen und die ihr Selbstwertgefühl durch körperliche Gewalt wiederherstellen wollen."[344]

Solche Behauptungen grenzen an üble Nachrede. Hier werden ebenso hergebrachte wie klischeehafte Vorurteile transportiert, welche 'die da oben' schon immer gegen 'die da unten' pflegten. Vom „Lumpenproletariat“ spricht in diesem Zusammenhang die FAZ;[345] die 'Linken' Eisenberg/Gronemeyer fragen: „Wächst da ein primitiver Stamm inmitten der Erwachsenenwelt auf ...?“[346]

In ihrer Interpretation des Märchens „Die Gänsemagd“ erläutert dazu Verena Kast, daß das herrschende gesellschaftliche Bewußtsein schon immer den „Kontakt mit den rohen, gefährlichen und destruktiven Formen des »Wilden im Menschen« delegiert, die soziale Stufenleiter hinunter, an die Prostituierten, an die Säufer, an die Drogensüchtigen und an die Kriminellen, die das »Wilde« stellvertretend für die ganze Gesellschaft ausleben und erleiden“,[347] oder eben an die „schlechten“ Schüler, ans „Lumpenproletariat“, an die „primitiven Stämme“.

Daß Druck Gegendruck erzeuge, sagen uns Physik, Psychologie wie auch alltägliche Beobachtung. „Druck“, entgegnete Otto Rehagel, Trainer des SV Werder Bremen auf eine entsprechende Frage, „Druck haben Sie immer, ob Sie gegen den Abstieg kämpfen, gegen das Untergehen irgendwo im Mittelfeld, um einen UEFA-Cup-Platz oder um die Meisterschaft.“ Genauso stellt sich die Situation bei Noten und Zeugnissen dar. Die subjektive Enttäuschung – und um die geht es – kann für den ehrgeizigen Einser-Schüler, der nur eine Zwei erreichte, größer sein als für den notenschwachen, der statt eines Ausreichend ein Mangelhaft erhält.

Grundsätzlich jedoch gilt, was schon ausgeführt wurde. Ein durchschnittliches Kind aus durchschnittlichen Verhältnissen kann die Leistungsanforderungen der Schule in der Regel ohne überfordernden Streß erfüllen, sofern von seiten der Schule Unterricht, Zielvorgaben und Leistungsüberprüfung übereinstimmen, von seiten des Elternhauses nicht zusätzliche belastende Faktoren ins Spiel kommen.

Milieuspezifisches Sprachverhaltens

Es stand im Bericht des SPIEGEL über die „Schüler-Gang von Essen-Karnap“ und löste bundesweit entrüstetes Kopfschütteln aus. Der Ton sei rüde, so der Rektor, und „Tuckys Klassenlehrer ... kaufte sich ein viersprachiges Schimpfwörterlexikon, damit er seine Schüler wenigstens verstehen kann. Gängig sind Ausdrücke, die in seinem Buch mit einem Totenkopf gekennzeichnet sind, wie 'Ich fick' deine Mutter' und 'Du bist der Sohn einer Hure und eines Esels'.[348]

Alle kennen das, alle finden es schlimm, natürlich – und merken gar nicht, daß sie nichts verstehen. Warum?

Basil Bernstein veröffentlichte 1959 eine bahnbrechende Arbeit mit dem Titel „Soziokulturelle Determinanten des Lernens – Mit besonderer Berücksichtigung der Rolle der Sprache“.[349] Das Ergebnis faßte er folgendermaßen zusammen: „Gewisse sprachliche Formen bringen für den Sprechenden einen Verlust an Geschicklichkeit (sowohl kognitiven wie auch sozialen) mit sich, die sowohl für eine erfolgreiche Erziehung als auch für den Erfolg im Beruf von ausschlaggebender Wichtigkeit sind; diese Formen des Sprachgebrauchs sind *kulturell* und *nicht individuell* bestimmt. Wir werden zeigen, daß sich besondere Sprechweisen mit bestimmten sozialen Gruppen verbinden.“[350]

In späteren Arbeiten erweiterte und vertiefte er das Konzept zu der Theorie vom elaborierten und restringierten Code. Sprache wurde jetzt „als Dialekte von Subkulturen“[351] verstanden. Auf deutsch: In der Kirche spricht man anders als auf dem Bau. „Es ist klar“, schreibt Oerter,[352] „daß sich Unterschiede bei den Codes auch auf den Bedeutungsgehalt von Begriffen erstrecken.“ Wenn also LehrerIn das Wort 'geil', das in der jugendlichen Subkultur in den letzten Jahren 'toll' ersetzte, in ihrem erwachsenen, mittelschichtorientierten Sprachverständnis als obszön versteht und entsprechend unangemessen reagiert, läßt sich der Konflikt nicht vermeiden. Demselben Mißverständnis erlagen sowohl DER SPIEGEL als auch der zitierte Lehrer. Sprachwendungen und Schimpfwörter kann nur verstehen – siehe Bernstein – wer sie in ihrem soziokulturellen Kontext 'liest'. So wirkt ein „Leck mich ..." auf türkische SchülerInnen, wenn es ihnen zum erstenmal übersetzt wird, noch schockierender als die entsprechenden Schimpfwörter aus ihrer Sprache auf uns. Wer hier zum Wörterbuch greift statt zu seiner pädagogischen Fachliteratur, verhält sich wie der Biedermann als Brandstifter, wo der fach- und sachkundige Feuerwehrmann gefragt wäre. „Ein restringierter Code", schreibt Bernstein,[353] „enthält ein riesiges Potential von Bedeutungen. Er stellt eine Form von Sprache (form of speech) dar, die eine auf Gemeinschaft gegründete Kultur symbolisiert. Er hat seine eigene Ästhetik. Er sollte nicht abgewertet werden."

Der neue, 'schulische' Code soll also den alten nicht ersetzen, sondern ergänzen, Identität nicht zerstören, sondern erweitern. Wenn LehrerInnen darüber nicht (mehr) Bescheid wissen, gleicht das Ausmaß möglicher Mißverständnisse und die Fülle der daraus erwachsenden Konflikte dem „riesigen Potential von Bedeutungen". Mit „Leck mi am Arsch" kann der Schwabe – und ähnliches gilt für alle Subkulturen – die ganze Breite, Höhe und Tiefe seines Gefühlslebens ausdrücken: erst Intonation, Betonung, Stimmführung, Melodie, Lautstärke und Körperhaltung geben den Worten ihre Bedeutung. Wer nur auf die gesprochenen Buchstaben achtet, wird ihn nie verstehen.

Dies scheint zur Zeit an den Schulen zu geschehen. LehrerInnen arbeiten auf dem 'Bau', sprechen und verhalten sich aber wie in der 'Kirche'. Wer sich als Lehrer nicht in der Sprache seiner Schüler ausdrücken kann, gleicht einem Automechaniker, der aus den Teilen eines Porsche einen Traktor bauen will. Gefangen im eigenen Sprachmilieu, achten LehrerInnen nur auf die gesprochenen Buchstaben. Wie sollten sie ihre SchülerInnen da verstehen?

Hierher gehört auch der Fall von Christian, dem vermutlichen Attentäter aus Solingen. Bei ihm handelt es sich in erster Linie nicht um ein Frage milieuspezifischen *Sprach*verhaltens, sehr wohl aber um ein Problem *milieubedingten Mißverständnisses*. „Ende vorigen Jahres stand beispielsweise in der 9b die Lektüre von 'Hau ab, du Flasche' auf dem Lehrplan. Das Buch von Ann Ladiges schildert die Geschichte des Jungen Roland, der mit der Erwachsenenwelt nicht zurechtkommt. Er landet auf dem Polizeirevier und griff »immer häufiger zur Flasche, wenn es Probleme gibt, zu Hause oder in der Schule«. Christian hat als einziger in der Klasse das Buch nicht gekauft. 5,80 Mark seien zuviel, hat er gemurmelt, und als die Lehrerin die Mutter anrief, hat die wieder gesagt: »Ja, ich rede mit ihm.« Dabei ist es geblieben."[354]

Offensichtlich kam niemand auf den Gedanken, hier könnte es tatsächlich an Geld fehlen, nicht nur an gutem Willen. Angesichts dessen wäre zu fragen, ob LehrerInnen mit sicherem Arbeitsplatz, privilegierten Arbeitsbedingungen, gutem Verdienst und ausreichendem Wohnraum Jugendliche mit ganz anderen Lebensbedingungen überhaupt verstehen können, wenn sie sich diese sozialen Unterschiede nicht ständig bewußt machen.

Gerechtigkeit im Schulalltag oder: Die Sache mit den Sekundärtugenden

- LehrerIn kommt zu spät zum Unterricht, SchülerIn kommt zu spät: SchülerIn wird bestraft.
- LehrerIn schreibt schlampig, SchülerIn schreibt schlampig: SchülerIn wird bestraft.
- LehrerIn ist unvorbereitet, SchülerIn ist unvorbereitet, wird abgefragt und bestraft.
- LehrerIn gibt wochenlang Korrekturen nicht zurück, SchülerIn macht wochenlang keine Hausaufgaben ...
- LehrerIn benimmt sich unhöflich, SchülerIn benimmt sich unhöflich ...
- LehrerIn sagt offen ihre Meinung über SchülerIn, SchülerIn sagt offen ihre Meinung über LehrerIn ...

Es ist immer die gleiche Geschichte, tausendfach, Schule um Schule, tagtäglich: kleine und kleinste Verletzungen der Gerechtigkeit. Nein, das führt selten zu unmittelbaren Gewaltausbrüchen. Aber das wirkt wie der stete Tropfen auf den Stein: irgendwann passiert's!

Wäre 'emanzipatorische Erziehung' vielleicht ganz anders zu lesen: Emanzipation für LehrerInnen, für SchülerInnen Erziehung? Wenn etwa eine Lehrerin auf die Frage einer Mutter, warum „die Übungshefte und -blätter so selten vom Lehrer korrigiert würden", antwortet, dies könne die Mutter doch selbst tun, und „im übrigen hätte sie Respekt vor der Persönlichkeit (des) Kindes und wolle es nicht mit der Brutalität ihres Rotstiftes konfrontieren, zudem sei das Kind mündig genug, selbst zu entscheiden, ob es genügend gearbeitet habe oder nicht",[355] so klingt dies zwar edel, weckt aber auch den Verdacht, hier sollten große Worte die schlichte Sekundäruntugend der Faulheit verschleiern. Auf ähnliche Tatbestände stößt man in der Schule häufig. Da wird stures Vokabellernen abgelehnt, aber Vokabelarbeiten werden munter geschrieben; Grammatik wird, da reiner Paukstoff, kaum geübt, aber das Sprachbuch für SchülerInnen benützt selbstverständlich fünf verschiedene Benennungen für Nomen ... „Es ist normal geworden ..., daß eine Lehrkraft zwei Stunden Unterricht ausfallen läßt, wenn sie auf eine Schulbuchausstellung fährt. Es ist normal geworden, daß Lehrerausflüge nach der vierten Stunde beginnen, daß 'Elternsprechtage' am schulfreien Samstag durch Abhängen von Unterricht wieder hereingeholt werden ... daß Privates im Bedarfsfall auch mal vormittags erledigt wird."[356]

Die sogenannten Sekundärtugenden gehören zum unverzichtbaren Handwerkszeug von LehrerInnen. Sekundärtugend umschreibt ja nicht eine zweitrangige Tugend, also eine Tugend minderen Werts, sondern eine abhängige Variable, die ihre Bedeutung von übergeordneten Größen erhält: Ein fleißiger Mörder wäre wohl nicht erwünscht, ein fleißiger Lehrer durchaus. Man kann aber Variablen, vom Programmablauf her betrachtet, nicht einfach streichen, ohne daß das System teilweise oder gar völlig zusammenbricht.

Von Siegern und Verlierern

„Das entscheidende Erlebnis, das alle meine weitergehenden Schwierigkeiten in der Schule vorwegnahm und vorbereitete, war der Rechenunterricht einer gewissen Frau G. in der dritten Klasse. Sie veranstaltete nämlich zu Beginn fast jeder Stunde ein Kopfrechenspiel: den Gewinnern zum Vergnügen und dem Verlierer zur Schmach. Die Schüler einer Bankreihe mußten sich erheben, und alle bekamen nun so oft und so viele Aufgaben gestellt, bis ein Verlierer übrig blieb. Die anderen durften sich wieder setzen. Diese Auswahl der »Letzten« aus jeder Reihe mußte nun vor die Tafel treten, und das gleiche Ritual der Auslese begann von neuem. Übrig blieb immer nur einer, manchmal auch ich. Dieser »Allerletzte« wurde dann unter höhnischem Beifall der Klasse von der Lehrerin zur »Schlafmütze« gekrönt. Ein wahres Fest der Schadenfreude. Nie wieder habe ich mich so gedemütigt und ohnmächtig gefühlt wie in diesen Momenten, in denen ich als »Schlafmütze« zum Ventil des Hasses für meine Mitschüler gemacht wurde. Meine Leistungen sanken. Ich bekam Angst vor jedem neuen Tag Schule, wenn Rechnen auf dem Stundenplan stand ... Meine Mutter versuchte, mich in dieser Situation zu stärken und zu schützen ... So hatte ich einmal eine schlechte Arbeit ununterschrieben wieder in die Schule mitgebracht und der Lehrerin erklärt, daß meine Mutter diese Arbeit zwar gesehen, aber vergessen hätte zu unterschreiben. Natürlich, die Lehrerin glaubte mir nicht. Vor allen anderen bezeichnete sie mich als Lügnerin ... und (gab) mir eine Strafarbeit. Um diese Strafarbeit und die Bezichtigung, ich sei eine Lügnerin, ad absurdum zu führen, schrieb nun meine Mutter für mich diese Arbeit und legte einen seitenlangen Brief dazu. Von diesem Zeitpunkt an ließ mich die G. in Frieden ... Ich begann mich zu wehren, auch für andere. Mein verletzter

Stolz mußte wiederhergestellt werden. Und jeder, der es darauf anlegte, sich mit mir zu streiten, konnte seinen Kampf haben. Inzwischen war ich in der Schule für meine Prügeleien besonders mit Jungen bekannt und auch geachtet ... Mein Ehrgeiz war nun, sprachlich gewandt und möglichst schnell erwachsen zu werden ...“[357]

Hier handelt es sich um keinen Einzelfall, sondern um alltägliche, hunderttausendfache Realität. Alle kennen solche ‘Spiele’, alle haben sie in dieser oder jener Form schon eingesetzt und sich dabei gar nichts weiter gedacht.

Was wird aus einem jungen Menschen, der nicht nur gelegentlich, sondern ständig zu den Letzten gehört – 9 lange Jahre lang? Fast 1500 Mathematikstunden? Der keine solche Mutter hat, sondern eher zur Strafarbeit in der Schule noch eine zu Hause dazubekommt, weil doch erzogen werden müsse? Dem der Ausweg in die Sprachgewalt versperrt ist? Der sich sagen lassen muß, an seinem Elend sei nicht ‘zuviel’ Erziehung schuld, sondern zuwenig – und dann kämen welche, die ihn ermunterten, eigentlich könne er stolz sein, als Deutscher...? Gewalt – gegen Minderheiten, gegen Außenseiter, gegen Schwächere – so sich denn die Gelegenheit böte, läge vermutlich nicht außerhalb seiner Welt!

Das Ringen um Identität

„Wenn aber ein Kind fühlt, daß seine Umgebung es zu radikal aller der Formen berauben will, in denen es den nächsten Schritt seiner Ich-Identität entwickeln und integrieren kann, so wird es diese mit erstaunlicher Kraft verteidigen, wie man es sonst nur von Tieren kennt, die plötzlich um ihr Leben kämpfen müssen. In der Tat gibt es in dem sozialen Dschungel menschlicher Existenz keine Empfindung, am Leben zu sein, ohne dieses Gefühl der Ich-Identität. Wenn man dies versteht, so versteht man auch die Kämpfe der heranwachsenden Jugend besser, besonders die Mühen all jener, die nicht einfach ‘nette’ Jungen und Mädchen sein können, sondern die verzweifelt nach einem sie befriedigenden Gefühl der Zugehörigkeit suchen, sei es in Amerika zu Cliquen oder Banden, oder zu begeisternden Massenbewegungen in anderen Ländern“,[358] beschreibt Erikson, was Gesellschaft, Öffentlichkeit und auch Pädagogik so leicht als „Gewalttätigkeit“ moralisch einordnen und damit abwerten. Zu verstehen wäre, wenn in den neuen Bundesländern Gewaltbereitschaft sich aus der Angst um Indentitätsverlust speiste. Der Schock sitzt zu tief, zu schwer wiegt der Verlust, zu viel ist aufzuarbeiten und zu bewältigen. Aber im Westen?

Greifen wir noch einmal auf Bernstein zurück. Er hat mit seinen Arbeiten Wege zu einem neuen Verständnis nicht nur sprachlicher, sondern kultureller Erscheinungsformen einer Gesellschaft aufgezeigt, die über die Schichtenproblematik hinausführen. „Das Inter-Personale und Intra-Personale, obwohl deutlich *erfaßt* und *gefühlt*, ist verbal weniger differenziert. Der Begriff des Selbst, wie er durch einen restringierten Code entwickelt wird, wird nicht selbst ein Gegenstand von Fragen wie im Fall eines elaborierten Codes, besonders dessen, der auf Personen orientiert ist.“[359]

Was heißt das? Wenn wir das Heimatlied „Wo‘s Dörflein traut zu Ende geht“ mit dem Heimatsong „In dieser Stadt“ von Hildegard Knef und dem Heimatgedicht „Die Stadt“ von Theodor Storm (s. Anhang 4) vergleichen, so liegen in der *Gestaltung* Welten zwischen diesen Texten, aber nicht in der *emotionalen* Differenziertheit. Im Gegenteil, hinter der sprachlich eingeschränkten, klischeehaften Formulierung kann ein reiches Gefühlsleben stehen, ein dichtes Beziehungsgeflecht, während artifizielles Sprachverhalten nicht selten seelische Leere und Ödnis verbirgt. „Die Sprache, die funkelnde, wendige Rhetorik läuft den durchtrainierten Schreibern stets rasch über die ungestalten Probleme weg davon zu pointenflinken Schlüssen, die sich endgültig geben und es doch nicht sind.“[360]

Ein anderer Punkt betrifft die zentrale Aufgabe der Institution Schule, nämlich die Erziehung. Nimmt man Bernstein ernst, hat eine offene Gesellschaft nicht eine Kultur, sondern

Kulturen. Mit dem Begriff der 'Subkultur' berücksichtigt der öffentliche Sprachgebrauch diesen Sachverhalt inzwischen. Je genauer die Schule ihre Erziehungsziele inhaltlich definiert, je missionarischer sie diese verfolgt, um so mehr muß sie ausgrenzen. Da ist der türkische Schüler, regelmäßiger Besucher der Koranschule, von seinem Glauben zutiefst durchdrungen; der Neonazi, der über die laschen Erziehungsmethoden grinst; Rocker, Punker, Fußballfans, Motorradfreaks und Umweltschützer, Anhänger der verschiedensten Musikrichtungen ... „Bei diesen Kindern veranlaßt die Schule einen Codewechsel und damit einen Wechsel in der Art und Weise der Beziehung zwischen den Kindern und ihrer Verwandtschaft und Gemeinschaft..." kommentiert Bernstein diesen Sachverhalt.[361] Mit anderen Worten, die Schule verlangt, ohne sich dessen immer bewußt zu sein oder dies gar zu bearbeiten, von ihren Schülern als Voraussetzung für schulischen Erfolg eine (Teil-)Preisgabe ihrer Identität. Je schmaler die Basis, auf der diese aufbaut, je unsicherer ihre Fundamente und je geringer damit die Frustrations- und Toleranzbreite, um so eher wird die Reaktion der gleichen, die Erikson beschrieb als die von Tieren, die im sozialen Dschungel menschlicher Existenz plötzlich um ihre Leben kämpfen müssen.

Dabei geht es keineswegs nur um große ideologische Auseinandersetzungen – Umweltpolitik, Friedenserziehung, Antifaschismus, Ausländerhaß ... – sondern um ganz alltägliche Dinge. „In der Schule", seufzte ein Mädchen, „muß man immer ganz anders kochen als zu Hause. Manchmal weiß man schon gar nicht, was man jetzt wo tun muß. Da wird einem ganz wirr im Kopf."

Auch da geht es um Orientierungsverlust und Wertkonflikte, ganz alltägliche und jeden Tag durch die Schule neu verursachte. Zwar verläuft das Leben nicht so gradlinig – es gibt auch die Sehnsucht nach erweiterter Identität u. a. m. – aber diese destruktive Seite der Institution Schule bleibt oft außerhalb des Blickfelds der Pädagogik.[362] So kann ein Mann, der im letzten Weltkrieg Panzerfahrer war und heute noch meint, damals sei nicht alles schlecht gewesen, wie es G. Friedrichsen vom Prozeß in Hünxe berichtete,[363] ein liebevoller Großvater sein und für den Enkel die zentrale Bezugsperson. LehrerInnen, die dies nicht verstehen, die nicht verstehen, daß sie mit ihrem Eifer für eine gute Sache tief in das Leben ihnen Anvertrauter eingreifen, Schmerzen zufügen, destruktiv wirken, fallen aus allen Wolken, wenn Jugendliche auf ihre so wohlwollende Gedankenlosigkeit mit Haß und Gewalt reagieren.

Wie aber dann? Wenn ich die erwähnte Unterrichtseinheit über „Heimat" – in sich schon eine Auswahl von Beispielen aus unterschiedlichen Codes – mit einer 8. Klasse anging, gab es schon beim „Dörflein traut", dargeboten vom Montanara-Chor, Gelächter – und nicht selten betretene Stille nach der Bitte zu erzählen, was denn ihre Eltern zu Hause so hörten. Und mancher knochenharte Metallica-Fan wurde nachdenklich auf die Frage, warum denn der Vater, der sich doch früher auch Rabbatz-Musik reingezogen hätte, jetzt abends höchstens noch den „Musikantenstadel" wolle und selbst dabei einschlafe? Ob das wohl mit dem frühen Aufstehen zu tun haben könnte, dem müde Nachhausekommen und dem, was einen Tag lang so dazwischen liege? Und gelegentlich waren sie sogar bereit, sich an die Hand nehmen zu lassen und näher zu betrachten, wie das denn sei mit dem Storm und der Knef und fanden das gar nicht so übel.

7. Medien

Wohl kaum zu einem anderen Thema gibt es eine solche Fülle von Untersuchungen wie über den Einfluß der Medien auf das Verhalten von Kindern und Jugendlichen, was Gewalt anbelangt, wohl mit ähnlichem Ergebnis wie dem folgenden, „daß sich die Bereitschaft der Jugendlichen zu direkt aggressiven Wünschen und Handlungen gegenüber einer frustrierenden Person nach Darbietung des Films erhöht, und zwar um so mehr, je ähnlicher die Nachtestsituation dem Film ist.“[364]

Selbstverständlich halten solche Ergebnisse jeder Nachprüfung stand. Doch mit der Statistik ist das so eine Sache. Im Umland von Hamburg z. B. besteht ein statistisch nachgewiesener Zusammenhang zwischen dem Rückgang der Störche und dem Sinken der Geburtenzahlen. Was auf den ersten Blick nur lächerlich scheint, erweist sich bei näherem Hinsehen als gar nicht so absurd. Unbestreitbar herrscht ein kausaler Zusammenhang zwischen Wohlstand und Geburtenrate. Bei steigendem Wohlstand sinkt die Geburtenrate. Höherer Wohlstand zieht gleichzeitig höhere Bautätigkeit und damit eine Ausdehnung überbauter Flächen nach sich. Dadurch wiederum schrumpft der Lebensraum für Störche – sie wandern ab. Es besteht also ein Zusammenhang zwischen diesen beiden Sachverhalten, aber derart, daß beide von einer dritten Bedingung in ähnlicher Weise beeinflußt werden. Das Problem liegt nicht in der Statistik, sondern in den voreiligen Schlüssen, die aus ihr gezogen werden. Dies gilt auch für die Wechselwirkung zwischen Medien und Gewalt.

„Der Münchner Psychologe Bernd Schorb und seine Kollegen zeigen, daß die Wirkung des Massenmediums vor allem von der Alltagssituation der Kinder abhängt: ob sie Freunde haben, welche Anregungen sie zu Hause erfahren, ob sie sich von den Eltern geliebt und verstanden fühlen.“[365] Es *besteht* also ein Zusammenhang zwischen Gewalt und Fernsehen, aber in derselben Art wie bei den Störchen und der Geburtenrate – beide werden beeinflußt von einem gemeinsamen Dritten, dem Umfeld, in dem Kinder und Jugendlichen leben. Wenn Fernsehfiguren ihre einzigen verläßlichen Spiel- und Gesprächspartner sind, in einem dürftigen Dasein, dann könnte Gewalt in den Medien die Rolle des Tropfens spielen, der das Faß zum Überlaufen bringt, wird dem Fernseher, dem Computer oder dem Videospiel „bewußt oder unbewußt – mehr Glauben geschenkt als sonst irgend jemandem.“[366]

Die Schwierigkeit im Umgang mit den Medien liegt zum einen darin, daß es sie überhaupt gibt; ferner darin, daß sie perfekt Aufbereitetes bieten und die dahinterstehende Arbeit verschleiern; schließlich darin, daß der Eindruck einsteht, Welt und Leben seien auf Knopfdruck den eigenen Wünschen anzupassen. Gerade dies verändert und erschwert die Aufgabe von Schule und LehrerInnen erheblich. Nehmen sie ihren kompensatorischen Auftrag an, so müssen sie, wo sie früher gegen den Ernst des Arbeits-Lebens das Spielerische zu erhalten hatten, jetzt in einer Gesellschaft, in der alles nur noch Spiel scheint, Ernst und Arbeit pflegen – eine gewiß weniger angenehme Aufgabe.

Außerdem bewegen sich die Warnungen der Pädagogen auch hier in bekannten, ausgefahrenen Gleisen. So forderte schon vor zweieinhalbtausend Jahren der wiederholt zitierte Platon, „daß in den Staat nur der Teil von der Dichtkunst aufzunehmen ist, der Gesänge an die Götter und Loblieder auf treffliche Männer hervorbringt. Wirst du aber die süßliche Muse aufnehmen, dichte sie nun Gesänge oder gesprochen Verse: so werden die Lust und Unlust im Staate das Regiment führen statt des Gesetzes“.[367] Im 19. Jahrhundert fehlte es nicht an Warnungen, die immer billiger werdenden Bücher verführten die Jugend zum Lesen und würden sie dadurch verderben; in den Fünfzigern gab es regelrechte Kampagnen gegen Schmutz- und Schundliteratur. Zu ihr zählten damals Groschenhefte wie 'Tom Prox', 'Billy Jenkins', 'Tarzan' – und sogar 'Micky Mouse', inzwischen längst Kultobjekt und begehrtes Sammlergut.

III. Vom Umgang mit Gewalt

Gewalt ist keineswegs gleich Gewalt, es gilt zu differenzieren: Ob mehrere gegen Einen kämpfen oder Zwei gegeneinander; ein Stärkerer gegen einen Schwächeren oder annähernd Gleiche; ob der Schlag vor die Brust geht oder in den Unterleib; Kampf nach Regeln oder regellos; ob Faustschlag oder Beschimpfung; Boxen oder Judo – immer geht es, um mehr oder weniger kultivierte Gewalt. Wer dabei lediglich Sprachgewalt einsetzt, und sei sie noch so primitiv, zeigt einen kulturellen Fortschritt. Deshalb sollten LehrerInnen nicht undifferenziert verbieten, sondern differenziert wahrnehmen und differenziert reagieren. Eingreifen müssen sie, wenn aus dem alltäglichen und unerläßlichen Spiel Ernst wird, Beschädigung droht und wenn die körperliche Verfassung es erlaubt, notfalls auch mit Gegengewalt. Ein Modell für ein solches aktives der Gewalt Entgegentreten finden wir in einem Bericht über Kutulla, einem Dorf für kriminelle Kinder und Jugendliche.[368]

„Am zweiten Tag schlug er zu. Es war in der Küche, irgend jemand machte gerade Kaffee, und Dennis und Chris standen in der Nähe, die beide schon länger in Kuttula waren und es überall herumerzählt hatten: René, das sei ein Kämpfer, der schlage jeden zu Brei. »Ich bin gut, ich bin Kickboxer«, hat er selber rumgebrüllt, und als Kalle (der Heimleiter WP) ungeschützt vor dem Kühlschrank stand, warf er sich auf ihn. Nun hat Kalle den schwarzen Judogürtel, und er tat, was er immer in diesen Fällen tut: nicht kämpfen, nur festhalten. Ganz ruhig. Drei Stunden hat das gedauert. Und danach war René erleichtert, komischerweise. Eine neue Erfahrung: Da schlägt einer nicht und läßt sich nicht schlagen."[369]

Das Modell heißt „Widerstehen, ohne weh zu tun". Nun besitzen wenige Lehrer den schwarzen Judogürtel, und ebenso wenige dürften Lust oder Kraft genug haben, sich körperlich einzusetzen, aber schreien können die meisten: also schreien, was man aus dem Hals kriegt. Das hilft meistens oder alarmiert wenigstens andere.

Da sehe ich etwa vor meinem Klassenzimmer zwei miteinander kämpfen. Der eine, ein Brocken von einem Kerl, hockt einem schmächtigen Italiener auf der Brust und prügelt mit beiden Fäusten auf ihn ein. Ich pack ihn am Kragen, reiß ihn weg und heiß ihn weiß Gott was – nicht immer reagiert man beherrscht. Es gibt einen Elternabend, die Mutter kann es nicht fassen, wie ich ihren Jungen behandelt hätte. Meine Erklärungen beeindrucken sie nicht, doch die anderen Eltern billigen mein Verhalten. Die Sache verläuft sich – und die Gewalt hört auf. Verläuft sie sich nicht, bräuchte es, ohne was LehrerIn nicht arbeiten kann, Unterstützung: vom Kollegium zuallererst, von Vorgesetzten, von Eltern zuletzt.

Zu den Aufgaben der Schule gehört aber eigentlich nicht die Bekämpfung von Gewalt. Wenn es soweit gekommen ist, hat sie schon versagt. Sie sollte vielmehr frühzeitig die Entwicklung zur Gewalt erkennen und dieser entgegenwirken. „Wir müssen das Klima ändern, in dem diese Taten möglich werden", forderte Martin Walser. „Durch weitere und verschärfte Ausgrenzung, Verurteilung, Dämonisierung und Kriminalisierung tragen wir nur bei zur nächsten trostlosen Tat."[370] Die Folgerungen daraus ergeben sich von selbst. Alles, was der Integration des Einzelnen dient, sein Selbstwertgefühl stärkt und ihm hilft, Erfahrungen zu machen, er sei dem Schicksal nicht hilflos ausgeliefert, sondern könne sein Leben wenigstens mitgestalten, entzieht der Gewalt den Boden, auf dem sie gedeiht.

1. Schule

Ausgerechnet durch das Bemühen um Bildungsreformen geriet Schule in eine tiefe Sinnkrise. Eingehende Analysen rückten auch die Schattenseiten ins Blickfeld. „Schule ist eben, trotz anderslautender Parolen und trotz vielfältiger engagierter Bemühungen um Lebendigkeit und Bedürfnisorientierung, ein Ort, der verbunden ist mit Anstrengung, Zwang, Disziplin, Monotonie, Bewegungslosigkeit, körperfeindlicher Disziplin, Befehl und Gehorsam sowie Regelbefolgung und bestenfalls Überlebenstraining."[371]

LehrerInnen neigen dazu, solche Erkenntnisse aus ihrem Bewußtsein zu verdrängen. Insofern wird zu Recht daran erinnert. Wenn jedoch die Zwangsanstalt Schule mit einem Gefängnis gleichsetzt wird, kann man der Argumentation kaum noch folgen. Zum einen steckt dahinter die Illusion, Lernsysteme in einer Massengesellschaft ließen sich *ohne jeden Zwang* verwirklichen. Gefährlich wird dies, wo Versuche, die Zwangsanstalt Schule lebensfreundlicher auszugestalten, an idealen Vorstellungen gemessen und für sinnlos erklärt werden. Übersehen oder verdrängt wird dabei, welchen Unterschied es für die Betroffenen macht, ob sie sich morgens voller Angst, gelassen oder gar mit Vorfreude auf den Weg in diese Zwangsanstalt begeben.

Was soll, was kann, was muß also Aufgabe von Schule sein? Eine bestünde darin, Heranwachsende auf dem Weg zur Versöhnung mit der Wirklichkeit zu begleiten; ihnen beizustehen, den Schmerz und die Trauer darüber aufzuarbeiten, daß der Traum von der Unabhängigkeit, von einem Leben ohne jeden Zwang, von der Rückkehr ins Paradies ein Traum bleiben wird. „Die lange und extreme Abhängigkeit des Menschenkindes von seinen Eltern wird später ausgetauscht gegen eine von der Gesellschaft. Von dieser Gesellschaft wird er, besonders in den 'primitiven' Kulturen, aber auch noch in stark traditionsgelenkten, ebenso geführt, wird ihm sein Erhalten genauso vorgeschrieben wie zuvor von den Eltern. Und wo diese Kontrollen nicht mehr hinreichen oder lockerer, freier geworden sind, übernehmen die ebenso mächtigen und allgegenwärtigen Introjekte (z. B. das Gewissen *WP*) ihre Funktion."[372]

Mit solchen Zwängen, die wir Ordnungen nennen, umgehen zu lernen, wäre eine weitere Aufgabe der Schule. Dies kann auf verschiedenen Wegen geschehen. So amüsieren sich Beobachter der Schulversammlungen in Summerhill in ihren Berichten häufig über diese. Alle paar Tage änderten sie die Hausordnung. Dabei falle man von einem Extrem ins andere. Werde etwa beschlossen, abends aufbleiben zu dürfen so lange man wolle, beantragten einige schon nach kurzer Zeit strengste Bettruhe ab 20 Uhr. Die inzwischen völlig übermüdete Gesellschaft stimme sofort zu. Bald jedoch käme der Antrag, diese strenge Ordnung wieder zu lockern. So drehe sich das ganze ständig im Kreis ...

Die Kritiker übersehen, auf welch kluge, gewaltlose Art und Weise damit die *Erfahrung* vermittelt wird, daß *Ordnung* zwar *veränderbar*, aber *nicht verzichtbar* sei. „Eine Gesellschaftsordnung ist notwendig. Ohne Ordnung der mitmenschlichen Welt kann die Aufgabe nicht gelöst werden, die spezifisch menschliche Not abzuwenden, der instinktbestimmten Einweltigkeit zu verfallen. Aber die *Form* der gesellschaftlichen Ordnung ist in dieser Notwendigkeit nicht gegeben. Die Gestaltung der gesellschaftlichen Ordnung bleibt stets eine *Aufgabe*, die die Menschen immer wieder neu zu lösen haben. Da nun also die Gesellschaftsform Menschenwerk bleibt, bleibt sie auch der Vergänglichkeit ausgesetzt. Ewig bleibt nur die Not, die uns zum Schutze unserer Freiheit treibt. Zeitgebunden und ständig in seinem Bestande bedroht ist aber was wir, um diese Not abzuwenden, schaffen."[373]

Große Worte? Es gilt, was sie meinen, in kleinsten Schritten erfahrbar zu machen. LehrerInnen können dabei helfen. Sie können, nur ein kleines Beispiel, etwa im Sportunterricht immer wieder *ohne Schiedsrichter* spielen lassen. Nach kürzester Zeit wissen alle, daß *ohne Einhaltung von Regeln kein Spiel* zustandekommt und wie sehr es hilft, wenn jemand – das kann irgendjemand sein – über die Einhaltung der Regeln wacht. Dies Heranwachsenden nahezubringen, daß *nicht bestimmte Regeln*, aber daß *Regeln notwendig sind*, wäre wohl eine der wichtigsten Aufgaben. Die Schule versucht es bisher mit Worten – es geht nur über Erfahrung. Dazu bräuchte es 'pädagogische Alltagsphantasie'. Neill hatte sie anscheinend, und es gelang ihm, solche Erfahrungen zu vermitteln, wie Katherine Ghostler, einst Schülerin in Summerhill, erläuterte. „Fast alle Probleme im Erwachsenenleben sind Zweitaufgüsse von Problemen aus der Kindheit, nur daß sie bei der üblichen Erziehung von Erwachsenen für das Kind gelöst werden. In Summerhill muß jedes Kind die Probleme selbst bewältigen – und dann sind sie eben auch ein für allemal bewältigt."[374]

Darin bestand Neills erzieherische Leistung. Entgegen gängiger Meinung bedeutet das für alle Beteiligten harte Arbeit. Denn anders als zu Beginn der 70er, wo viele zu Recht gegen die reine Lern- und Paukschule mit der Frage auf die Straße gingen „Wußten Sie, daß Schule auch Spaß machen kann?",[375] scheint heute die Feststellung geboten, Schule könne nicht nur Spaß sein, dort müsse auch arbeiten, wer Erfolg haben wolle. „An deutschen Schulen wird nur noch selten auswendig gelernt. Werden dann aber in Klassenarbeiten dennoch Wissensfragen gestellt, fallen die Kinder aus allen Wolken"[376] und erfahren wieder einmal die Diskrepanz zwischen „moralethischen Belehrungen einerseits und erfahrener Art des sozialen Zusammenlebens von Lehrern und Schülern" andererseits. Diese haben wir als eine mögliche Quelle von Gewalt kennengelernt. Behutsam, geduldig und stetig an Arbeit heranzuführen gehörte also ebenfalls zu den Aufgaben der Schule. Es wird halt niemand ein guter Langstreckenläufer, indem er sich im Fernsehen Langstreckenläufe anschaut, sondern indem er im Stadion selber seine Runden dreht – und das macht keineswegs immer nur Spaß. Wie sagte Konrad Lorenz in seinem letzten SPIEGEL-Gespräch? „Wer alle Unlust meidet, meidet auch das höchste Glück. Das Licht braucht Schatten: Zur Freude, die man beim Klettern empfindet, wenn man oben angekommen ist, gehören die zerschundenen Hände – leider sieht diese Welt das nicht ein."[377]

Um bei der Bewältigung dieser Probleme helfen zu können, müßte Schule sich neu definieren, nämlich als *befriedeter Ort des Übergangs* (siehe Seite 50), in den Arbeit schon hineinragt und Spiel noch ist. Befriedet, weil das Macht- und Gewaltmonopol bei der Institution liegt, die Machtfrage also geklärt ist. Dies bedeutet nicht weniger sondern mehr Freiheit, denn „als die Menschheit übereinkam, Gesetze gegen Raub zu erlassen, wurde sie dadurch mehr, und nicht weniger frei."[378]

Nichts ausgesagt wird damit darüber, *wie* die Institution mit der Macht umgeht. Vorausgesetzt wird, die Schule verwechsle sich weder mit einer Kaserne noch einer Fabrik noch einem Theater noch einem Sanatorium noch einem Friedhof.

Auch im befriedeten Raum läßt sich Leid nicht verhindern, kommt man um Arbeit nicht herum. So verstanden ist Schule weder Schonraum noch Ersatzheim scheinfamiliärer Geborgenheit. Sie ersetzt so wenig wie irgendeine Therapie oder irgendetwas sonst Familie, aber sie gibt befriedeten Raum und Zeit, um Wunden auszuheilen, Verluste aufzuarbeiten. Sie baut eine Brücke zwischen Familie und Gesellschaft, zwischen Kindheit und Erwachsensein, bietet ein Übungsfeld für gesellschaftliches Verhalten.

Diese Erfahrungen des Übergangs, des Leids, der Ordnung und der Arbeit SchülerInnen zu vermitteln, umfaßt einen Teil der Berufsaufgaben von Lehrkräften. Dabei entstehen tiefgreifende Konflikte, handelt es sich doch um ein Daseinsproblem der Menschheit. Hier, nicht in moralischen Belehrungen unter dem Einfluß wechselnder Ideologien, läge der eigentliche Erziehungsauftrag. Heranwachsende beim Schritt aus dem 'Paradies' in die Welt, vom Spiel zur Arbeit, von der Familie zur Gesellschaft, aus Abhängigkeit in Selbstverantwortung, aus Zerrissenheit zur Versöhnung mit ihrem Lebenslauf und mit menschlichem Dasein helfend zu begleiten. Verletzungen, Schmerzen, Leid lassen sich dabei nicht vermeiden, Gewalt droht immer. Kirsten Otto, die bei ihrer Mutter zur Schule ging, schrieb: „Meine Mutter vermittelte in all ihren Schilderungen ... den Eindruck, wieviel Kraft sie für ihren Beruf aufwendete, um ihren Schülern bestmögliches Wissen mit auf den Weg zu geben. Um so unverständlicher war es für mich stets, daß sie trotz aller Hingabe, mit der sie ihren Beruf ausübte, unbeliebt bei Schülern sein konnte."[379]

Wer von Berufs wegen täglich, ja stündlich Heranwachsende daran erinnert, der Verlust des Paradieses sei unumkehrbar, gleicht dem Boten mit schlechten Nachrichten. Er kommt heute noch gut weg. Wurde jener früher in der Regel totgeschlagen, macht sich LehrerIn halt bei dem oder jener unbeliebt. Zudem wird dafür gut bezahlt.

Welche praktischen Folgerungen ergeben sich für den Schulalltag?

1. Die soziale Isolation, so haben wir gesehen, stellt für Kinder die größte Gefahr dar und bereitet den Boden, auf dem bizarre, ja extreme und nicht mehr nachvollziehbare Gewalt entsteht. Allein durch die Vielzahl der Menschen, die sich in ihr aufhalten, und die dadurch gegebenen vielfältigen Beziehungsangebote und -möglichkeiten, wirkt Schule vorbeugend, vielleicht sogar heilend. Um diese Möglichkeiten zu nützen, müßte man gar nicht viel tun, nur manches unterlassen. Die in vielen Schulordnungen enthaltenen Verbote, sich auf den Gängen aufzuhalten oder während der kleinen Pausen das Klassenzimmer zu verlassen, erschweren die Entfaltung spontaner Beziehungsformen und schaffen unnötige Konfliktfelder. Bleiben LehrerInnen in den kleinen Pausen im Klassenzimmer oder auf den Gängen – ein Punkt, in seiner Bedeutung unterschätzt –, bieten sie zusätzliche Kontaktflächen an, außerdem gewährleisten sie die Aufsicht.

2. *Jede Form der Ausgrenzung bringt SchülerInnen in Gefahr und darf als pädagogisches Mittel nur im Extremfall angewendet werden.* Wer dies, wie die Lehrerin Cornelia Frech-Becker[380] zum pädagogischen Alltagsrezept erklärt – „*Die Grenzen sind klar gezogen. Wer sie verletzt, wird ausgegrenzt.*"[381] – legt eine pädagogische Bankrotterklärung ab. Er stoppt bestenfalls Symptomhandeln im eigenen Unterricht, beschwört aber für SchülerInnen, andere Lehrkräfte und die gesamte Schule gefährliche Langzeit-Nebenwirkungen herauf.

3. Ein gewaltfreier Übergang braucht Zeit. Der Schule steht genügend zur Verfügung. Sie stützt sich auf einen Rechtsrahmen, innerhalb dessen sie in pädagogischer Freiheit und Verantwortung SchülerInnen Zeit lassen kann für eine individuelle Entwicklung. Mehr Schulen als gemeinhin vermutet nutzen diese Möglichkeiten.

4. Ein nach Alter und Geschlecht ausreichendes Beziehungs- und damit Identifikationsangebot für Heranwachsende (siehe Seite 60) gehört zu den Bedingungen, die helfen, einen gewaltfreien Übergang aus der Kindheit zu erleichtern. An der kleinen Schule mit nur wenigen Lehrkräften fehlt ein solches Angebot. Sie eignet sich entgegen landläufiger Ansichten daher weniger zur Bewältigung der Erziehungsprobleme moderner Gesellschaften. Auch wirkt sich ein gemäßigtes, allmählich breiter werdendes Fachlehrersystem günstiger aus als ein starres Klassenlehrersystem. Ebenso sollten in allen Altersstufen und möglichst in jeder Klasse Männer *und* Frauen unterrichten.

5. Die Kleinfamilie (siehe Seite 40) und die Einengung kindgemäßer Lebensräume bedingen strukturelle Erziehungsprobleme, die fälschlicherweise als Versagen der Erziehungsinstanzen diagnostiziert werden. Es handelt sich jedoch um einen Mangel an sozialen Erfahrungen, den nicht Einzelpersonen zu verantworten haben, den vielmehr gesamtgesellschaftliche Entwicklungen verursachen. Es fehlt an sozialem Training, an Erfahrung in Rangordnungskämpfen. Dadurch entsteht der Anschein von größerer Gewaltbereitschaft schon bei Grundschülern. In Wirklichkeit verlagern sich Auseinandersetzungen, die 'früher' in der Freizeit ausgetragen wurden, jetzt in die Schule als den einzigen Ort, wo solches noch möglich ist. Wenn LehrerInnen dies richtig verstehen, wirkt es entlastend. Sie begegnen solchen Entwicklungen dann gelassener und angemessener.

6. Die angesprochene, durch die Kleinfamilie bedingte andere Sicht auf das eigene Kind mit Tendenz zur Überidentifikation führt unvermeidlich zu vermehrten Konflikten zwischen Eltern (meist Müttern) und Schule. Oft stellt es einen schmerzhaften Lernprozeß dar, die Rangordnungsschwierigkeiten und -kämpfe des eigenen Kindes in der Klasse miterleben zu müssen. Solche Konflikte sind ebenfalls strukturell bedingt, weil sie nicht mehr im familiären Raum mit mehreren Geschwistern vorgeformt werden. Nur wenn LehrerInnen sich dessen bewußt sind, besteht eine Chance, das übliche Schwarzer-Peter-Spiel gegenseitiger Schuldzuweisungen zu umgehen und damit eher eine befriedigende Zusammenarbeit mit den Eltern zu erreichen.

7. Schließlich wäre über das nachzudenken, was ich in Anlehnung an die Sekundärtugenden *Sekundärprobleme der Schule* nenne. Dazu zähle ich Fragen der Organisation, Zensurengebung, Bildungspläne ... Wie ohne Sekundärtugenden bräche ohne zeitgerechte Lösung der Sekundärprobleme das Schulsystem zusammen. Übergeordnete Werte bestimmen auch bei ihnen Stellenwert und Auswirkungen, in diesem Fall das Dreieck Selbstbestimmung-Fremdbestimmung-sozietäre Bedeutung. Die meisten Konflikte in der Schule entstehen aus dem Übermaß an Fremdbestimmung, das den Schulalltag durchzieht. Zu viele Heranwachsende sollen, was sie nur z. T. oder gar nicht wollen. Dabei wirken sich die Sekundärprobleme förderlich oder erschwerend aus. Die einzelne Schule vermag an diesen Rahmenbedingungen wenig zu ändern. Auf die soziätere Bedeutung übt sie noch weniger Einfluß aus. „Jeden Moment“, zitierte der SPIEGEL den Frankfurter Pädagogikprofessor Thomas Ziehe, „kann den Lehrer die Schülerfrage ereilen: »Warum machen wir das hier überhaupt?«“[382] Die Bildungspläne mit ihren abgehobenen Kompromißidealen, aber auch LehrerInnen, geben oft die falsche, weil unehrliche Antwort. Tatsächlich brauchen SchülerInnen von dem, was sie in der Schule lernen, im Berufs- und Erwachsenenleben nach ihrem subjektivem Empfinden wenig, manches erweist sich als ausgesprochen hinderlich. Die Wirklichkeit sieht so aus, daß etwa acht Millionen[383] regelmäßig bei der „Hitparade der Volksmusik“ zuschauen, etwa 800 Tsd.[384] – und dies wird schon als sensationell empfunden – beim „Literarischen Quartett“. Die Schule aber verhält sich, als sei es umgekehrt und versucht auch noch, dies zu verschleiern, was sie nicht bräuchte. *Denn der Schulalltag spiegelt gesellschaftliche Wirklichkeit, die immer eine Welt des Kompromisses darstellt, nie Welt des reinen Ideals sein kann.* Eine ehrliche Auskunft informierte sowohl über die Schulwirklichkeit als einen Spiegel gesellschaftlicher und machtpolitischer Verhältnisse als auch über die in einer demokratischen Gesellschaft gegebenen Möglichkeiten, Veränderungen anzustreben. Wörtlich lautete die von der beschriebenen Situation geforderte Antwort: „Du brauchst das nur zu machen, wenn du gute Noten und einen guten Schulabschluß willst.“ Damit weist LehrerIn eine Verantwortung von sich – etwa für den Bildungsplan-, die andere zu tragen haben, schiebt andererseits jenen Teil der Verantwortung dem Fragenden zu, der ihm zukommt, nämlich *zu entscheiden, was er wolle.* Man muß allerdings die Entscheidung von SchülerInnen respektieren und darf nicht, falls sie etwa auf genau kalkulierte Leistungen hinausliefe, mit Druck antworten. LehrerIn gibt damit jede Möglichkeit aus der Hand, Klassendurchschnitte anzupeilen. Dafür gewinnt die Arbeit in der Schule ein Stück sozietärer Bedeutung zurück: So wie (viele) Erwachsene nur für Geld, arbeiten (viele) Kinder nur für Noten. Dies schließt andere Möglichkeiten, andere Motivationen und Interessen keineswegs aus.

2. Lehrerinnen und Lehrer

LehrerInnen – überfordert?

Klagen über mangelhafte Ausbildung und Überforderung von LehrerInnen gab es schon immer, in den letzten Jahren scheinen sie zuzunehmen. „Lehrerinnen und Lehrer sind als Erziehende und Lebenshilfe Gebende nicht besser und schlechter dafür prädestiniert als jeder andere Bevölkerungsteil. Viele von uns sind gute Handwerker in ihren Fächern, aber als Ersatz für Defizite in der Familie völlig überfordert. Nur eine klare Begrenzung und Beschränkung ihrer Aufgabenstellung kann die öffentliche Schule davor bewahren, zu einem Aufbewahrungsort für Kinder und Jugendliche in einer Gesellschaft zu werden, die unbeteiligt am Schicksal ihrer Heranwachsenden der Berufstätigkeit nachgeht.“[385] In einem Leserbrief heißt es ähnlich. „Wir Lehrer werden in erster Linie immer noch ausgebildet, um zu lehren und nicht, um Verhaltensauffälligkeiten zu heilen oder soziale Bedingungsfelder zu ändern.“[386]

Das klingt überzeugend, hält aber einer Nachprüfung nicht stand. Natürlich sind LehrerInnen in keiner Weise besser *prädestiniert* als jeder andere Bevölkerungsteil für die Erziehung von Kindern, aber sie sind im Gegensatz zu allen anderen dafür *ausgebildet* und werden dafür *bezahlt*. Was antworten, auf die Frage, ob es tatsächlich Lehrkräfte mit Abitur, Hochschulstudium, A12, A13, A14 („Monatsverdienst: 4300 bis 7000 Mark brutto; zwölf Wochen Ferien jährlich“[387]) ... braucht, um gut erzogene, willige, fleißige, aufmerksame, intelligente Kinder aus geordneten Familienverhältnissen und harmonischer Umgebung mit höflichen Umgangsformen in, sagen wir, Prozentrechnen zu unterrichten? Auch die Klage über eine unzulängliche Ausbildung überzeugt nicht. Von wem, wenn nicht von LehrerInnen kann wohl erwartet werden, nach den Grundsätzen eines longlife learning zu arbeiten? LehrerInnen sollten nach akademischer Ausbildung in der Lage sein, pädagogische Alltagsprobleme mit Hilfe wissenschaftlicher Erkenntnisse kritisch zu bearbeiten.

Ebenso entpuppt sich der Ruf nach klarer Begrenzung der Aufgaben für LehrerInnen als Scheinargument. Denn wofür haben sie nicht Zeit und Kraft, stets willig und diensteifrig bemüht, alles zu lösen, womit die Gesellschaft nicht fertig wird! Medienerziehung soll den angerichteten Mediensalat bewältigen, Computerbildung den Umgang mit den neuen Technologien vermitteln; gibt es mehr schlechte Zähne, wächst das Alkoholproblem, nehmen die Haltungsschäden zu, steigt die Zahl der Verkehrsunfälle, wird zuviel geraucht, drohen Aids oder das Ozonloch, machen sich Extremismus und Ausländerhaß breit, sollen Kröten vor dem Überfahrenwerden bewahrt oder der Wald von Abfall befreit werden, sinkt die Zahl der Patentanmeldungen oder verschlechtert sich die Außenhandelsbilanz, gibt's bei Olympia zu wenig Medaillen, werden wir alle zu fett, fordert der Drogenmarkt wieder mehr Opfer, sucht man einen Markt für den Milchsee der deutschen Bauern oder will man den Frieden auf ewig sichern ... zuerst und immer und überall ertönt der Ruf nach der Schule: sie darf, sie soll, sie muß – die Schule als Reparaturwerkstatt und Entsorgungsanlage der Nation, das gewiß zynischste Bild, das man für sie bisher gefunden hätte. Und fast nicht zu verstehen: Sie wehrt sich nicht. Im Gegenteil, der Eindruck entsteht, LehrerInnen griffen dankbar nach jedem neu auf den Markt geworfenen Strohhalm, als könnte dies die Lösung sein. Lösung wofür?

„Wer jahrzehntelang immer mit dem gleichen Buch arbeitet, wird ein geistiger Analphabet und muß sich, um der Selbsterhaltung willen, ein Zusatzamt zulegen ... So tummeln sich in unseren Reihen inzwischen Seminarleiter, Kontaktkreismitglieder, Gewerkschaftsfunktionäre, Fachberater ..., Lehrplanmitarbeiter, Vertrauensleute, Drogenberater, Koordinatoren, Lehrmittelbeauftragter, Arbeitgruppenleiter, Mentoren, Verkehrserzieher und was noch alles. Sie alle sind vereint durch einen einzigen Gedanken: Nichts wie raus aus den Klassen."[388]

Ein Berufsstand auf der Flucht vor seinen eigentlichen Aufgaben, vor den Kindern, vor den SchülerInnen, vor dem Menschen, um nicht „geistiger Analphabet" zu werden. Für alles, so scheint es, haben LehrerInnen Zeit, nur nicht dafür, darüber nachzudenken, was denn mit „diesem Denis aus der 6c" los sei, der mit „cooler Rumpöbelei" mal wieder „die ganze Stunde geschmissen habe",[389] vielleicht gar sich die Verhaltensmuster in aller Ruhe daheim am Schreibtisch zu notieren und in der Fachliteratur nachzuschlagen, was darüber wohl zu finden sei. Wäre dies nicht ein besseres Training gegen geistiges, gar soziales Analphabetentum als alle zwei Jahre eine neues Mathebuch?

Handeln LehrerInnen anders, bleiben Folgen nicht aus. Ihre Ratlosigkeit vor den 'zunehmenden Schwierigkeiten' im Schulalltag wächst. Das deformiert sie in ihrer menschlichen Substanz. „Sorgenvoll registrieren Eltern, Schulforscher und Bildungspolitiker, wie bei den Lehrern die Motivation verfällt, viele ihren Beruf nur noch als Horror-Job erleben … Schon jetzt geben in Hamburg neun von zehn Kollegen vorzeitig auf: 45 Prozent lassen sich, müde und genervt, vor Erreichen der Altersgrenze in den Ruhestand versetzen, 46 Prozent gehen mit ärztlichem Attest wegen dauerhafter Arbeitsunfähigkeit – manchmal schon mit weniger als 40 Jahren,"[390] notierte der SPIEGEL.

Diese wachsende Ratlosigkeit weckt ein zunächst wohlwollendes Interesse der Öffentlichkeit, das jedoch allmählich in Kritik umschlägt. Zuerst richtet sich diese gegen die Erziehungsbemühungen der Schule. „Die pädagogischen Konzepte, Frieden an den Schulen zu schaffen, sind bislang recht schlicht",[391] heißt es da etwa, die Schule bekäme „die ausgerasteten Kids offenbar nicht in den Griff".[392]

Dann geht es LehrerInnen direkt an die Wäsche. „1 Lehrer + 1 Lehrer = 0 Lehrer – Chaos Schule – Mißwirtschaft im Klassenzimmer" titelte der SPIEGEL[393] in Bildzeitungslettern. „700 000 Mitarbeiter – sprich Lehrer – produzieren in 45 000 Filialen – sprich Schulen – eine stetig wachsende Zahl von Qualifikationen und Zertifikaten; doch ... deren Wert, deren Niveau ist so fragwürdig wie nie zuvor. Die Personal- und Sachkosten steigen von Jahr zu Jahr und summieren sich 1991 schon auf mehr als 60 Milliarden Mark. In den deutschen Landeshaushalten machen die Lehrergehälter den größten Posten aus – doch die Kunden des Großunternehmens Schule, elf Millionen Schüler und ihre Eltern, sie sind so unzufrieden wie nie zuvor."[394]

Die Gründe sind ja bekannt. Die Lehrer „sind so richtig schulflüchtig ... man sieht sie immer Freitag nachmittags am Airport Düsseldorf, wenn sie sich übers Wochenende nach Mallorca retten",[395] was Otto Normalverbraucher schon immer wußte. LehrerIn, so sieht er es, das heißt morgens ein bißchen Unterricht, nachmittags Tennisplatz, im Sommer Mallorca, im Winter Davos – und Spott gibt's obendrein. „Möglicherweise legt sich der Lehrer mittags ja ins Bett, weil er zu dieser Zeit gesellschaftlicher Außenseiter ist. Niemand außer Rentnern, Hausfrauen, Kindern ist da, um ihm Gesellschaft zu leisten, und Rasenmähen ist um diese Zeit nicht gestattet. Mittagsschlaf als Ausdruck einer sozialen Isolation, die horizontal besser zu ertragen ist. Der aktive Lehrer übrigens spielt Tennis: mit wem wohl?"[396]

Das Fazit: „Keine Berufsgruppe bietet derzeit ein so jammervolles Bild wie die 500 000 Lehrer an westdeutschen Schulen."[397]

Auch dabei bleibt es nicht, steht doch Grundsätzliches zur Debatte, denn „die Gesetze der Pädagogik, von denen manche Bildungsforscher reden, gibt es nur in der Fantasie der Fachleute. Dennoch wird man auf so etwas wie Haftung bestehen. Man muß das um so entschiedener, als die Erziehungswissenschaftler selbst wie alle Gesellschaftsveränderer auf ihren Praxisbezug immer stolz gewesen sind. Nur das Versprechen, die Welt im Wege der Pädagogisierung zu verbessern, hat ihnen die Achtung und die materielle Zuwendung eingetragen, von denen das Fach bislang so gut lebt. Die Schwäche aller Pädagogik zeigt sich in ihrer Neigung, die Welt idealistisch aufzuputzen und aus falschen Voraussetzungen die falschen Schlüsse zu ziehen. Nichts ist zu lernen, Gewalt zu üben und die eigenen Schlüsse über die aller anderen zu stellen – das braucht man niemandem beizubringen, Kindern schon gar nicht. Das Tier liegt immer schon zum Sprung bereit, man darf es nicht noch reizen. Genau das aber haben die progressiven Erziehungslehren vielleicht gewollt."[398]

Fehlt noch der Hinweis, eine Ohrfeige zur rechten Zeit habe noch niemandem geschadet, und vermutlich wären ausgemusterte Unteroffiziere die besseren Lehrer, zudem noch billiger. Übertrieben? „Nach Ansicht des baden-württembergischen Finanzministers und früheren Kultusministers Gerhard Mayer-Vorfelder (CDU) sind orientierungslose Jugendliche ohnehin besser durch tausend neue Polizisten als durch tausend neue Lehrer in den Griff zu bekommen."[399]

Auch an Kritik aus berufenem Munde mangelt es dann nicht mehr. „Wenn Schulen weiterhin so langweilig sind, wenn sie, statt knapper, konzentrierter, fordernder zu werden, sich immer weiter ausdehnen – auf alle akuten Moden und alle akuten Leiden der Welt, statt auf das, was sein muß, werden sie nur noch den Schwächlingen und Angepaßten dienen. Die Starken und Selbständigen werden sie verachten und sich für die Gefangenschaft und den Zeitraub rächen", meint etwa Hartmut von Hentig,[400] und schon 1925 äußerte der so scharfsichtig analysierende Siegfried Bernfeld, die Pädagogik stehe „im Verdacht, ungeheueren Aufwand an Kraft, Zeit, Geld, an Kinderglück und Elternsorge sinnlos zu vertun. Die Möglichkeit zeigt sich: die Pädagogik verhindert vielleicht die Zukunft, die sie verspricht."[401]

Natürlich war zu erwarten, die Gesellschaft werde auch im pädagogischen Bereich eines Tages und übrigens zu Recht, nach Input und Output fragen: Was kostet Schule und was bringt sie? Daß die Fragen in Zeiten leerer Kassen drängender werden, überrascht nicht.

Erschwerend kommt hinzu, daß in der Lehrerschaft Zweifel am eigenen Tun wachsen und der Stolz auf den Beruf schwindet. „Die Lehrer sind – und darin liegt das Dilemma ihres Berufes – zu intelligent für ihre dumme Arbeit."[402] Die Folgen solcher Überheblichkeit können wir an den Schulen landauf landab studieren: LehrerInnen, die sich zu schade dafür scheinen, zu tun, wofür sie bezahlt werden, nämlich nicht nur das Einmaleins zu vermitteln, sondern auch im Umgang mit SchülerInnen fach- und sachkundig entsprechend den Erkenntnissen der Sozialwissenschaften zu handeln. Wer über diese allerdings nicht mehr weiß als es handle sich dabei um die „Aufgeblähtheiten pädagogischer Appetitanreger",[403] sagt wenig über die Sozialwissenschaften aus, mehr über sein eigenes pädagogisches Analphabetentum. So gesehen degenerierte die Arbeit des 'erfolgreichen' Lehrers wieder zur Frage des richtigen Einsatzes von Macht und Gewalt. Vorwärts, KollegInnen, heißt die neue Parole, wir müssen zurück – in die pädagogische Steinzeit!

Wenn ferner in der gegenwärtigen Diskussion über Ausländerhaß, Extremismus und Gewalt unter Kindern und Jugendlichen die Schule einen eher hilflosen Eindruck erweckt, so dürfte eine der Ursachen auch darin liegen, daß leistungsmotivierte und gewissenhafte Lehrkrafte sich zu eifrig bemühen nachzuweisen, sie verdienten, was sie verdienen. Bei dem Versuch, die ihnen von der Gesellschaft immer wieder neu aufgebürdeten Lasten abzuarbeiten, hecheln sie wie im Märchen vom Hasen und vom Igel der Entwicklung ständig hinterher.

Soll der Scherbenhaufen nicht größer werden, kommen LehrerInnen an ehrlicher Bestandsaufnahme und Neubesinnung über ihr berufliches Selbstverständnis nicht vorbei. Dazu müßten sie sich von all den Überforderungen freimachen, die von ihnen verlangen Vater + Mutter + Freund + Freundin + Pfarrer + Therapeut + Arzt + Richter + Polizist + Unterrichter + Gelehrter + Forscher + Komiker + Regisseur + Arrangeur + Reiseleiter + Politiker + Gefängnisaufseher + Dirigent ... in einer Person zu sein. Sie müßten sich auf ihre berufliche Rolle beschränken, die darin bestünde, Heranwachsende mit Sach- und Fachverstand zu begleiten mit dem Ziel, sich allmählich überflüssig zu machen, zunehmend mehr Verantwortung dem Kind zu überlassen.

Probleme wie die gegenwärtigen gehören und gehörten stets zum Schulalltag. Man denke nur an die Flüchtlingsströme nach dem Zweiten Weltkrieg, die von den Schulen unter ungleich schwierigeren Bedingungen bewältigt werden mußten („Und ich, die längst pensionierte Lehrerin, schreibe: »Ich erinnere mich.« Ich erinnere mich an die kalten, ungeheizten Räume und die übervollen Klassen der Nachkriegszeit. Ich erinnere mich vor allem an die hungrigen, frierenden, oft auch vielen fremden Kinder, die, manchmal nur wenige Wochen bei uns, mit uns lernten, ehe sie nach Fluchtstrapazen irgendwo noch andere Angehörige und vielleicht auch ein bißchen bessere Lebensverhältnisse fanden. In den einzelnen Klassen war ein ständiges Kommen und Gehen“[404]); man denke an die außerordentlichen Belastungen von LehrerInnen an Einklassenschulen; und man denke ruhig auch an den Beginn der 70er, als z. B. mit 45 SchülerInnen in einer 9. Hauptschulklasse, unter Sit-ins, Leistungsverweigerung, aufkommender Drogenszene, schon existierender Ausländerproblematik, völliger Verunsicherung der Lehrerschaft, kontrolliert von einer sehr kritischen Öffentlichkeit unterrichtet werden mußte. Und man denke daran, wie lange die (Volksschul)Lehrerschaft kämpfte, bis ihre Arbeit anerkannt und entsprechend bezahlt wurde.

Nein, es gibt keinen Grund, sich in Demutshaltungen zu üben, in Schuldgefühlen zu ergehen oder gar mühsam errungene soziokulturelle Geländegewinne preiszugeben, wenn, ja wenn die Lehrerschaft den Mut aufbringt, sich zu entscheiden, wofür sie ihre *berufliche Zeit und Kraft* einsetzt: für die Rettung des Regenwaldes oder für Uwe aus der 5. Klasse, dessen Eltern gerade in die Scheidung gehen; für die Aufklärung über den Golfkrieg oder für Ayla, die aus der Türkei kam, schlecht deutsch spricht, schon 18 Jahre alt ist und nicht weiß, was sie machen soll; für das naturgesunde Pausenbrot oder für die Probleme in der Klasse 8b, die wieder einmal die Religionslehrerin fertig gemacht hat, wo doch der Klassenlehrer überhaupt keine Schwierigkeiten habe; für ein Schulfest zusätzlich zum Kinderfest und zur Weihnachtsfeier oder für die Klasse 6, die ständig Außenseiter produziert und mit diesen erbarmungslos umspringt. Da auch der Tag von LehrerInnen nur 24 Stunden hat und auch sie ihre Kraft nur einmal verbrauchen können, reicht es für Beides auf keinen Fall. Wenn sie es trotzdem versuchen – und dies geschieht z. Zt. flächendeckend – dann ist auch dem Regenwald nicht geholfen, Uwe aus der Fünften geht den Bach runter, und LehrerIn steht am Ende mit leeren Händen da, erfolglos, frustriert – und jetzt auch überfordert, in einer Situation wie weiland der antike Sisyphos, der immer wieder einen Stein den Berg hinaufwälzen mußte, der, kaum geschafft, wieder runterrollte – nur daß es sich hier um Dutzende von Steinen gleichzeitig handelt.

LehrerInnen müssen sich entscheiden, und wofür, scheint klar: *der Schwerpunkt ihrer beruflichen Arbeit* darf nicht bei den Problemen der Welt schlechthin und denen unserer Gesellschaft im besonderen liegen. Im Zentrum ihrer beruflichen Aufmerksamkeit haben die Probleme an ihrer Schule und in ihrem Klassenzimmer zu stehen, und die heißen Uwe, Ayla, Klasse 6 ...

Konflikte entpersonalisieren

Der schon wiederholt zitierte Hans Zulliger (siehe Seite 10), ein Lehrer von ungewöhnlicher Ausstrahlung und Erfahrung, tätig auch als Kinderpsychotherapeut, mit einer Fülle pädagogischer und psychoanalytischer Techniken und Methoden vertraut, international berühmt, als Dozent geschätzt, Autor von Fachbüchern mit hohen Auflagen, geriet einmal, es muß in den Fünfzigern gewesen sein, an eine sehr schwierige, aggressive Klasse. Zwei Jahre versuchte er alles, nichts half. „Und in mir bohrte das unangenehme Gefühl,“ so schreibt er, „ohnmächtig zu sein. Da griff ich auf die gewöhnliche Maßnahme zurück: ich verbot die Streitereien unter Strafandrohungen. Aber lieber bekämpften sich die Gruppen weiter, als daß sie Strafarbeiten mieden.“[405]

Schließlich entschloß er sich zu einer Radikalkur. „Eines Tages ... sah ich unten auf der Straße die Bubenschar streiten. Ich setzte mich aufs Fahrrad und fuhr hin, trennte die kämpfenden Scharen und ordnete an, sie hätten sich ins Schulzimmer zu begeben, führte sie dorthin. Mit vertrotzten Gesichtern wurde gehorcht. Drinnen ließ ich die Pültchen zurückschieben. Die Knaben mußten in einen Kreis stehen, Feind neben Feind. »Auf der Straße wird nicht gezankt!« erklärte ich. »Der Streit wird hier ausgetragen. Einer haut dem anderen eine herunter, ringsum. Wer genug hat, kann sich melden und darf dann heimgehen! Los!«

Erst gaben sie sich nur mäßige Watschen. Ich ermunterte sie: »Das ist nichts! Fest müßt ihr zuschlagen!« Allgemach taten sie es, und es begann der und jener vor Schmerz zu weinen. Ein erster meldete sich, er habe genug. Er durfte jedem und auch mir die Hand zum Frieden und zum Abschied reichen und alsdann weggehen. Bald hatten auch andere genug – und zuletzt blieb nur noch Arno übrig.

»Hast du noch nicht genug?« fragte ich ihn ruhig.

Mit gerötetem Angesicht, wütend und trotzig, erwiderte er: »Nein!«

»Es ist nun kein Schulgenosse mehr da«, erklärte ich ihm, »der dich hauen und den du hauen könntest. Nur ich bin noch da. Ich werde dir nun Ohrfeigen versetzen. Wenn du zurückgeben willst, tue es nur!« und mit aller Kraft verabfolgte ich ihm einen ersten Streich. Er schlug nicht zurück.

»Bist du jetzt zufrieden?« erkundigte ich mich.

»Nein!« kam es von seinem Munde.

Ich schlug ihn neuerdings und sagte, es sei blöde, Schläge ohne Gegenwehr in Empfang zu nehmen. Er wagte es nicht, sich zu wehren, und ich mußte noch ein paarmal zuschlagen. Schließlich kamen auch ihm die Tränen, und er bequemte sich, genug zu haben. Ich reichte ihm die Hand. »Dann geh jetzt heim, die Mutter wird mit der Mittagssuppe warten!«

Die Kur hatte wie ein Wunder gewirkt. In der Folge zeigten sich die Knabengruppen ausgesöhnt, und Arno fügte sich mir.“[406]

Gewalt, das zeigt dieses – auch erschreckende – Beispiel, gehörte immer zum Schulalltag. Wenn es eine heile pädagogische Welt gäbe, sie wäre wohl da zu finden gewesen, und doch auch hier: Gewalt. Um wieviel bedrängender muß eine durchschnittliche Lehrkraft an einer durchschnittlichen Schule in einem durchschnittlichen Ort im Laufe eines 20- bis 30jährigen Berufslebens solche Auseinandersetzungen im Schulalltag erleben?

Allein gegen Alle

Zulliger oder der Lehrer vor der Klasse, das erinnert an Gary Cooper in „12 Uhr mittags“: einer gegen alle, aber nicht gegen vier oder fünf, sondern gegen zwanzig, dreißig und mehr. Der kleinste Fehler kann das Ende sein. „Lehrerinnen und Lehrer stehen exponiert vor einer Klasse, müssen dauerhaft im Wechselspiel im Gespräch mit den Schülern Rede und Antwort stehen, müssen vermitteln, sich verständlich machen. Jeder Blick, jede Reaktion, jede Körperbewegung ist permanent der Kontrolle von 20 bis 30 Kindern und Jugendlichen unterworfen.“[407] – eine Belastung, auf die Dauer eines Lehrerlebens oft nur mit tiefgreifenden Deformationen durchzuhalten.

„Lehrer, 50, progrediente Blutkrankheit, dazu ein schwerer Schulkonflikt, den wir ohne die krankheitsbedingte Pensionierung kaum hätten lösen können; Lehrer, 63, reaktiv depressive Verstimmung; Lehrer, 51, schwere psychosomatische Störung; Lehrer, 48, chronisch verlaufende schwere psychische Störung; Lehrer, 63, depressive Verstimmung; Lehrer, 51, Depressionen; Lehrerin, 42, reaktive Depression; Lehrerin, 39, schwere psychische Erkrankung ... Zehn Lehrkräfte, die am 5. Mai 1990 im Kanton Bern krankheitshalber vorzeitig in Pension gingen: ein normaler Monat.“ So liest sich das in den Akten.[408]

Arbeiten im Team

In „Rio Bravo“, auch einem Western mit John Wayne und ähnlicher Ausgangslage, stehen zwei Gruppen einander gegenüber. Zahlenmäßig dürfte das Verhältnis eher ungünstiger sein, und doch fehlt jener tödliche Ernst des ständigen „Alles oder Nichts“. Man hat Zeit für Unterhaltung, Scherze, für Musik, sogar für kleinere Streitereien untereinander – und Fehler des Einen können durch die Anderen ausgeglichen werden. Ein Netz ist gespannt, das den Einzelnen auffängt.

Vorhanden wäre ein solches Netz auch in der Schule: die KollegInnen, das Lehrerzimmer, das Kollegium, Konferenzen und Teilkonferenzen, unterschiedliche Gremien, die Schulleitung – von alldem findet sich bei Zulliger nichts. Er will seine Probleme alleine lösen, als letzter Ausweg bleibt dann nur Gewalt. Dieses Verhalten widerspiegelt das berufliche Selbstverständnis eines großen Teils der Lehrerschaft. LehrerInnen verstehen sich als EinzelkämpferInnen. Die theoretische Grundlage und den ideologischen Überbau dafür lieferte Eduard Spranger mit seiner Theorie „des geborenen Erziehers“, der erzieherisch handeln *müsse*, da dies „sein geistiger Grundtrieb“[409] sei. Dahinter stehen unaufgearbeitete Allmachtsphantasien, wie sie in allen sozialen Berufen als Kehrseite der Helferhaltung eine Rolle spielen.

Andererseits stellt diese Haltung eine nur allzuverständliche Reaktion auf eine damals wie heute trübe Wirklichkeit an den Schulen, vor allem in Lehrerzimmern dar. „In den meisten Schulen, an denen ich unterrichtet habe, war das Lehrerzimmer eine kleine Hölle voller Intrigen, Haß und Neid“[410] schrieb Neill und bezieht sich damit wohl auf eine Zeit in den Dreißigern. Im SPIEGEL hieß es 1993: „Wer mit seinen Schülern nicht mehr klarkommt, wird häufig auch noch von den Kollegen allein gelassen: »Es gehört sich nicht, ein Disziplinproblem zu haben«, berichtet eine 53 Jahre alte Realschullehrerin in der *Deutschen Lehrerzeitung*, »niemand gibt es zu, aus Angst, als unfähig dazustehen.« Den meisten Burnout-gefährdeten Lehrern fehlt der Mut, sich mit den eigenen Schwierigkeiten auseinanderzusetzen. »Es ist ganz unüblich, nach Hilfe zu fragen«, kritisiert Hans-Günter Rolff, Leiter des Dortmunder Instituts für Schulentwicklungsforschung. Rolff: »Zur Schulkultur gehört noch immer, so zu tun, als gäbe es keine Probleme« ... Intrigen, Eifersüchteleien, Ausgrenzungen oder Gleichgültigkeit lassen insbesondere das Lehrerzimmer eher als psychische Folterkammer denn als Pausenraum erscheinen“.[411]

Darin unterscheiden sich Lehrerzimmer nicht von anderen Arbeitsplätzen. Unter dem Stichwort „Mobbing“ beschäftigt sich die Sozialwissenschaft inzwischen mit dieser Problematik.[412] Moralische Appelle helfen wenig, die Anwendung des vorhandenen rechtlichen Instrumentariums sehr wohl. Geschäfts- und Konferenzordnung und die in ihnen bereitgestellten formalen Elemente versinnbildlichen einen kulturellen Fortschritt im dienstlichen Umgang miteinander. Sie sollten seine Form bestimmen, nicht Sym- oder Antipathie.[413] Allerdings muß man bereit sein, dieses Instrumentarium auch einzusetzen, also bei Konferenzen mit der Geschäftsordnung und mit Anträgen zu arbeiten. Wer sich aber allein darauf verließe, landete auf längere Sicht in der Sackgasse des rein Formalen. Die Arbeit mit formalen Elementen formalisiert Konflikte und entpersonalisiert sie dadurch. Dies gilt auch für LehrerInnen-SchülerInnen-Konflikte, weshalb ein Eintrag eine ‘höhere’ Kulturstufe im Umgang miteinander darstellt als eine Ohrfeige. Außerdem zielt sie auf die Lockerung hierarchisch-autoritärer, personorientierter Strukturen – einer, wie gesehen, möglichen Quelle von Gewalt –, schließlich auf eine Änderung des Bewußtseins.

Sprache bildet Bewußtsein. Deshalb sollten LehrerInnen von ihrem Schulleiter nie als vom „Chef“ reden. Wer dies tut, signalisiert seine Bereitschaft, Macht, Selbstverantwortung und Autonomie abzutreten. Ein Kollegium kann sich nur zur Arbeitsgruppe entwickeln, wenn seine Mitglieder ihren Verantwortungsbereich anzunehmen und auszugestalten bereit sind.

Die Lockerung autoritärer (Denk-) Strukturen und die Übernahme der Verantwortung für den eigenen Arbeitsbereich schaffen die Grundlage für eine Neuorientierung im Kollegium und günstigere Arbeitsbedingungen für alle. Die Machtstruktur des Kollegiums wirkt ja in die Klassenzimmer hinein. Die „rangniedere“ Lehrkraft bekommt häufig nicht nur den ungünstigeren Lehrauftrag, den schlechteren Stundenplan, sondern hat dazu auch mehr Schwierigkeiten in den Klassen. Denn natürlich „kennen“ SchülerInnen die Rangordnung, „wissen“ sie genau, wo sie sich etwas erlauben dürfen und wo nicht. Außerdem beeinflußt die Gruppenstruktur des Kollegiums die Gruppenstruktur der Schulklassen. Wenn ein Kollegium in hohem Maße integrativ arbeitet, wird man auch integrativ arbeitende und damit gewaltfreiere Klassen vorfinden – und umgekehrt.

Hat sich allmählich eine solche Kultur des formalen Umgangs und damit ein Mindestmaß *beruflicher* Verständigung und gegenseitigen *beruflichen* Zutrauens herausgebildet, können weitere Schritte gewagt werden.

Das sogenannte Konstanzer Trainingsmodell (KTM) zeigt einen solchen praktikablen Schritt. Es baut auf einer leichter zu verwirklichenden Zweierlösung auf. Wie bei allen Zweierlösungen ergeben sich daraus besondere Gefahren, auf die ich nicht eingehe. Es versucht, die Isolierung der Lehrkraft zu durchbrechen mit dem Ziel partnerschaftlicher Zusammenarbeit, in die schließlich auch SchülerInnen einbezogen werden. Immer zwei Lehrkräfte arbeiten dabei als Tandem, „freiwillig und gleichberechtigt – sie besuchen sich wechselseitig im Unterricht und besprechen schwierige Situationen nach dem Unterricht, um gemeinsam zu neuen Lösungen bei schulischen Konflikten zu kommen.“[414] Als Anleitung steht ein Trainingsprogramm[415] zur Verfügung.

Ein scheinbar schwierigerer, aber mit weniger Gefährdung behafteter Versuch wäre die pädagogische Arbeit im Team, das sich als Arbeitsgruppe definierte. Dabei verbindet die Gruppe, wie der Name sagt, die gemeinsame Arbeit.

In einem großen Schulzentrum aus Hauptschule, Realschule und Gymnasium am Rande der Großstadt, in dem etwa 1500 Schüler unterrichtet wurden, haben wir an der Hauptschule dieses System fast 10 Jahre lang durchgeführt. Immer drei bzw. zwei Lehrer führten eine Jahrgangsstufe gemeinsam – vom Stundenplan über den Stoffverteilungsplan bis zu den Klassenarbeiten wurde alles, z. T. täglich, aufeinander abgestimmt. Dadurch wurde zwischen Lehrer- und Schülergruppe eine klare Frontbildung vermieden. Es entstand ein vernetztes Beziehungsgeflecht. Wenn etwa SchülerIn A mit Lehrer B nicht konnte, dann vielleicht mit Lehrer C oder mit A. Die Wahrscheinlichkeit für identifizierende Verständigung erhöhte sich. Dies hatte zur Folge, daß SchülerInnen oft die Lehrer gar nicht mehr auseinanderhielten, B manchmal mit A ansprachen und umgekehrt. Andererseits führten die regelmäßigen, problemorientierten Kontakte der Lehrer untereinander zu einer ständigen Aufarbeitung von Konflikten und zu einer regelmäßigen psychischen Entlastung.

Eine solche Teamarbeit glückt in der Schule eher zufällig, denn sie widerspricht – Stichwort 'Lehrerpersönlichkeit' – der herrschenden pädagogischen Ideologie.

Macht

Manches kann man nicht oft genug wiederholen: auch in einer demokratischen Gesellschaft kann und darf man nicht immer und überall und über alles diskutieren und abstimmen, auch demokratische Erziehung kann nicht alles einvernehmlich regeln.

Da betrete ich das Klassenzimmer, neben dem Papierkorb, einen halben Meter entfernt, ein zusammengeknülltes Blatt Papier, daneben ein Schüler.
„Wirf doch bitte das Papier in der Papierkorb!"
„Warum?"
Wenn ein Fünfzehnjähriger 'Warum?' sagt, spricht er damit selten eine Frage aus, meistens eine Aufforderung zum Duell. Weil ich nicht weiß, von wem das Papier stammt; weil ich selbst etwa gleich weit davon entfernt stehe wie der Schüler; weil vorbildliches Verhalten in der Regel eher nützt als schadet; weil ich dem Schüler eine Lehre in Anstand und Höflichkeit erteilen will, weiche ich dem Duell in dieser Situation aus, bücke mich, hebe das Papier auf, werfe es in den Papierkorb, wende mich grinsend dem Schüler zu. „Danke, daß Du so nett und freundlich geholfen hast!" und gehe weiter zum Pult. Der Schüler guckt meistens ziemlich verdutzt, wird dann verlegen, murmelt etwas von „Ach, Entschuldigung, Herr Papesch, war doch bloß ein Witz!" – erledigt!

Nicht immer verläuft es so problemlos. Solange die Rangposition einer Lehrkraft an der Schule nicht definiert ist, können sich aus solch freundlich-höflichem Verhalten unerwartete Schwierigkeiten ergeben.

So hatte ich, neu an einer Schule mit sehr autoritärem Klima, im Fachunterricht Klasse 8 in der ersten Unterrichtsstunde beim Gang durch die Tischreihen, wie ich es gewohnt war, Papier vom Boden aufgehoben und in den Papierkorb geworfen. Unruhe, Getuschel, Gekicher in der Klasse, in der folgenden Pause lief es durch die ganze Schule: „Der Neue hat selber Papier vom Boden aufgehoben". Sie hatten derlei noch nie bei einem Lehrer erlebt – auch ein Problem 'milieuspezifischen Verhaltens'. In den folgenden Stunden wurden nun regelmäßig, wenn ich durch die Reihen ging, hinter meinem Rücken Papierknäuel auf den Boden geworfen. Vom wem, war unschwer zu erraten: TäterIn rutschte, mit vorgerecktem Kinn und aufreizend-unsicherem Grinsen auf dem Stuhl hin- und her, die Finger trommelten auf der Tischplatte. Ich entschloß mich zum Durchmarsch und blieb dabei. Mit einem „Danke, daß ihr für mich Beschäftigung besorgt!" brachte ich das Papier jedesmal zum Papierkorb. Mit der Zeit wurde es ihnen zu langweilig und hörten von selbst auf.

Ein andermal arbeitet die Klasse an irgendwelchen Aufgaben, ich sitze am Pult und korrigiere. Ein Schüler zielt und wirft ein Papierknäuel Richtung Papierkorb. Er verfehlt ihn. Normalerweise geht er zum Papierkorb und entsorgt des Papier. Manchmal nicht.
„Heb' das bitte auf!" Normalerweise genügt das. Diesmal nicht.
„Warum?"
Jetzt geht es um Grundsätzliches. Selbstverständliche Formen des Umgangs miteinander werden in Frage gestellt. Wenn ich jetzt auswiche, büßten wir es alle, ich am meisten.
„Weil ich es sage!"
„Wenn ich aber nicht will?"
„Jetzt mach' doch keinen Quatsch und heb' das Papier auf, du hast es doch auch hingeworfen!"
„Nein!"
„Dann muß ich Dich zwingen?"
„Wie denn? Das möcht' ich sehen!"
Ich stehe auf, gehe zwei, drei Schritte auf ihn zu, nähere mich also seinem Revier, signalisiere damit Kampfbereitschaft.
„Mit der Macht, die mir als Lehrer zur Verfügung steht?"
„Wie?"
Ich nehme meinen Füller aus der Tasche, schraube ihn langsam auf.
„Du weigerst Dich?"
„Ja?"
Ich gehe ans Pult zurück, setze mich.

„Ich bitte Dich nochmals, das Papier aufzuheben!"
„Nein!"
Ich schlage das Tagebuch auf.
„Weigerst Du Dich immer noch?"
„Ja!"
„Dann werde ich Dir jetzt einen Eintrag geben. Er lautet folgendermaßen: »XY weigert sich offen vor der ganzen Klasse, Anordnungen des Lehrers Folge zu leisten, die zur Aufrechterhaltung der Ordnung im Klassenzimmer erteilt wurden«. Ich werde dafür sorgen, daß Du die entsprechenden Folgen spüren wirst. Außerdem werde ich über die Schulleitung Deine Eltern benachrichtigen lassen und sie zu einem Gespräch in die Schule bitten. Also zum letzten mal: Heb' bitte das Papier auf!"

Ich habe es sehr selten erlebt, daß sich ein Schüler oder eine Schülerin danach noch geweigert hätte – aber damit muß die Sache auch erledigt sein! Es darf kein Nachkarteln geben.

Bei solchen Auseinandersetzungen bieten regelmäßig andere SchülerInnen an, das Papier in den Papierkorb zu werfen. Hier muß man unterscheiden. Herrscht in der Klasse eine Kultur selbstverständlichen Miteinanders und drückt ein solches Angebot eine mehrheitliche Mißbilligung des 'kindischen' Schülerverhaltens aus, sollte man es annehmen. Aus dieser aktuellen Mißbilligung kann sich in einer Aktions-Reaktions-Reihe allerdings eine Isolierung des Mitschülers entwickeln. Dies gälte es in den folgenden Tagen im Auge zu behalten, um sie zu verhindern, da Ausgrenzung nicht das pädagogische Ziel sein darf.

Anders stellt sich das Problem, wenn es sich um ein „Sklave-Herr-Verhältnis" handelt, das in Klassen immer wieder auftritt. Dann sollte man ablehnen, denn es ginge jetzt darum, durchzusetzen, daß sich *alle* selbstverständlichen Umgangsformen *beugen* müssen, nicht um ein Kind zu ducken oder gar zu zerbrechen, sondern weil es ein Papier aufheben soll, das es vorher selbst zu Boden geworfen hatte.

So einen Riesenaufwand für solch eine kleine Geschichte? Genauso beginnt, was nicht selten in von der Schule nicht mehr beherrsch- und kontrollierbare Gewalt mündet. Man täusche sich nicht: in jeder Klasse, in der man neu zu unterrichten hat, sind Duelle dieser Art durchzustehen. Ob sie lediglich in Form eines Abtastgeplänkels verlaufen oder als ernsthafte Auseinandersetzung, hängt vom Image der LehrerIn ab. Sind sie einmal durchgestanden, schaffen sie Klarheit zwischen allen Beteiligten, denn die übrigen SchülerInnen lernen daraus. Nehmen LehrerInnen solche Konflikte nicht wahr, was häufig geschieht; erkennen sie nicht, worum es eigentlich geht; weichen sie aus oder stehen sie diese nicht konsequent durch, kann ihnen das Geschehen im Klassenzimmer unmerklich aus der Hand gleiten, weil sich oft ein 'Tucky' (siehe Seite 71) findet, der „verstand es meisterlich, gruppendynamische Prozesse so zu initiieren, daß eine Stunde in Randale umkippte."[416]

Ein solcher Konflikt läßt sich mit dem Ohrfeigenduell bei Zulliger vergleichen. Dabei werden wesentliche Unterschiede erkennbar.

1. Er wird nicht mit Hilfe von (körperlicher) Gewalt, sondern über (formale) Macht ausgetragen.

2. Er verläuft nicht als *personaler* Konflikt zwischen der Person LehrerIn und der Person SchülerIn, sondern als *entpersonalisierter* Konflikt zwischen dem Rollenträger der Lehrerrolle und dem Rollenträger der Schülerrolle. Deshalb ist sehr wichtig, daß der Lehrer diesen Konflikt mit neutral-freundlicher Gelassenheit und in höflichem Ton durchsteht. Als Person könnte es ihm gleichgültig sein, ob da ein Papier liegt oder nicht. Als Inhaber des Amtes gehört es zu seinen Berufsaufgaben, sich darum zu kümmern. Emotionen auf Seiten von LehrerIn würden die Grenzen verwischen.

3. Welcher Strafenkatalog dabei abgearbeitet wird – es können dies auch mit der Klasse abgesprochenen Maßnahmen sein – fällt nicht ins Gewicht. Wichtig bleibt, daß der Konflikt

möglichst viele, von allen Beteiligten deutlich wahrnehmbare Eskalationsstufen durchlaufe, die einerseits erkennen lassen, hier werde nicht willkürlich gehandelt, sondern mit dem Ziel, mehrheitlich anerkannte Formen des Umgangs miteinander zu verteidigen; die andererseits dem Schüler Zeit zum Nachdenken und auf jeder Stufe die Möglichkeit zum Ausstieg aus dem Konflikt bieten.

4. Mit den SchülerInnen sollte immer wieder besprochen werden, daß ein Eintrag ins Klassenbuch einen amtlichen Vorgang darstellt und als Strafe ernster zu nehmen sei als z. B. eine Ohrfeige. Diese wäre nach einer halben Stunde verschmerzt, jener aber steht das ganze Jahr über im Klassenbuch, durchaus vergleichbar einer Vorstrafe. Ob dies SchülerInnen verstehen, hängt von der pädagogischen Kultur einer Schule und einer Klasse ab.

5. Derartige Konflikte müssen über alle Stufen durchgehalten werden. Allerdings wäre er im geschilderten Fall mit einem Elterngespräch noch keineswegs beendet. Dann säße nämlich in der Klasse eine Schülerin, ein Schüler, welche/welcher der Lehrkraft und der Klasse gegenüber – nein, nicht den Gehorsam – die Zusammenarbeit in selbstverständlichen Formen des täglichen Miteinanders verweigert hätte und dies nicht zu ändern bereit wäre. Der Konflikt schwelte also weiter. Wird dies nicht beachtet, kann es erhebliche Schwierigkeiten bringen, wenn etwa der betreffende Schüler, die betreffende Schülerin begänne, systematisch zu opponieren oder eine 'Widerstandsgruppe' um sich zu sammeln.

Deshalb muß man mit einer Doppelstrategie arbeiten, nämlich einerseits bei jeder sich bietenden Gelegenheit Brücken der Verständigung bauen und jede entgegenkommende Bewegung des Schülers, der Schülerin bekräftigen, andererseits auch dem kleinsten Ansatz zum Konflikt mit derselben Entschiedenheit und allen Konsequenzen – notfalls auch Schulausschluß – entgegentreten. Einmal in 25jähriger Berufspraxis führte ein Konflikt, der so begann, zum zeitweiligen Schulausschluß eines Schülers auf meinen Antrag hin – dies, um die Dimensionen zu klären, in denen sich solche Überlegungen bewegen. Entscheidend jedoch ist dabei die grundsätzliche Bereitschaft der Lehrkraft, den Konflikt notfalls so weit voranzutreiben und keinerlei Zweifel aufkommen zu lassen. Geschieht dies in der erforderlichen Eindeutigkeit, liegt darin die beste Gewähr, daß es nicht einmal zum Eintrag kommt. SchülerInnen à la 'Tucky' werden ja nicht als 'Monster' geboren, nicht einmal als solche eingeschult, sondern gleiten allmählich in ein Verhalten hinein, das schließlich kriminelle Formen annehmen kann. Unprofessionelles Verhalten von Lehrkräften trägt manchmal dazu bei.

6. Es kann angebracht sein, das Austragen des Konflikts aufzuschieben, wenn z. B. der entsprechende Schüler sichtbar, salopp formuliert, 'mit dem linken Fuß zuerst aufgestanden ist'. Es mag sich um eine schlechte Klassenarbeit in einer vorhergehenden Stunde handeln, um einen Streit mit Freunden oder mit den Eltern ..., die dem Kind jede seelische Beweglichkeit und Kompromißfähigkeit rauben. Nicht immer erkennt man dies, aber doch meistens. In einem solchen Fall hebt man das Papier selbst auf oder läßt es von einem Freiwilligen aufheben, erklärt aber, was man und warum man das tut, etwa mit den Worten: „Ich habe den Eindruck, du bist heute nicht so gut beieinander. Ich will das deshalb jetzt nicht auf die Spitze treiben, aber ich werde dies kein zweites Mal durchgehen lassen, denk bitte daran.“ Und beim nächsten Mal gibt es nur noch Konsequenz.

7. Wenn die Sachlage sich eindeutig darstellt, läßt man sich in keinerlei Diskussion ein. Über Selbstverständlichkeiten wird nicht diskutiert, selbst wenn SchülerInnen dies als 'unfair, ungerecht, autoritär' oder wie auch immer empfinden und benennen. Dahinter steht ein grundsätzliches Problem, das LehrerInnen in ihrem schon wiederholt angesprochenen Harmoniebedürfnis häufig verdrängen. Wenn wir Schule definieren als Ort des Übergangs (siehe Seite 50), heißt ihr grundlegendes Erziehungsziel nicht 'zunehmende Nähe', sondern 'wachsende Distanz'. Je gütiger die Eltern (oder LehrerInnen), je enger und fester die Bindung, um so schwerer die Ablösung, um so wahrscheinlicher lebensverengende

Schuldgefühle, um so größer die Gefahr, daß die Trennung schließlich nicht als Befreiung, sondern als Vertreibung empfunden wird. Bieten dagegen die Bezugspersonen ihrerseits Ecken und Kanten – hier wäre der Platz des bewußt gesetzten erzieherischen „NEIN" – verletzten sie ihrerseits, fügen auch sie Leid zu (nicht willkürlich oder nach Laune, sondern wie der Arzt bei einer Operation), können Heranwachsende Abstoßungsenergie aufbauen (siehe Seite 56). Sie empfinden den Abschied dann als befreienden Schritt aus *nicht nur* paradiesischen Zuständen, als Zerreißen von *auch* beengenden Fesseln. Es versagt in der Ausübung seines Berufs, wer dieses erzieherische „NEIN" in angemessener Form zur rechten Zeit verweigert. Die angemessene Form und die rechte Zeit jeweils zu finden, darin besteht die pädagogische Meisterschaft.

Deshalb sollten sich LehrerInnen auch nicht von noch so klugen Erziehungswissenschaftlern oder sonstigen „Fachleuten" beirren lassen. So zählt der Essener Erziehungswissenschaftler Wolfgang Hinte zu den gewalterzeugenden Faktoren „Festhalten an überholten Erziehungsprinzipien, etwa Leistungsdruck durch 'fragwürdige Zensurenskalen', Zeitdruck, Sanktionen wie Strafarbeiten, Nachsitzen, Eintragungen ins Klassenbuch … Wer Kinder zu erzieherischen Zwecken in 45-Minuten-Rhythmen preßt und sie in kognitive, affektive und motorische Lernbereiche zerlegt ... darf sich nicht wundern, wenn diese Kinder das Klassenzimmer zerlegen."[417]

Richtig, nur liegt es kaum in der Macht von LehrerInnen, dies zu ändern. Sie arbeiten wohl oder übel unter diesen Bedingungen. Auch irrt, wer meint, wäre dies alles anders, herrschte endlich das pädagogische Paradies – es würden sich andere Sachverhalte finden, die mit derselben Schlüssigkeit für die neu-alten Probleme ursächlich gemacht würden.

8. Es handelt sich um Machtkonflikte mit dem Ziel, das Einhalten von Regeln durchzusetzen, nicht mit dem Ziel, Verhaltensänderungen zu erreichen. Dazu eignen Strafen sich grundsätzlich nicht. „Die unseligen Auswirkungen der Bestrafung ziehen sich wie ein schwarzer Faden durch unsere Befunde. Mütter, die Unsauberkeit schwer bestraften, hatten schließlich bettnässende Kinder. Mütter, die Abhängigkeit bestraften, hatten mehr abhängige Kinder als Mütter, die Abhängigkeit nicht bestraften. Mütter, die aggressives Verhalten streng bestraften, hatten mehr aggressive Kinder als diejenigen, die Aggressivität nur leicht bestraften ... Harte Bestrafung fand sich mit hoher kindlicher Aggressivität und mit der Entwicklung von Ernährungsproblemen verbunden."[418]

Tausch & Tausch berichten, Strafe bewirke zwar eine sofortige Verhaltensänderung beim Schüler, verschlechtere aber die Lehrer-Schüler Beziehung, verhindere seelische Reifung und erziele keine längerfristig wirksame Verhaltensänderung.[419] Also weg mit allen Strafen aus der Schule? Das Problem liegt darin, Strafen für *Erziehungsmittel* zu halten, während es sich um *Machtmittel* handelt. Als Erziehungsmittel taugen sie nicht, verursachen mehr Schaden denn Nutzen; als Machtmittel kann man auf sie in dem institutionalisierten Massenzwangsbetrieb 'öffentliches Schulwesen' nicht verzichten. Sie dienen der Klärung der Machtverhältnisse und der Durchsetzung des Rechts im öffentlichen Raum Schule. Scheut man sich, sie im Notfall einzusetzen, riskiert man die Gefahr eines Machtvakuums und das Entstehen eines rechtsfreien Raums, in dem sich ein Kampf aller gegen alle entwickelt mit dem Ergebnis einer neuen Rangordnung, auf welche LehrerInnen und Schule kaum noch Einfluß hätten, wie es Ariane Barth am Beispiel der „Schüler-Gang von Essen-Karnap" beschrieb.[420] Aus der Definition von Strafen als Machtmittel ergibt sich:

- Ihr Einsatz sollte nicht Regelfall sein, sondern Ausnahme.
- Der Lehrer handelt dabei nicht als Erzieher oder als Bezugsperson, sondern als Vollzugsbeamter des Staates.
- Sie können eine Ordnung nur aufrechterhalten helfen, wenn diese von der Mehrheit der Betroffenen als erhaltenswert erlebt wird. Strafen können auch als Machtmittel nur wir-

ken, wenn sie eingebettet sind in ein lebenswertes Umfeld und die Mehrheit sie als Mittel zur Aufrechterhaltung dieser Lebensqualität versteht.

- Sie ziehen alle negativen Auswirkungen nach sich, welche die Wissenschaft beschreibt. Darauf sollte LehrerIn sich *pädagogisch* einstellen, etwa indem, wie unter Punkt 5 gefordert, versucht wird, systematisch Brücken der Verständigung zu erhalten.

Nun hat der Gebrauch der Macht in Deutschland einen schlechten Ruf. Für Psychologen[421] zeugt er von Charakterdefiziten, für LehrerInnen scheint er ein unlösbares Problem. Doch als Teil einer Institution verfügen sie über Macht, ob sie wollen oder nicht. Wer hofft, als begnadeter Erzieher nur mit Liebe und Güte durch den Schulalltag wandeln zu können, scheitert. Auch LehrerInnen steht das Menschenrecht auf Durchschnittlichkeit zu. Deswegen brauchen sie, solange unser Schulsystem als Zwangssystem aufgebaut ist, Macht und den Willen, diese auch einzusetzen. Allerdings müssen sie wissen, was sie tun.

„In unseren Schulgesetzen gibt es gestaffelte Strafen, die im wesentlichen darin bestehen, die Eltern auf den Plan zu rufen: Eintragung ins Klassenbuch, aus denen Benachrichtigungen werden, aus denen Warnungen werden, die bei der einen wirklichen Strafe münden, beim Ausschluß von der Schule. Der wiederum angesichts der Schulpflicht ein zweifelhaftes Mittel darstellt ... Eine Strafe ist sie nur, wenn da eine Gemeinschaft verlassen werden muß ...“[422]

Hier irrt von Hentig. Der Verweis von der Schule kommt *immer* einer sozialen Stigmatisierung gleich, in des Wortes ganzer Bedeutung, auch wenn Betroffene oft versuchen, einen anderen Anschein zu erwecken. LehrerInnen müssen wissen, was sie mit einer solchen Strafe zufügen und dennoch bereit sein, sie gegebenenfalls auszusprechen.[423] Schreckte doch nicht einmal Neill davor zurück. Er selbst entschied darüber, wer in Summerhill aufgenommen wurde, schloß also bestimmte Kinder von vorneherein aus. „Quälen Sie sich nicht“, sagte er zu einer Mutter, die sich nicht entschließen konnte, sollte sie ihr Kind nach Summerhill schicken oder nicht. „Ich habe schon für Sie entschieden. Ich nehme ihre Tochter nicht auf.“[424] Gefragt, warum er eine Altersgrenze für die Aufnahme festgelegt hätte, antwortete er: „Wir finden es zu beschwerlich und verdrießlich, ältere Schüler aufzunehmen, die dann ihre Komplexe ausleben.“[425] Auf eine andere Frage, ob Kinder aus Summerhill schon ausgeschlossen worden seien und wenn ja, ob er dann das Gefühl des Versagens gehabt hätte, schrieb er: „Ja, in einigen Fällen mußte ich ein Kind nach Hause schicken. Meistens wegen der anderen Kinder. Wir hatten einmal einen vierzehnjährigen Jungen, der die ganze Zeit kleinere Kinder tyrannisierte, so daß sechs heulend zu mir kamen und sagten: »Wenn Jack nach den Ferien noch da ist, möchten wir nicht mehr zurückkommen.« Ich konnte einem kranken Jungen nicht eine Gruppe verschreckter Kinder opfern. Als eigenes Versagen habe ich es nicht empfunden, weil die Familienverhältnisse des Jungen so waren, daß eine Heilung fast unmöglich war – die Eltern haßten einander und stritten sich die ganze Zeit, und der Vater schlug den Jungen. Wir wußten, daß der Junge im Laufe der Zeit mit dem Tyrannisieren aufgehört hätte, aber es wäre falsch gewesen, das abzuwarten und die anderen Kinder darunter leiden zu lassen.“[426]

LehrerInnen tragen bei ihrer Arbeit praktische Verantwortung in einem Zwangssystem. Sie sollten sich nicht scheuen, notfalls und rechtzeitig auch Staatsgewalt zu demonstrieren, um freiheitliche Geborgenheit zu sichern, in Absicht und Zweck durchaus jener Prozedur vergleichbar, bei der man in früheren Jahrhunderten dem Delinquenten die Folterwerkzeuge erst nur vorführte. Man kann damit Gewalt im Schulalltag nicht verhindern, aber bekämpfen und eindämmen. Auch befriedet es in einer schwierigen Lage eine Schule entgegen landläufiger Meinung manchmal geradezu, SchülerInnen zur Hauptunterrichtszeit und für alle sichtbar von Polizisten flankiert in die Schule bringen oder aus der Schule abholen zu lassen. Rechtzeitig trotz einer in diesen Dingen sehr kritischen Öffentlichkeit entschlossen so gehandelt, verhindert vielleicht bei manchen SchülerInnen, daß sie schließlich denselben Weg gehen müssen, auf den jener Tucky aus Essen-Karnap, der Pädagogik entzogen und der Justiz unterstellt, geschickt wurde: „Tucky landete im Grimberg-Haus am Gelsenkirchener Zoo, einer sogenannten Jugendschutzstelle, wo, so Heimleiter Klaus Berthold, »wir Kinder verwahren, die vor ihrer Umwelt geschützt werden müssen oder die Umwelt vor ihnen«. Das verkommene Gebäude, das gerade umgebaut wurde, war öd und leer. Tucky bekam ein Zimmer unter dem Dachboden, »total dreckig, die Betten dreckig, die Wände voll mit so schwarzen Dingern vom Feuerzeug«... Wenn er morgens aufwachte, mußte er »immer weinen, daß ich nicht zu Hause bin. Ich kapier' das nicht, daß sie mich hier reingesteckt haben, und andere, die mehr gemacht haben als ich, die laufen frei rum« ... Die Familie kratzte 500 Mark für einen Anwalt zusammen. Aber auch er konnte nicht verhindern, daß Tucky nach sechs Wochen noch weiter fort von seiner Familie kam, in ein Heim nach Münster."[427]

Ihre Macht allerdings sollten LehrerInnen nur anwenden wie der Chirurg sein Skalpell.

Mitbestimmung

Je vollkommener die Übereinstimmung zwischen den im Sozialisierungsprozeß Beteiligten sei, so haben wir gesehen,[428] um so ungestörter und schneller vollziehe sich die Sozialisierung. Nirgends sonst wie in der Frage der Machtausübung klaffen die Verhältnisse in Schule und demokratischem Gemeinwesen so weit auseinander. Während hier nach den Regeln der Gewaltenteilung verfahren wird, vereinigt der Lehrer im Klassenzimmer Legislative, Exekutive und Judikative in einer Person.[429] Er steht immer im Zentrum jeden Konflikts mit allen daraus sich ergebenden Belastungen. Auch verhindert er damit Erfahrung mit dem und alltägliche Einübung in das Funktionieren demokratischer Systeme. Dieses beruht auf der *Austauschbarkeit der Personen und Veränderbarkeit von Regeln.*

Es bieten sich verschiedene Wege an, Entscheidungen durch Mitbestimmung auf eine breite Basis zu stellen und dadurch Frontenbildung und personale Konfliktmuster zu vermeiden. Mitbestimmung heißt nicht, handeln nach dem Motto „Wozu haben wir denn heute Lust?" wie es jener Witz aus den Siebzigern beschreibt. Fragt die Erstklässlerin ihre Lehrerin: „Dürfen wir heute machen, was sie uns sagen, oder müssen wir tun, was wir wollen?". Mitbestimmung heißt auch nicht, sich zu verhalten wie jener Lehrer, der keine Hausaufgaben gibt, nicht kontrolliert, schimpft oder straft und sich in dem Gefühl sonnt, was für ein Pädagoge er doch sei, während er in den Augen seiner SchülerInnen nur den gnädigen Diktator mimt: Alles geht von ihm aus und dreht sich um seine Person. Mitbestimmung meint vielmehr einen Weg, *unvermeidliche Entscheidungen und Konflikte als gemeinsame Aufgaben wahrzunehmen, sie deshalb gemeinsam zu bewältigen, um so die vorgegebenen und anzustrebenden Ziele wahrscheinlicher zu erreichen*, wobei weder Rechte noch Pflichten übergangen werden. Sie zieht dann nicht nur Aggression von LehrerIn ab, sondern vertieft auch die Identifikation von SchülerInnen mit LehrerIn, Klasse und Schule. Als Organisationsprinzip im Unterrichtsalltag ernst genommen, gibt es für die pädagogische Phantasie ein weites Feld – vom Sport – was spielen wir? Basketball oder Handball? – über Hausaufgaben, Sitzordnung bis zum Stoffplan: In Deutsch steht die Lektüre zur Auswahl, im Kochunterricht sind es verschiedene, aber gleichartige Gerichte ...

Gerade am Kochunterricht lassen sich einfache Beispiele für alltägliche Selbstbestimmung aufzeigen. „Ich mag keinen Gurkensalat" – wie oft entwickelt sich daraus ein Machtkampf zwischen Lehrkraft und SchülerInnen. Statt dessen stellt sich jedes aus einem Grundangebot seinen Salatteller zusammen – oder ißt eben keinen Salat: kein Kampf, kein Streß, nur allseitige Zufriedenheit.

Joshua Popenoe, einst Schüler in Summerhill, beschreibt am Beispiel der Schulversammlung einen weitergreifenden Lösungsansatz. „Ein vierzehnjähriger Junge aus Norwegen war ein Jahr zuvor in unsere Schule gekommen. Sieben- und Achtjährige hatten ihn wegen seines Namens gehänselt. Darauf hatte er *ganz natürlich reagiert* (kursiv WP) und die Kinder verdroschen. Damit gewann er jedoch nicht gerade viele Freunde. Obwohl er wußte, daß er gegen diese lästigen Kinder einen Antrag in der Versammlung einbringen konnte, mißtraute er diesem Verfahren und blieb weiterhin gewalttätig. Er war vierzehn Jahre ... und es fiel ihm schwer, diese Neigung zur Gewalt zu überwinden. Jedenfalls entfremdete er sich der Schule und verbrachte viel Zeit mit motorradfahrenden Lederjacken-Typen aus der Stadt. Um sich ihre Freundschaft zu erkaufen und sie damit zu beeindrucken, brauchte er Geld. Da er nicht mehr Geld zur Verfügung hatte als alle anderen Kinder seines Alters, mußte er stehlen. Zwei abenteuerlustige Jungen, elf und zwölf Jahre alt, schlossen sich ihm an, und diese drei Jungen verübten nun gemeinsam alle möglichen raffinierten Untaten. Wenn sie einbrachen, stahlen sie meist Nahrungsmittel aus der Küche und Geld aus der Kasse der Schule. Da jeder wußte, wer es getan hatte, wurden Nahrungsmittel und Geld ersetzt und der Schaden auf die Rechnung der schuldigen Kinder gesetzt ... Obwohl die Kassen- und Küchendiebstähle ärgerlich waren, verfuhr man damit auf übliche Weise. Aber die Gemeinschaft zeigte ihre Krallen, als diese Jungen Mitschüler zu bestehlen begannen und das Eigentum der anderen absichtlich zerstörten. Die Versammlung versuchte alles zu tun, was in ihrer Macht stand. Aber sie hatte bei dieser Bande keinen Erfolg ... Der Lehrer, der die Kasse verwahrte, war die Einbrecherei in seinem Zimmer leid. Deshalb gab er bekannt – meiner Meinung nach ziemlich töricht –, er würde das Geld auf dem Dachboden über seinem Zimmer einschließen und jeder sei herzlich zu dem Versuch eingeladen, es mitzunehmen. Dieses Angebot war für unsere jungen Helden zu verlockend, um widerstehen zu können. Kurze Zeit später kletterten sie nachts auf das Dach, entfernten die Dachziegel und stiegen auf den Speicher hinunter. Sie nahmen ungefähr zehn Pfund – für Summerhill ein Vermögen. Dann brachen sie in die Küche ein und stahlen die Schlüssel, die an der Innenseite der Tür hingen. Einige Schlüssel waren für den reibungslosen Ablauf des Schulbetriebes äußerst wichtig. Ungefähr einen Tag zuvor hatten sie die Geldbörse eines Englischlehrers um drei Pfund erleichtert. Als deshalb eine außerordentliche Versammlung einberufen wurde ... waren alle wütend und richtig geladen. Ich hatte das Glück (oder das Pech), in dieser Woche den Vorsitz zu führen, und bekam so einen allgemeinen Überblick über das ganze Verfahren. Nach dem üblichen Leugnen, was inzwischen schon zu einer entsetzlich langweiligen Angelegenheit geworden war, hielten nacheinander Lehrer und Kinder haßerfüllte Reden, wie lange wir diese Schweinehunde nun schon nachsichtig behandelt hätten und wie viele Bewährungschancen man ihnen bereits gegeben hätte. Die Gemüter erhitzten sich immer mehr. Als die Schuldigen die Versammlung zu verlassen suchten – jederzeit jedermanns Recht –, zwang man sie zu bleiben und zuzuhören. Wir waren uns alle darin einig: Warum sollten wir den Spielregeln der Höflichkeit und Demokratie, die die Schule aufgestellt hatte, gehorchen, wenn diese Kinder sie seit Monaten mißachtet und verletzt hatten? ... Ein volles Jahr hatten wir ihr schlechtes Benehmen hingenommen; eine normale Schule hätte sich damit nicht eine einzige Woche abgefunden. Einige Lehrer hielten die Jungen fest. Ich und andere durchsuchten ihre Taschen. Und wir fanden die vermißten Schlüssel ... Der norwegische Junge wurde von der Schule verwiesen ... An den Problemen des Jungen waren wir mitschuldig, weil wir ihn nicht voll akzeptierten, als er in unsere Schule kam.“[430]

Nur am Rande empfehle ich nochmals einen Vergleich mit Zulliger. Er zeigte, welch breites Feld sich auftut für die Bearbeitung auch von Gewaltproblemen innerhalb der Schule. Ich will jedoch auf andere Gesichtspunkte verweisen.

Zum einen wäre dies der regelmäßig wechselnde Vorsitz in der Schulversammlung. Das Funktionieren des Systems hängt also nicht an einer Person. Dies erfahren SchülerInnen bei jedem Wechsel, und dies dürfte sich nach einiger Zeit bei der Häufigkeit der Wechsel zu einer Art existentieller Grunderfahrung verdichten, die Angst erheblich vermindert. Denn die *Abhängigkeit von nur einer Person* weckt das Gefühl erhöhten Bedrohtseins und vergrößert damit die Angst. Angst aber kennen wir als eine der Wurzeln, aus der Gewalt erwächst.

Weiter fällt auf, wie intensiv die Konflikte auch gefühls-, nicht nur verstandesmäßig bearbeitet werden. Emotionen brechen auf. Da werden „haßerfüllte Reden" über die „Schweinehunde" gehalten. Erst die emotionale Aufarbeitung aber, darin stimmen alle psychotherapeutischen Richtungen überein, bereinigt Konflikte.

Auch wird die Schuld nicht nur bei den „Sündern" gesucht, sondern der Eigenanteil der Gruppe gesehen („... wir ihn nicht voll akzeptierten"). Das gehört zu den Grundbedingungen von Lösungsstrategien, mit deren Hilfe Konflikte auf Sicht eher gewaltfrei zu lösen sind.

Schließlich wäre über die Rolle von Neill zu sprechen, der, wie Popenoe berichtet, es haßte, „jemanden fortschicken zu müssen, aber die Schule wäre auseinandergebrochen, hätte er unsere Entscheidung nicht zugestimmt".[431] Wenn wir Neill – was nicht ganz korrekt ist – mit dem Lehrer vor der Klasse vergleichen, so wird ihm, wo der Lehrer die gesamte Last der Verantwortung alleine zu tragen hat, diese von der Schulversammlung abgenommen. Damit steht Neill gleichsam außerhalb jeder Schußlinie. Das vermindert die von ihm zu tragende Belastung erneut, schafft Raum für pädagogisches Handeln. Durch seine Beiträge in der Schulversammlung kann er argumentativ Wege des Verstehens aufzeigen.

Für den Lehrer brächte also die Schulversammlung erhebliche Entlastung im Schulalltag und zusätzliche Möglichkeiten der pädagogischen Einflußnahme, allerdings nur, wenn wenigstens eine Grundbedingung eingehalten würde, nämlich der Verzicht auf das *personale*, nicht auf das institutionelle Macht- und Gewaltmonopol durch LehrerInnen. Es stellt eine mögliche Quelle von Gewalt dar. Denn Gewalt benennt immer die Art einer Beziehung zwischen Menschen mit unterschiedlicher Ausgangslage: zwischen Starken und Schwachen, Mächtigen und Ohnmächtigen, Besitzenden und Nichtbesitzenden, Gesellschaft und Außenseitern. Freud sah in diesen „Unterschieden von Macht und Einfluß"[432] sogar ihre Hauptursache. Wer dies ändern will, muß diese Unterschiede beseitigen oder mindestens so weit wie möglich verringern. Sonst gerät jede Art der Mitbestimmung zum unverbindlichen Spiel für LehrerInnen und SchülerInnen, das so unverbindlich funktioniert oder nicht funktioniert wie es gespielt wird.

Nimmt man Mitbestimmung ernst, eröffnen sich auch unter den gegebenen Verhältnissen eine Fülle praktischer und praktikabler Möglichkeiten, zu deren Realisierung es allerdings sowohl pädagogischer Alltagsphantasie als pädagogischer Bereitschaft bedürfte.

Das sogenannte Klassengericht hat unter diesen Formen in Deutschland die längste Tradition. In der alten Volksschule reicht sie bis in die 20er Jahre zurück. Dabei kamen die unterschiedlichsten Realisierungsmodelle vor. Ich selbst praktizierte ein solches Modell anfangs der 70er und machte dabei eine Erfahrung, die mein pädagogisches Weltbild völlig durcheinanderwirbelte und meine weitere berufliche Arbeit tief beeinflußte. Strafen durften dabei nur von einem dreiköpfigen Klassengericht ausgesprochen werden, das von der Klasse gewählt war. Die Klasse hatte durch Mehrheitsentscheid auch ein Anklagerecht gegen den Lehrer durchgesetzt, was sich als entscheidend erweisen sollte.

Eines Tages riefen einige StudentInnen an, ob sie nicht am kommenden Samstag bei mir beim Unterricht zuschauen dürften. Sie absolvierten gerade an unserer Nachbarschule ihr Praktikum.

Natürlich bereitete ich mich, es handelte sich um eine achte Klasse, sorgfältig vor, wie man das so gelernt hatte: Stundenentwurf – Tafelanschrieb – Methodenwechsel – Unterrichtsschritte – Medieneinsatz und halt so alles, was nach landläufiger Meinung zu einem guten Unterricht gehört.

Die StudentInnen wollten nach der großen Pause kommen. Die erste Stunde verlief problemlos, normaler Unterricht. Die zweite Stunde hatte ich als so eine Art Einübungsstunde für die Demonstration nach der großen Pause geplant.

Ich begann also sehr konzentriert – nur war meine Klasse „Demonstrationen" solcher Art nicht gewohnt. Zunächst arbeitete sie mit, aber zunehmend irritierter, und schließlich begann die Geschichte mit Uschi und der Colaflasche: sie stellte die Flasche auf den Tisch – sie stellte sie ans andere Ende des Tisches – sie stellte sie auf den Boden ... „Uschi, laß das doch bitte!" ... sie legte die Flasche unter den Tisch – die Flasche rollte leise rumpelnd hin und her ... „Uschi, bitteee!" ... sie legte die Flasche umständlich in die Tasche, dazu mußten Bücher, Hefte ein- und ausgeräumt werden ... „Uschi!" ... plötzlich stand die Flasche, offen, wieder auf dem Tisch! Ich, wutentbrannt, auf sie zu, mit der Flasche zum Waschbecken, das Cola ausgeleert – in der Klasse ein Aufschrei, es klingelte zur Pause.

Nach der Pause, alle hatten schon Platz genommen, auch die StudentInnen, meldete sich der Klassensprecher: „Herr Papesch, Sie haben gegen die Klassenordnung verstoßen, wir beantragen eine Gerichtsverhandlung!" Das saß! Allerdings meinte ich, in einem wenig überzeugenden Verteidigungsversuch, die vereinbarte Ordnung gelte doch nicht für eine solche (Ausnahme-)Situation. Und blamiert, so dachte ich im Stillen, war ich ohnehin schon genug.

Es half alles nichts. Entweder ich hätte mit der nötigen Lautstärke und Brutalität irgendwie einen Unterricht durchgesetzt mit dem Ergebnis, noch fast zwei Jahre mit einer Klasse arbeiten zu müssen, mit der nun wirklich nichts mehr 'gegangen' wäre, oder ich stellte mich der Verhandlung. Auf jeden Fall mußte ich da durch.

Also Verhandlung, die ganze Unterrichtsstunde. Es lief genau so ab wie bei einem Schüler auch: Anklage, Zeugenvernehmung, ich verteidigte mich selbst, Beratung des Gerichts, Urteil: „Herr Papesch wird dazu verurteilt, Uschi das Cola zu bezahlen" – gespannte Stille: Ich zahlte, Uschi konnte es nicht fassen, die Klasse jubelte, begeistertes Schulterklopfen, fassungslose StudentInnen, dann eine Unterrichtsstunde, für die „erstklassige Demonstration" untertrieben wäre.

In diesem Augenblick verlor ich zum erstenmal in meinem Berufsleben und eigentlich für immer die Angst vor meinen SchülerInnen. Wenn Menschen das Gefühl haben, dies begriff ich damals, *das Recht* (= unsere Klassenordnung) *diene der Gerechtigkeit und nicht der Aufrechterhaltung jener „Unterschiede von Macht und Einfluß"*, von denen Freud spricht, braucht man sich vor ihnen nicht zu fürchten. Sie sehen dann keinen Grund für aggressives, feindseliges, gar gewalttätiges Verhalten.

Bei der praktischen Umsetzung im Schulalltag gibt es mindestens für den Deutschlehrer wenig Probleme. Werden dabei doch fast alle Formen des Sprachgebrauchs geübt, wie sie der Bildungsplan vorsieht, vom mündlichen Ausdruck über die Diskussion bis zu Protokoll und Bericht.

3. Erziehungsstile

Die Pädagogik – und die Gesellschaft – neigt dazu, *Erziehungs- und Unterrichtsformen zu ideologisieren.* Ein geradezu klassisches Beispiel findet sich im „Lexikon der Psychologie“,[433] wenn es die unterschiedlichen Erziehungsstile in ergreifender Schlichtheit wie folgt definiert: „bedingungslose Unterwerfung (autoritärer E.), ungezügelte Selbstentfaltung (E. des laisserz faire) oder verantwortungsbewußte Einordnung (demokratischer E.).“[434]

Dahinter steckt ein folgenschwerer Denkfehler, dessen Auswirkungen Mode- und Zeitgeistforderungen noch verstärken. Unter dem Eindruck solch moralisierender Definitionen hat man sich in den letzten zwanzig Jahren – ich polemisiere und überspitze, um zu verdeutlichen – auf eine unautoritäre, nicht repressive, emanzipatorische, fortschrittliche, insgesamt etwa irgendwie sozialintegrativ-demokratische Mitbestimmungserziehung verständigt. Sie konkretisiert sich im Schulalltag für die Linken im Gruppen-, für die Rechten im erziehenden und für die Postmodernen im Projekt-Unterricht. Das wird – in gewissen Zeitabständen wechselnd – jeweils als die neueste Lösung aller nur zu gut bekannten pädagogischen Übel gepriesen. Aber so wie unterschiedliche Krankheiten unterschiedliche Medikamente erfordern – auch Medikamente mit schädlichen Nebenwirkungen – erfordern *unterschiedliche pädagogische Situationen unterschiedliches pädagogisches Handeln.* Je differenzierter eine Gesellschaft, je differenzierter dementsprechend die vorgefundene pädagogische Ausgangslage, um so differenzierter, auf die jeweilige Situation abgestimmt, muß ihr pädagogisches Handeln begegnen.

Laissez-faire

Das pädagogische Laissez-faire sei ein „resignativer Erziehungsstil“ zitierte der SPIEGEL.[435] Wie hilfreich ein bewußtes „Laissez-faire“ wirken kann, erlebte ich am Beispiel eines Schülers, den mir die Sonderschule in die 7. Klasse auf Probe überwiesen hatte. Nach einem Vierteljahr sollte entschieden werden, ob er bleiben könne oder zurückmüsse.

Oberflächlich betrachtet hätte ich ihn schon nach kurzer Zeit zurückschicken müssen. Er saß Tag für Tag da, aufrecht, stocksteif, stumm wie ein Fisch vor sich hingrinsend, und der ganze Karl eine einzige Botschaft: Wenn ihr meint, dann habt ihr euch aber getäuscht!

Das nun gerade machte mich nachdenklich, dieses andere Verhalten als üblich: kein übereifriges Bemühen, kein Schmeicheln, ein in seiner Situation ungewöhnliches Verhalten. Ich behielt ihn also. Meine Entscheidung verblüffte ihn. Zum erstenmal verlor er die Fassung. Offenbar hatte er das nicht erwartet.

Von da an taute er auf, schloß Freundschaft mit einem Jungen aus der Klasse. Ich erfuhr, er sei Mitglied im Kleintierzüchterverein, habe mit seinen Hasen schon verschiedene Preise gewonnen, verkaufe sie immer wieder für gutes Geld und schlachte sie auch selber. Seine schulischen Leistungen allerdings bewegten sich ständig in einem Bereich, in dem man sich als Schüler lieber nicht aufhalten sollte. Ich ließ ihn gewähren: laissez faire.

Er schaffte die Versetzung in die 8. Klasse so lala. Allmählich zeigte es sich, daß hier keineswegs Dummheit am Werk war, sondern eine tiefe Kränkung aufgearbeitet wurde. Es begann eine ausdauernde Verweigerunsphase, ein Tanzen auf der Grenze, das immer wieder knapp am Absturz vorbeischrammte. Ich ließ ihn weiterhin gewähren.

Das Berufspraktikum in der 8. Klasse machte er bei einem Metzger. Die Leute waren mit ihm sehr zufrieden, sicherten ihm noch während des Praktikums eine Lehrstelle zu, falls er den Schulabschluß schaffe.

Er erreichte die Versetzung in die Klasse 9. Sein Leistungsniveau besserte sich in allen Fächern, außer in Mathematik. Der Standardsatz in diesem Fach lautete, mit breitem Grinsen: „Ich hab' die Hausaufgaben nicht gemacht!" Ich vermerkte es wie üblich und trug es mit Fassung.

Vor der Abschlußprüfung stand er in Mathematik auf einem schwachen „mangelhaft". In der Prüfung mußte er mindestens eine 5,5, d. h. einen Punkt – erreichen, sonst würde er den Abschluß nicht schaffen. Bei der zweiten Durchsicht seiner Arbeit fand ich einen Punkt, der ihm korrekt gegeben werden konnte. Allerdings verschlechterte er, da es sich um eine sehr kleine Klasse handelte, den Klassendurchschnitt in Mathematik.

Er begann eine Metzgerlehre. Einige Wochen nach der Schulentlassung besuchte er mich. „In Mathe habe ich" – breites Grinsen – „eine Drei geschrieben." Die Lehre schloß er mit einem guten Durchschnitt ab, bei der Bundeswehr arbeitete er in der Küche und machte den Lastwagenführerschein.

Nach einigen Jahren lud er mich zu seiner Hochzeit ein. Nein, er arbeite nicht mehr als Metzger. Er sei jetzt Baggerfahrer, verdiene viel mehr, und nur samstags helfe er bei seinem alten Chef aus. Das sei dann fürs Benzingeld. „Weißt du noch, wie du in der 7. Klasse zu mir gekommen bist und kein Wort gesprochen hast?" fragte ich ihn. „Und jetzt bin ich sogar Baggerfahrer", entgegnete er, „und verdiene einen Haufen Geld. Als Sonderschüler einmal so weit hinauf, da wird's einem ganz schwindlig, das kann man gar nicht fassen!"

Wie wäre dieser Lebenslauf wohl verlaufen, hätte ihn während seiner Schulzeit nicht ein wohlwollendes Laissez-faire behutsam begleitet, sondern wäre ihm 'Mut zur Erziehung' begegnet? „Die Hilfe, die sie nötig haben, kann nur von Leuten kommen, die sich ihnen nicht entgegendrängen... »Da sind kaputte Seelen, verdörrt und ausgebrannt«", erklärte der Streetworker Meyer über Straßenkinder im SPIEGEL.[436] Solche seelischen Straßenkinder sitzen in den Klassen in größerer Zahl, als man es wahrhaben will. „Denen kann man nicht sofort damit kommen, daß sie einen Schulabschluß machen sollen. Die müssen sich erst mal stabilisieren."[437] 'Akzeptieren von Lebenswelten' heißt das Konzept, das Erfolg verspricht. Es setzt eine wohlwollende Laissez-faire-Haltung des Erziehers voraus. Sie erst schafft jenen Freiraum, den Selbstheilungstendenzen brauchen, um wirken zu können.

Autoritär

Es handelt sich um ein großes Mißverständnis zu meinen, Erwachsene müßten stets und überall und bei jeder Gelegenheit im Umgang mit Kindern dasselbe freundlich-gütige Verhalten an den Tag legen, wie es etwa eine Lehrerin in der FAZ beschrieb.[438] „Sei immer heiter" nennt sie eine pädagogische Haltung, mit der sie in einer Klasse klarzukommen suchte, die sie folgendermaßen schildert: „Jack sitzt auf dem Drehstuhl und dreht sich darauf unentwegt mit unterschiedlichen Geschwindigkeiten, zunächst im Kreis und dann mit viel Geschick hin und her durch den Klassenraum. Die Taschen, Jacken und Getränkedosen der Mitschülerinnen und Mitschüler streift er bei seiner rasanten Fahrt absichtlich von den Tischen. Göhan, Frank und Sandro lachen laut und wild, schreien und rennen hinter ihm her. Jack ist der lauteste. Peter schaut ruhig und fragend zur Lehrerin. Patricia und Silke sind sprachlos. Julia hat Angst."[439]

Nehmen wir an, die Lehrerin wolle das pädagogische Problem lösen, nicht nur seine Unlösbarkeit demonstrieren und gleichzeitig die menschenfreundlichen Bemühungen pädagogischer Instanzen allgemeinem Spott preisgeben. Was wäre zu tun?

Zunächst anzuwenden, was sie gelernt hat: soziologisch, psychologisch, pädagogisch und methodisch-didaktisch zu analysieren, daraus realistische Ziele und dementsprechende Handlungsmaximen abzuleiten. Dabei ergibt sich folgendes Bild:

Gruppendynamisch betrachtet handelt es sich um einen zusammengewürfelten Haufen ohne gemeinsames Wertesystem und ohne allgemein akzeptierte Rangordnung. Es wäre also die *Rangordnung zu klären*, vor allem, wer der Boß im Raum sei – nämlich die Lehrerin. Mit Freundlichkeit allein dürfte dies kaum gelingen. Sie muß *Konflikte*, vielleicht gar *Duelle* durchstehen, *Konsequenz*, notfalls *Macht* einsetzen. Gelingt ihr dies nicht, sinken ihre Chancen drastisch.

Diesem Ziel wäre alles andere unterzuordnen. Dabei findet Unterricht notfalls auf Sparflamme statt. Um zu verhindern, unvorbereitet in Schwierigkeiten zu geraten, muß er im voraus für einen längeren Zeitraum so geplant werden, daß die Lehrerin die Klasse stets ausreichend beschäftigen kann. So gewinnt sie freie Konzentration und Kraft zur Beobachtung und Beeinflussung der gruppendynamischen Prozesse. Dies geschieht am besten durch einen Stoffverteilungsplan – pädagogische Bedenken hin, didaktisch-methodische Finessen her –, der den Stoff auf mindestens ein Vierteljahr im voraus auf einzelne Unterrichtsstunden verteilt. Notfalls läuft Unterricht nach dem Schema ab: Schlagt auf Buch S. 15, schreibt ab die Nr. 3, wer fertig ist macht die Aufgaben A, B, C, D und E und zeigt mir das Ergebnis... und dann ruhig auf und ab gehen, hier ein „Gut, weiter so!", dort ein aufmunternder Klaps und wo nötig ein energisches „Laß das bitte!" oder mehr: als Person da sein, beruhigend, ermutigend, kontrollierend, lenkend und so Bindungen aufbauen. Alles andere an noch so wertvollen Unterrichtsstrategien hat in der Klasse keinen Platz, solange die grundlegenden Prozesse nicht durchgearbeitet sind. Mit einem Ertrinkenden diskutiert man nicht die Feinheiten des Beinschlags beim Kraulen, den zieht man erst mal aus dem Wasser.

Ein solch *regelloses Durcheinander* in ein geregeltes *Nebeneinander* zu überführen, dauert ein halbes bis ein Dreivierteljahr, manchmal länger. Auch das gelingt nur, wenn man *vorübergehend* zu einer klaren, notfalls autoritären Führung und der Übernahme der damit verbundenen Verantwortung bereit ist. Erst wenn die gegenseitigen Beziehungen geklärt sind, kann zu einem 'normalen' Unterrichtsbetrieb übergegangen werden mit dem Ziel eines *zukünftigen Miteinander*: sozialintegrativ, demokratisch, gleichberechtigt, mit allen pädagogisch-didaktischen Finessen garniert.

Demokratisch

Drei Worte bilden die Grundlage jeder, auch der demokratischen Erziehung: bitte, danke, Entschuldigung. Was so einfach klingt, erfordert von LehrerIn monatelanges, konzentriertes Training, bis diese Sprachhaltung verinnerlicht und soweit automatisiert ist, daß sie auch in schwierigen Situationen unbewußt benützt wird. Sie drückt die Bereitschaft zu sozial-reversiblem (Sprach-)Verhalten aus, also dazu, rücksichtsvoll und gewaltfrei mit dem Anderen umzugehen, seine Person, seinen Lebensraum, Lebenslauf und seine Lebenshaltung zu achten. „Soziale Reversibilität bedeutet: Die Äußerung eines Lehrers, Erziehers, Gruppenleiters usw. ist von der Art, daß ein Partner – Kind oder Jugendlicher – diese gegenüber dem Lehrer, Gruppenleiter verwenden (nachahmen) kann, da die Äußerung nicht gegen die Merkmale Höflichkeit, Takt und Achtung, wie sie im allgemeinen gegenüber Erziehern-Lehrern üblich sind, verstößt."[440]

Sozial-reversibles Verhalten verwirklicht im Schulalltag die politischen Begriffe der Toleranz, der Brüderlichkeit und in gewisser Hinsicht den der Gleichheit. Hier sei vor einem Irrtum gewarnt: Höflichkeit hat nichts zu tun mit naivem Idealismus oder gar Masochismus, *deshalb fordert sie natürlich und selbstverständlich ein ähnliches Verhalten von SchülerInnen ein*. Dazu braucht es Gelassenheit, Geduld, Aufmerksamkeit und Konsequenz im schulalltäglichen Gerangel. LehrerIn wird also in jeder Klasse, die man neu übernimmt, einige Zeit – hier ist Gespür erforderlich – SchülerInnenäußerungen stets freundlich-höflich lächelnd korrigieren („Kann ich mein Heft haben" in ein „Kann ich *bitte* mein Heft haben"). In der zweiten Phase „hört" oder „versteht" man eine Frage nicht mehr, wenn ein „Bitte" fehlt. Bei den ganz Dickfelligen schiebt man ein „Wolltest du etwas? Ich verstehe dich leider nicht" nach – spätestens dann fällt auch bei ihnen der Groschen. Das fehlende „Danke" bzw. „Entschuldigung" fordert man ein mit einem „Hast du nicht etwas vergessen?". Man sollte *keine* Äußerung in diesem Sinne unkorrigiert im Raume stehen lassen. Anfangs sehr anstrengend, läuft es nach einiger Übung wie selbstverständlich. Natürlich zaubert das keine Höflichkeitsidylle ins Klassenzimmer, aber es macht immer wieder leise darauf aufmerksam, es könnte eigentlich auch anders zugehen zwischen den Menschen.

Schülerzentriertes Handeln und Reden ergänzen und erweitern diese Grundhaltung höflicher Toleranz. Das Handeln zielt vor allem auf ein Minimieren von Lenkung und Dirigierung. Eine rechtzeitige und umfassende Information der SchülerInnen durch Schule/LehrerInnen tragen dazu bei. „Lenkung, Dirigierung und Kontrolle von Lehrern können erheblich dadurch eingeschränkt werden, daß alle Schüler einer Klasse ... genau wissen, welche konkreten Ziele in dem jeweiligen Unterrichtsfach ... in einem halben oder besser nach einem Vierteljahr erreicht werden sollen. Im Fach Rechnen eines 3. Schuljahres würde das bedeuten, daß im Herbst alle Schüler einer Klasse bzw. eines Kurses durch Aushang oder Verteilung hektographierter Blätter informiert werden, welche Arten von konkret vorgegebenen Aufgaben sie zu Ostern bzw. Weihnachten zu lösen haben, um in diesem Fach in den nächst höheren Kursus aufgenommen zu werden."[441]

Es geht schlicht um Stoffverteilungspläne. Der Streit darüber hat längst Formen eines Glaubenskrieges angenommen, demgegenüber der Disput zwischen Luther und Eck auf dem Reichstag zu Worms einer gegenseitigen Liebeserklärung gleicht.

„Tagtäglich ergeben sich ungeahnte Schwierigkeiten, Herausforderungen, Chancen im Unterricht, tagtäglich lerne ich als Lehrender, erfahre, daß minutiöse Pläne schon beim Erstellen Makulatur sind. Ich sehe das verächtliche Abwinken der Kultusbürokraten ... Im Extrem werden hier deutlich Grunderfahrungen der Pädagogik, die Binsenweisheit, daß Schüler nicht ver-planbar sind. Ich frage mich, welcher der Hirne, aus denen dieses dem Plandenken zugrundeliegende Schüler- und Lehrerbild kroch, jemals wirklichen Kontakt mit den Menschen hinter den Bezeichnungen hatte? Um pädagogisch gebildete jedenfalls kann es sich nicht handeln, höchstens um solche, die Auf-sicht haben (als Gegenteil von Durchblick)... Viel schlimmer als die dahinterliegende grundsätzliche zum Menschen, speziell zum Kind als Lernendem: Verachtung seines Menschsein, seiner Individualität, die sich der Planung entzieht. Ein solches Menschenbild macht Diktaturen möglich – der Schoß ist fruchtbar noch ..."[442]

LehrerInnen haben manchmal technische Schwierigkeiten, Stoffverteilungspläne mit geringem Aufwand auf dem laufenden zu halten. Mit Computerprogrammen lassen sich diese beheben. Noch einfacher geht es, wenn man Formulare benützt, die nach der Netzplantechnik aufgebaut sind. Das Zitat enthält daneben grundsätzliche Einwände. Sie spiegeln eine pädagogische Haltung wieder, die, überspitzt gesagt, in der Schule eine 'Fortsetzung des Paradieses in anderer Umgebung' sieht. Zum besseren Verständnis stelle ich ein Beispiel aus dem Schulalltag dagegen.

Obwohl ich bereits zwei Jahre an der Schule unterrichtete und auch meine Klasse schon so lange führte, war mir noch manches unvertraut. So wußte ich nicht, daß der wichtigste Arbeitgeber der Gegend seine Aufnahmeprüfung für Lehrlinge schon im September durchführte und dabei von jedem Bewerber eine Erörterung forderte. Einführung und Erarbeitung der schriftlichen Erörterung hatte ich aber erst für Oktober geplant. Einer meiner Schüler unterzog sich dieser Prüfung und hockte dabei ziemlich ratlos vor dem Aufsatzthema. Daß er bestand, entsprang in diesem Punkt nicht meinem Verdienst; daß er anschließend auf mich nicht besonders gut zu sprechen war, schien mir nicht ganz unverständlich.

Mit der „pädagogischen Bildung" und der „Verachtung des Menschseins" dürfte es so einfach nicht sein, mindestens was Stoffverteilungspläne anbelangt. Wenn man außerdem bedenkt, jemand hätte die Aufgabe, mit einer Gruppe von 25 Kindern nach einer Wanderung von einem Jahr ein vorgegebenes Ziel zu erreichen und marschierte einfach los, ohne Karte, ohne Etappenplanung, ohne Ruhepausen vorzubedenken, für Mittagsrast und Übernachtung vorauszuplanen, mit einem Irgendwiegepäck ... Ich meine, eine solche Überlegung werfe auf die Sache ein anderes Licht.

Im übrigen dient der Stoffplan als Datengrundlage für Mitbestimmung. Wünschen SchülerInnen eine Diskussion außerhalb der Reihe, klärt man an Hand des Stoffplans gemeinsam ab, wie und wann diese durchgeführt werden kann und welche Folgen sich daraus für den Unterricht ergeben. Auch zeigt die Information mittels Stoffverteilungsplan den Kindern, was sie erwartet, vermindert damit ihre Angst vor einer ungewissen Zukunft.

Denselben Zweck erfüllt eine entsprechende Gestaltung der Klassenarbeiten. Je präziser die Aufgabenstellung, je offenkundiger der Zusammenhang mit dem Unterricht, je durchschaubarer Bewertung und Bewertungsskala, um so geringer die Angst, um so stärker der Zuwachs an Vertrauen für den Lehrer. Wenn er bereits mit den Aufgaben Bewertung und Notenschlüssel offenlegt, schafft er, und man unterschätze dies nicht, die Grundlagen für eine vertrauensvolle Zusammenarbeit im heikelsten Bereich der Lehrer-Schüler-Beziehung. Wer hier nicht mit offenen Karten fair zu spielen bereit ist, wird das Vertrauen seiner SchülerInnen nie gewinnen, eher die Tendenz zu Ausweichverhalten fördern.

Zu den wesentlichen Verhaltensmerkmalen demokratischer Erziehung gehört auch, was Tausch & Tausch „Verbalisierung der Gefühle des Partners als angemessene Möglichkeit der Auslösug von Verständnis beim Partner nennen".

Eine Lehrerin will mit ihrer 4. Klasse im Turnunterricht 'Schwarzer Mann' spielen, weil sie ausnahmsweise nicht nur einen Teil, sondern die ganze Halle zur Verfügung haben.

„Thomas, fängst du als Erster?"

Thomas bekommt ganz große Augen. „Des trau i mi net!" (das trau ich mich nicht)

Die Lehrerin legt ihm die Hand auf die Schulter. „Du traust dich nicht? Wer fängt freiwillig als Erster?"

Die Erleichterung von Thomas ist nicht zu übersehen. Vor dem dritten Spieldurchgang meldet er sich. „Frau X, jezt tät i mi traua?" (Jetzt würde ich mich trauen!)

Man kann diese kleine Begebenheit in Variationen durchspielen, auf andere Situationen übertragen. Nach Tausch & Tausch führt ein solches Verhalten u. a. zu „Verminderung von Gefühlen der Angst und der Bedrohung bei der vorstellungsmäßigen Vergegenwärtigung von belastenden Problemen oder Personen auf Grund der Gegenkonditionierung: Während der Jugendliche bestimmte gefühlsmäßige Inhalte äußert, erfährt er Gefühle tiefen Verständnisses sowie emotionale Wärme. Diese mindern seine bei den Äußerungen zugleich auftretenden Gefühle der Angst und Bedrohung. Als Folge ergibt sich eine größere emotionale Ruhe des Jugendlichen, größere emotionale Sicherheit und eine gewisse Entspannung."[443]

War beim Laissez-faire-Stil und beim autoritären Erziehungsverhalten davor zu warnen, sie *nur* als Quelle aller möglichen Übel zu betrachten, so muß man beim demokratisch-sozialintegrativen Erziehungsstil darauf hinzuweisen, daß er seinerseits keineswegs alle pädagogischen Übel beseitigt. Praktiziert man ihn *nur* routiniert, stereotyp, dogmatisch, entsteht eine 'Wattewelt der Freundlichkeit'. Allzuschnell wird sie für den Heranwachsenden zur Gummizelle, welche durch scheinbare Nachgiebigkeit alle Klarheit verwischt und den Betroffenen nur die Wahl läßt zwischen Tobsucht oder Apathie. Hartwig Röhm warnte schon 1974 vor einer solchen Entwicklung: „Nach einem solchen Schema jedoch regelmäßig Opposition von Kindern glätten zu wollen, spricht freilich jeder pädagogischen Phantasie Hohn. Die schematische Befolgung ... hemmt aber nicht nur erzieherische Phantasie und Flexibilität, sondern birgt zudem – zumindest dort, wo sie auf die Spitze getrieben wird – die nicht geringe Gefahr in sich, daß der Zögling die monoton-sterile Farce eines solch retortenähnlichen Verhaltens sehr rasch abspürt und sich darüber lustig macht oder ärgerlich-gereizt reagiert.“[444]

Lehrkräfte vermeiden diese Gefahr am ehesten, wenn sie grundsätzlich verschiedene Erziehungsstile bewußt und situationsbezogen anwenden. Gelegentlich kommt es dabei zu Mißverständnissen.

Auf Schulausflügen versuchte ich immer, meinen SchülerInnen Gelegenheit zu unbeaufsichtigtem, selbständigem Umherschweifen in Gruppen zu ermöglichen. Zu einer bestimmten Uhrzeit versammelten wir uns an einem vereinbarten Treffpunkt. Falls dann nicht alle anwesend waren, gab ich mit der Trillerpfeife ein langgezogenes Signal, was soviel hieß wie ‘höchste Zeit’. Dies war selten erforderlich. Einmal jedoch drohten wir am Bodensee das Schiff zu verpassen, weil sich einige beim Andenkenkauf in der Zeit vertan hatten. Ich blies also mit aller Kraft auf meiner Trillerpfeife – und wurde von einem Vorübergehenden nach Strich und Faden runtergeputzt: Was ich denn für ein Lehrer sei! Schüler seien doch keine dressierten Hunde, die auf Pfiff zu reagieren hätten ...

4. Klimaverbesserung

Wir müßten das Klima ändern, in dem Gewalttaten gedeihten, forderte Martin Walser, und Hans Zulliger schrieb: „Es geht mir ja überhaupt darum nicht, Einzelheiten, Maßnahmen usw. zu schildern, sondern den *Geist* zu zeigen, der das Verhältnis Schüler-Lehrer und Lehrer-Schüler steuert. Um es faßbarer zu machen, muß ich mich im Konkreten bewegen. Aber ich möchte unterstreichen, daß ich nicht Rezepte und Musterbeispiele anbringen wollte. Der Schul*betrieb* wird nach dem *Prinzip des Gemeinschaftlichen* ausgerichtet, die Rivalität und egoistische Konkurrenz so weit als möglich ausgeschaltet ...“[445]

Nun ist das sowohl mit dem Geist wie mit dem Klima so eine Sache. Weder Großwetterlagen noch Zeitgeist kann die einzelne Schule, gar die einzelne Lehrkraft wesentlich beeinflussen. Aber jeder Landschaftsgärtner weiß, wie er durch Bebauung, Bodengestaltung und Bepflanzung das Kleinklima ändern kann. *Sowenig einzelne Schulen oder einzelne Lehrkräfte für Bildungspläne, gesellschaftliche Zustände oder politische Mehrheitsverhältnisse haften, um so mehr tragen sie Verantwortung für die Atmosphäre in ihrer Schule, ihrem Klassenzimmer, ihrem Unterricht.* Und wenn Hans Zulliger, dieser grundgescheite Mann, beteuert, er wolle weder Rezepte noch Musterbeispiele anbringen, so bewegt er sich in jener pädagogischen Tradition, die da meint, Erziehung bestehe zu wenigsten einem Drittel auch aus mythisch-magischem Geraune. Können SchülerInnen Tafelanschriebe nur nach mehrmaliger Rückfrage entzifffern; sehen Arbeitsblätter aus, als hätte das Kind des Lehrers darauf seine ersten Mal- und Schreibversuche unternommen, verschlechtert dies das Unterrichtsklima so nachhaltig, daß andere Gesichtspunkte zu vernachlässigen sind. Ständig muß dann gegen Wellen des Widerwillens angekämpft werden, die man ebenso ständig selbst erzeugt – hoffnunglos. *Gediegene handwerkliche Arbeit ist zwar nicht alles in der Schule, aber ohne sie ist unter Umständen alles nichts.* Dazu gehört auch Pünktlichkeit, was für LehrerInnen heißt, wann und wo immer möglich vor den SchülerInnen im Klassenzimmer zu sein, es stets als Letzte zu verlassen ...

Dasein – hinsehen – zuhören

In einer Diskussion unter LehrerInnen mahnte ein älterer Lehrer, doch behutsamer zu sein mit allem, was man sich so nebenbei beruflich auflade. Das beinhalte Mehrarbeit. Eine junge Lehrerin widersprach. Erst in einer AG „Schattenspiele“ habe sie ihre SchülerInnen kennengelernt, gesehen, was in den einzelnen stecke.

Dies mag sein. Doch zu fragen wäre, wo die Lehrerin sich in der 5-Minuten-Pause aufzuhalten pflege, im Klassen- oder im Lehrerzimmer?

Auf dem Gang stehend oder am Pult sitzend einfach dasein, nicht als Mitakteur im Gewimmel, sondern als Beobachter, Zuhörer, Anlaufstation oder Ansprechpartner, mit einem Ohr, mit einem Auge immer bei den Kindern, erfährt man Tag für Tag, was in der Klasse, was in der Schule läuft; wer mit wem kann und wer nicht; wo sich Konflikte anbahnen und Heimlichkeiten schwelen; um wen man sich kümmern sollte und wer gelegentlich zu fragen wäre, ob er tatsächlich meine, in der Schule sei Höflichkeit unter Strafe verboten.

Die Präsenz des Lehrers erfüllt dabei zunächst auch eine Funktion ähnlich der, welche die Präsenz von Polizei erfüllt: verhindern durch vorbeugendes Dasein. Dieses Dasein verändert sich aber durch das andersgeartete, unterrichtsfreie Beieinandersein von LehrerInnen und SchülerInnen und durch die daraus entstehende konfliktärmere Situation. Es entwickelt sich, aus der Perspektive von SchülerInnen gesehen, von einem „Dasein, daß nichts passiert“ zu einem „Dasein mit und für uns“. Nun haben LehrerInnen besonders mit dem

Zuhören fast berufsbedingt zu nennende Schwierigkeiten, denn „der Lehrer kann nicht ZUHÖREN, und er kann auch nicht wirklich HINSEHEN. Der Schüler, der interessierte Kollege, der berufstätige Besucher, sie alle sehen den Lehrer zuhören, sie sehen ihn hinschauen. Es ist sozusagen sein wesentliches berufliches Tun, es äußert sich in Gestik und körperlicher Haltung. Nur: er hört nicht zu in dem Sinne, das aufzunehmen, zu verarbeiten und für sich konstruktiv zu integrieren und zu nutzen, WAS der Andere sagt. Zuhören heißt ja, sich dem Anderen zuzuwenden, ihm und dem, was er sagt, Wert beizumessen, eigentlich: lernen wollen ... Der Lehrer kann nicht zuhören. Denn: er muß darauf achten, ob das, was der andere sagt, stimmt ... Der Schüler kann solange reden, seinen Beitrag leisten, wie er nicht ein Wort falsch ausspricht, eine Betonungs- oder Satzregel verletzt, sich nicht inhaltlich verirrt. Im Moment der Abweichung von der Regel oder Erwartung setzt der Lehrer ein ... Dem Kopfschütteln und Stirnrunzeln entspricht auf einer anderen Ebene der Rotstift." [446]

Um solche Fehler zu vermeiden, beschränke man z. B. bei Wandertagen die eigenen Gesprächsbeiträge auf ein „mhm", „meinst du?" „ah ja" ..., aber halte Ohren und Herz offen und speichere, was die Kinder erzählen. Dabei wechseln die 'Gesprächspartner' ständig. Mitunter hört man da, wovon man anders nie erfahren hätte und was Lebensschicksale entscheiden kann.

So hatte ich in einer 7. Klasse einen Schüler, der kaum lesen und schreiben konnte, obwohl er eigentlich normal intelligent schien. Eine frühere Überweisung in die Sonderschule war wegen eines Formfehlers nach Einspruch der Eltern rückgängig gemacht worden. Man schleppte ihn in der Absicht mit, ihn so bald wie möglich auszuschulen. Beim Wandertag nun kamen die Kinder irgendwie auf ihre Zeit in der ersten Klasse zu sprechen. Ein Mädchen erzählte so nebenbei – als wäre es die selbstverständlichste Sache der Welt – „Der X hat in der ersten Klasse nie Hausaufgaben gemacht. Und dann hat ihn der Lehrer immer an den Knöcheln gepackt und zur Strafe mit dem Kopf nach unten durchs Klassenzimmer getragen." X befand sich neben mir, wurde puterrot und wäre vor Scham am liebsten im Boden versunken. Er, der Opfer gewesen war, hielt sich für einen Täter, dem zu Recht geschehen wäre, was ihm widerfahren war. In einem SPIEGEL-Gespräch erläuterte Alice Miller dies am Beispiel mißhandelter Kinder: „Diese Kinder glauben, daß sie es verdient haben, als kleine Kinder eingesperrt, allein gelassen, geschlagen oder gar gefoltert zu werden, daß dies sogar zu ihrem Besten geschah."[447] Hier falle LehrerIn die, wie Alice Miller es nennt, Rolle des „helfenden Zeugen" zu, dessen Aufgabe darin bestehe, dem Kind zu einer angemesseneren Sicht der Dinge zu verhelfen.

Nachdem im Falle des Schülers die Vergangenheit zu Tage getreten und unter anderen Gesichtspunkten gemeinsam mit allen besprochen war, änderte sich sein Verhalten. Der Widerstand schwand, eine neue Beziehung zur Schule baute sich auf. Sein Lesen und Schreiben besserten sich. „Denn erst wenn die Vergangenheit kein verdrängter Schrecken mehr ist", glaubt Kalle Björkman, der Leiter von Kutulla, des Dorfes für kriminelle Kinder in Finnland, „beginnt die neue Existenz",[448] so auch in diesem Fall.

Aktives Zuhören trägt außerdem dazu bei, „daß Kinder und Jugendliche zu Hause und in der Schule weniger ungelöste Probleme mit sich herumtragen. Die Folge: weniger Frustrationen, weniger selbstzerstörerisches und antisoziales Verhalten."[449]

Standhalten, nicht flüchten

Die Tendenz zur Verdrängung durchzieht den Bereich der Erziehung wie ein roter Faden. Während diese unbewußt abläuft, breitet sich daneben offensichtliches Fluchtverhalten aus. Mangelnde Präsenz von LehrerInnen scheint sich zu einem zentralen Problem des Schulalltags zu entwickeln.

Direkte Flucht

„Der Reformpädagoge Hartmut von Hentig kennt Schulen, an denen »streunende« Lehrer – Lehrer, die sich einfach nicht in die Klasse trauen – ein fast so großes Problem sind wie streunende Schüler".[450]

Das Problem gibt es: LehrerInnen, die vor Unterrichtsbeginn im Lehrerzimmer hängenbleiben; die in kleinen Pausen möglichst schnell ins Lehrerzimmer eilen; die nach der großen Pause nur mühsam den Absprung finden. Ein Verhalten – um so verständlicher, je problematischer die Klasse – das die Schwierigkeiten in einem Teufelskreis stetig vergrößert: die 'Flucht' der Lehrkraft vergrößert die Wahrscheinlichkeit von Konflikten, vermehrte Konflikte, verstärken die Fluchttendenz bei LehrerIn. Hier hilft nur präsent sein und standhalten.

Indirekte Flucht: Was wir geleistet haben

Schulfeste und derlei mehr können zur Klimaverbesserung beitragen wie ein strahlender Sonnentag, der das graue Einerlei des täglichen Gewurstels erhellt und wärmt. Sie können aber auch wirken wie ein Wirbelsturm, der, lange angekündigt, über alles hinwegrasend nur tabula rasa hinterläßt: ausgepumpte LehrerInnen, gereizte und zerstrittene Eltern, überforderte und/oder überfütterte SchülerInnnen, einen deshalb mehr denn je von allgemeiner Unleidlichkeit durchdrungenen Schulalltag. Eine Inflation von Schulfest- und sonstigen Aktivitäten kann sich zur Gefahr für eine Schule entwickeln, wenn zuviel Kraft und Konzentration absorbiert werden; wenn sie Züge einer Flucht vor dem Schulalltag annimmt; wenn sie zeigt, daß „das Image einer Schule höher bewertet wird als ihr Innenleben",[451] wie man es bei dem folgenden 'Rechenschaftsbericht' einer Schule vermuten könnte:

„Ohne Überschätzung, aber doch auch mit bestärkendem Stolz zählt die Grund- und Gesamtschule ... auf, was sie an Initiative in diesem Schuljahr ergriffen hat: Sie hat

- einen Förderverein gegründet,
- die ersten Projekttage durchgeführt („Der Sucht, dem Frust vorbeugen"),
- Fasching gefeiert,
- einen Minimarathon organisiert,
- Fahrradprüfungen abgenommen,
- ein Sportfest, ein Frühlingsfest, ein Schulhoffest veranstaltet,
- mit Klassen aus der CSFR einen Austausch weitergeführt,
- Schülerinnen und Schüler aus den USA, aus Brasilien und Venezuela in Familien untergebracht und in der Schule betreut,
- ein Theaterstück aufgeführt,
- Klassenfahrten in das „neue" Deutschland, in die Tschechoslowakei, Spanien und Großbritannien gestartet,
- das Museum für Verkehr und Technik, das BuGa-Gelände in Britz, Freizeit- und Erholungszentren in Westberlin besucht,
- zur John-F.-Kennedy-Schule in Westberlin Kontakte aufgenommen und dort deren Mitbestimmungsformen studiert,
- Schuldiskos arrangiert, für die 3. Klasse die Schwimmausbildung übernommen, Arbeitsgemeinschaften eingerichtet."[452]

Es wäre unfair, mit dem Finger auf die Schule zu zeigen und sie mit einem „Aha, haben wir euch erwischt!" an den Pranger zu stellen. Außenstehende dürfen sich kein Urteil erlauben. Doch verdeutlicht diese Aufzählung, wie angebracht es wäre, *bei jeder geplanten Aktivität überlegt zu gewichten*: Was bringt sie für wen? Handelt es sich um eine zur Tradition der Schule, des Ortes zählende Veranstaltung oder um eine einmalige? Soll eine neue Tradition begründet werden? Was ist dafür zurückzustellen? Wer wird zusätzlich be- bzw. entlastet? Dabei wären auch Variablen zu berücksichtigen, an die man in der Pädagogik normalerweise nicht denkt: Durchschnittsalter des Kollegiums, Anzahl verheirateter Lehrerinnen mit Kindern, durchschnittliche Häufigkeit von Krankheiten (Überforderungssymptom!), gleichmäßige Verteilung der Lasten ... Übergeht man solche Fragen, führt dies früher oder später bei einem Kollegium zu dem – meist unbewußten – Eindruck, man gehe über die Interessen von LehrerInnen hinweg. Steigert sich dieser Eindruck zu einem Gefühl der Überforderung, wird Ausweichverhalten geradezu hervorgerufen. Dies läßt sich in einem Beruf mit einem so hohen Anteil an unkontrollierbaren Bereichen mit Selbstverantwortung nicht verhindern. Zunehmende Gleichgültigkeit bildet in solchen Fällen eine normale Schutzreaktion. Sie breitet sich auch gegenüber SchülerInnen aus, wodurch sich die positiven Gefühlsbeziehungen zwischen diesen und der Schule lockern. Damit aber wird ungebundene Aggressivität frei, Gewaltbereitschaft entsteht. René, einst Autoknacker in Hamburg, „bekannt bei Polizei und Presse und bei der Jugendbehörde sowieso“,[453] nennt denn auch auf die Frage, warum er in Kuttula bleiben wolle, als Grund: „... du hast nicht das Gefühl, du bist dem (Heimleiter) egal.“[454]

Einfacher kann man nicht ausdrücken, was SchülerInnen an eine Schule bindet: nicht Show, nicht Quantität, sondern Qualität.

Flucht aus der Verantwortung

Rückmeldungen müssen schnell gegeben werden, sollen sie wirken. Trotzdem lassen LehrerInnen sich mit Korrekturen Zeit. Besonders Fleißige geben Klassenarbeiten schon am nächsten Tag zurück, bei anderen dauert es Tage, manchmal Wochen, nicht selten Monate. Dabei haben die meisten selbst Kinder und erfahren immer wieder, wie sehr diese unter der Ungewißheit leiden. Diese Belastung wiegt nicht selten schwerer als die Klassenarbeit selbst. Warum dem nicht begegnen, indem man Klassenarbeiten so plant, notfalls durch Vertauschungen im Stundenplan, *daß man sie möglichst noch am selben Vormittag korrigieren und zurückgeben kann?* Dabei sollte man sich nicht scheuen, und dies nenne ich verantwortlich handeln, *den SchülerInnen zuliebe auch während des Unterrichts zu korrigieren.* Man kann damit schon bei der Klassenarbeit beginnen, in der Pause fortfahren, in der folgenden Unterrichtsstunde die Korrekturen zu Ende bringen. Die Klasse erledigt solange Aufgaben in Stillbeschäftigung. Es dürfte kaum eine Klasse geben, die auf entsprechende Abmachungen nicht gerne einginge. Man muß es nur offen ansprechen. *Dann bewerten SchülerInnen ein solches Verhalten sogar als Zeichen besonderen Lehrerfleißes.* Es erhöht ihre Zufriedenheit, vertieft die Bindung zwischen Klasse und Lehrer (weil ein Problem *gemeinsam* gelöst wird) und entzieht so der Gewalt ein Stück Boden.

Schließlich ist der Bereich der Interaktion zwischen Eltern-Kindern bzw. SchülerInnen-LehrerInnen zu bedenken. Da es sich dabei um ein dynamisches, vernetztes Beziehungsfeld gegenseitiger Beeinflussung handelt, sind das Tun der Kinder und das Tun der Eltern (SchülerInnen-LehrerInnen) auf einer tieferen Ebene miteinander verknüpft, weil Eltern (LehrerInnen) „durch das Ausagieren ihres Kindes stellvertretend eine Befriedigung ihrer eigenen, nur ungenügend integrierten verbotenen Impulse finden, indem sie bewußt oder häufiger unbewußt auf entsprechende Verhaltensweisen des Kindes gewährend oder widersprüchlich reagieren. Die Über-Ich-Defekte des Kindes entsprechen ähnlichen Über-Ich-Defekten der Eltern, die wiederum eine Folge der bewußt oder unbewußt gewährenden Haltung ihrer eigenen Eltern sind.“[455]

Die in Rostock und anderswo Beifall klatschten, stehen für diese Thesen. Nicht zu Unrecht meinte der 13jährige Thomas aus Greifswald, „das ganze Volk wollte den Dreck weghaben, aber nur Jugendliche hätten was dafür getan",[456] und bei dem Prozeß gegen sieben junge Männer, die im Juli 1992 mit einem Baseballschläger einen Kosovo-Albaner erschlagen hatten, sagte ein Zeuge vor Gericht: „Sie haben eigentlich das gemacht, was alle denken. Gegen Scheinasylanten ist doch jeder. Das ist doch ganz normal."[457] Nicht so ins Auge fallend geschieht ähnliches landauf landab, in wohlgeordneten Wohnstuben und aufgeräumten Klassenzimmern. Von „Delegation an das Kind" spricht die psychoanalytische Familienforschung.

„Die Delegation, d. h. die Erteilung eines Auftrages oder die Abtretung einer bestimmten Aufgabe an einen anderen spielt in der Eltern-Kind-Beziehung eine wichtige Rolle und tritt in verschiedenen Variationen in Erscheinung. Delegationen gehören in den Bereich der Beziehungsstörungen zum Kind, weil es sich dabei meist um unbewußte Aufträge handelt, die der Delegierte, das Kind, für den Erwachsenen ausführen soll. Das Kind wird vollständig oder teilweise in einer bestimmten Rolle gesehen und behandelt, die nicht seiner Person entspricht. Diese Fremdbestimmung ist das eigentliche Wesen der Beziehungsstörung. Delegationen sind weiterhin dadurch charakterisiert, daß der Inhalt des Auftrages oder der Aufgabe einem persönlichen und unerfüllten Bedürfnis des Delegierenden entspricht. Der Delegierte soll in der Regel das verwirklichen, was der Delegierende für sich nicht erreichen konnte."[458]

Was so kompliziert klingt, umschreibt der Volksmund mit 'Schwarzer-Peter-Spiel'. Es wird in Schulen mancherorts ausdauernd gepflegt. Da gibt es die Regel, daß drei Einträge einen vorübergehenden Schulausschluß nach sich zögen. Nun hat ein schwieriger Schüler schon seit langem zwei Einträge, handfeste Anlässe für einen dritten liefert er laufend, doch niemand erteilt ihn. Regelmäßig aber heißt es, wenn jemand über ihn klagt: „Gib ihm doch einen Eintrag!". So versucht man, den 'Schwarzen Peter' endlich unterzubringen, ihn an jemanden zu delegieren, damit geschehe, was alle für notwendig halten, aber niemand verantworten will.

Das Prinzip der „Delegation" wirkt auch im LehrerInnen-SchülerInnen-Verhältnis. Hartwig Röhm verdeutlicht das am Verhalten eines Studienrats, 12 Jahre im Schuldienst, von Schülern, Kollegium und Elternschaft geschätzt, beruflich erfahren und fähig.

„Eines Tages spielt sich nach der großen Pause folgendes ab: Herr X unterrichtet die Klasse 8 in Mathematik. Bei Durchsicht der Hausaufgaben bemerkt er, daß der Schüler M. statt der geforderten drei nur zwei Aufgaben bearbeitet hat. Er fährt ihn etwas barsch an, wieso er nur zwei Aufgaben gelöst habe und schlägt ihm dabei das Heft auf den Kopf. M. stammelt, über die ungewohnt heftige Art seines Lehrers sichtlich erstaunt, er sei der Meinung gewesen, nur diese zwei Aufgaben lösen zu sollen. Herr X erteilt M., dessen Antwort übergehend, eine Strafarbeit ... Als er am Nachmittag aus größerer Distanz heraus sein Vorgehen noch einmal überdenkt, verdichtet sich seine Skepsis an dem entschiedenen Haßeffekt, mit dem er dem Jungen begegnete. Da er es sich zur Regel gemacht hat, besonders seinen negativen Affekten einer Klasse oder einzelnen Schülern gegenüber in gleichsam detektivistischer Weise auf eventuelle subjektive Motive hin zu untersuchen, stößt er bald auf eine Reihe von Einfällen, deren Zusammenhang mit der Strafaktion am Vormittag ihm evident scheint."[459]

Lehrer X kommt am Ende seines Nachdenkens zu folgender Erkenntnis. „Der Junge kommt ... seinen eigenen Schwächen zu nahe. Herr X lehnt den Jungen ab, weil dieser einen Teil seiner eigenen Persönlichkeitsstruktur repräsentiert, den er verwirft. Er bestraft unkontrolliert in dem Jungen einen Aspekt seiner selbst,"[460] delegiert also seine eigenen, verdrängten Persönlichkeitsanteile an den Schüler und bekämpft sie in diesem. Daher seine emotional-spontane und unangemessene Handlungsweise. Die Verantwortung bestünde darin, sich stets als *Beteiligter* in allen Interaktionsprozessen zu sehen; sich zu bemühen, den jeweils eigenen Anteil daran herauszuarbeiten und diesen zu akzeptieren, statt zu delegieren. Daraus kann sich ergeben, daß LehrerIn sich bei SchülerIn entschuldigt. 'Entschuldigung' – dies war das dritte jener Wörter, welche die Grundlage jeder Erziehung bilden. Hier hätte es seinen Platz.

Man kann die Geschichte dieses Studienrats unter einem anderen Gesichtspunkt betrachten. Hätte es nämlich in dieser Klasse ein Klassengericht gegeben, wäre das alles nicht passiert. Der Lehrer hätte dem Schüler das Heft nicht auf den Kopf geschlagen (er wäre sonst angeklagt worden); eine Strafarbeit – in diesem Fall ungewöhnlich umfangreich – wäre beim Gericht zu beantragen gewesen; alles hätte sich in normalen Bahnen bewegt und hätte die Beziehungen Lehrer-Schüler-Klasse nicht annähernd so belastet. Der Lehrer hätte seine Gefühle ohne den Druck einer an sich fälligen Wiedergutmachung analysiert.

Eine Verhandlung vor dem Klassengericht nimmt der Auseinandersetzung den Duellcharakter, verteilt die Verantwortung und schafft Anlaß, über die Regeln des Zusamenlebens nachzudenken und zu diskutieren. Ein Klassengericht – eine Schulversammlung ... – *ergänzt die Struktur der Schüler-Lehrer-Beziehung durch neutrale, nicht-personale Elemente.* Diese Elemente schwächen nicht etwa die Stellung der Lehrkräfte, wie es einem ersten Blick scheint, sondern stärken sie. Sie schützen LehrerIn auf Grund der entstandenen Distanz vor Fehlhandlungen durch Fehleinschätzungen, augenblickliche oder persönlichkeitsbedingte Schwäche – wer wäre davor gefeit? –, SchülerInnen vor deren Folgen. Sie erlauben es LehrerInnen, sich auf ihre eigentliche Aufgabe zu konzentrieren, das Unterrichten und pädagogische Begleiten von SchülerInnen. Sie befreien sie von den nicht wesensmäßig zu ihren Berufsaufgaben gehörenden Pflichten, nämlich zu richten und zu strafen. *Weil solche Elemente im Schulalltag fehlen, arbeiten LehrerInnen ständig unter strukturell bedingter Überforderung*, die nur zu bewältigen ist, wenn *durchschnittliche Menschen Überdurchschnittliches leisten*, was auf die Dauer eines Berufslebens nur in Ausnahmefällen gelingt. *Es gehört zu den Grundirrtümern der Pädagogik, solche Ausnahmefälle – Pestalozzi, Ellen Key, Kerschensteiner, Reichwein, Wagenschein, Zulliger, Neill ... – zur Regel erhoben zu haben, anstatt Strukturen zu erarbeiten, die Überforderung abbauen.*

Akzeptieren, nicht ausgrenzen

Wo immer wir die Entwicklung zur Gewalttätigkeit neigender Jugendlicher verfolgen, stoßen wir auf ähnlichen Verlauf. Am Anfang stehen Ausgrenzung und Isolation, gleichgültig, wie sie zustande kamen. Und wo immer wir Ansätze einer Änderung zum Positiven erkennen, steht ebenso am Anfang die Bereitschaft, den anderen als Mitmenschen zu akzeptieren, auch wenn man seine Meinungen und Überzeugungen nicht teilt, seine Handlungen mißbilligt. Sichtbar machte dies selbst ein SPIEGEL-Gespräch mit rechtsradikalen, Gewalt bejahenden Jugendlichen aus Ostdeutschland.

„SPIEGEL: Wie reagieren Mitschüler und Lehrer auf eure politischen Überzeugungen?

ANNE: Mir hat mal ein Lehrer gesagt: Ich akzeptiere deine Meinung, aber ich toleriere sie nicht. Das kann ich sogar verstehen."[461]

Auch wenn Anne „tolerieren" und „akzeptieren" durcheinanderbringt, ihre Äußerung zeigt, wie eine Brücke entsteht, welche die Chance eröffnet, aufeinanderzuzugehen, sich zunächst im Gespräch zu verständigen. Daß dies gelingt, setzt eine professionelle Haltung bei LehrerInnen voraus, die Hans Zulliger so umschrieb: „Es kommt darauf an, daß der Lehrer sich völlig sachlich verhält, wenn etwas von einem Schüler oder durch einen Schüler ruchbar wird, was sich nicht ganz geziemt, oder was ein Fehler oder kleines Verbrechen war. Was uns Erwachsenen oft als sehr bedenklich vorkommt, ist für ein Kind lange nicht so schwerwiegend. Wir müssen vor allem möglichst angstfrei reagieren und nicht gleich den Teufel an die Wand gemalt sehen, wenn ein Kind sich verfehlt hat."[462]

Für unsere Ohren klingt das harmlos. Aufgeschrieben wurde es während der Fünfziger. Übersetzt man es in unsere Verhältnisse, birgt diese Forderung einige Sprengkraft. Dabei muß man sich vor dem Mißverständnis hüten, 'sachlich' bedeute so etwas wie 'gleichgültig'. Es meint in solchen Zusammenhang eher 'sich einer Bewertung enthaltend', was Interessiertheit an der Sache, heutzutage Engagement genannt, nicht ausschließt. Es hebt jedoch den Unterschied hervor, der zwischen 'sachlichem Engagement' und 'emotionalem Engagement' besteht. Der emotional Engagierte zielt auch auf eine Wiederherstellung befriedigender Beziehungsverhältnisse. Dabei drohen Distanzverlust, Dankbarkeits- und auf längere Sicht Burn-out-Probleme. Der 'sachlich Engagierte' will nur jene die Entwicklung des Heranwachsenden störenden oder beeinträchtigenden Elemente bereinigen und findet seine berufliche Befriedigung, wenn die ins Stocken geratene Entwicklung wieder ihren Weg nimmt. Er gleicht darin eher dem Arzt – allerdings haben LehrerInnen es überwiegend nicht mit 'kranken' SchülerInnen zu tun – dessen Beziehung zum Patienten sich in der Heilung der Krankheit erfüllt. Und so wie die Art der Krankheit, und sei sie noch so unappetitlich, die Beziehung zwischen Arzt und Patient nicht berührt, darf auch die Art des pädagogischen Problems, und sei es noch so unappetitlich (man denke an obszöne Äußerungen wie jenes zitierte „Ich fick deine Mutter"), die LehrerInnen-SchülerInnen-Beziehung nicht beeinträchtigen.

Unter diesem Blickwinkel – dem der Akzeptanz – könnte man auch die Geschichte jenes türkischen Jungen ganz anders lesen, jenes Tucky (siehe Seite 71), der laut SPIEGEL[463] eine Art Mini-Monster der Hauptschule von Essen-Karnap darstellte. Der Polizist „Zöllner rechnete die tagtägliche Spur der Roheiten, Tritte und Schläge hoch und kam auf mindestens 300 einfache oder gefährliche Körperverletzungen, dazu 50 räuberische Erpressungen, gemeinschaftlich begangen, und noch einmal 30 Fälle, die er Tucky allein anlastete, sowie auch fünf Freiheitsberaubungen ...[464] Als vor einigen Monaten sein Vater gestorben war, „nahm ihn sein Klassenlehrer anteilnehmend in die Arme und schickte ihn nach Haus. Nach dem Schock trieb es Tucky noch toller, er kriegte, was im Katalog schulischer Sanktionen vor dem Rausschmiß steht: Eine Konferenz aller Klassenlehrer sprach einen Verweis aus, ein Verwaltungsakt, der auch nicht weiter half ..."[465]

Es fehlte ja in dieser Schule nicht am guten Willen, es fehlte auch nicht an Einsatzbereitschaft und Engagement.

„Was haben sie nicht alles in Eigeninitiative und mit Mehrarbeit organisiert: ein Mittagessen für Schlüsselkinder und Spiele in der Freizeit, Ski-Winterferien, Ausflüge in Museen, die Pacht eines Kleingartens und den Betrieb einer Fahrradwerkstatt, pädagogisch anspruchsvolle Schulfeste und nicht zu vergessen den Umwelttag, als ein Laster die Ausbeute einer Müllsammelexpedition auf den Schulhof kippte und dort auch ein Schrottauto zum lustvollen Demolieren stand ... Ausgewählt für einen Modellversuch des nordrhein-westfälischen Kultusministeriums, öffnete sich die Schule für die Stadtteilbewohner, etwa den Insassen eines Altenheims, die in Rollstühlen abgeholt werden, um mit den Schülern die Produkte des Kochunterrichts zu verschmausen. Jeden Mittwoch, wenn Markt ist auf dem Platz vor der Schule, lädt der Rektor ein ins Café."[466]

Nein, es fehlte an nichts, was so eine moderne Schule 'modern' macht.

„Die Lehrer pflegen der undisziplinierten Schar die Themen im Vorschlagton zu bringen, in der Hoffnung, daß sie die Schüler interessieren können. Einerseits klappt die Methode erstaunlich gut. Die Abschlüsse der Karnaper Hauptschule liegen über dem Durchschnitt, und nach jeder zehnten Klasse sind jedesmal ein paar Schüler reif fürs Gymnasium."[467]

Es gab alles, was einer entsprechend interessierten Öffentlichkeit vorgeführt werden konnte, nur Zeit und Kraft und Konzentration, sich darum zu kümmern, worum sich Lehrkräfte und Schule zu kümmern hätten, nämlich um ihre SchülerInnen, gab es nicht. Schon allein beim Durchlesen dieser Aktivitätslatte fühlt man sich gestreßt und überfordert.

Woher soll die Muße kommen, die Gedanken immer wieder durch einen Unterrichtsvormittag laufen zu lassen, darüber nachzusinnen, was da gewesen sei? Nachzulesen, wie dies zu verstehen, wie dem zu begegnen wäre?

Da war dieser Tucky, ein Türke, wohl der Jüngste unter seinen Geschwistern, dessen Vater verstorben war und „dessen Mutter von einer kleinen Witwenrente plus Sozialhilfe lebt“,[468] in einem fremden Land, in einer fremden Kultur, in der sozialen Rangordnung ganz unten, in einer Schule, in der offensichtlich schon seit längerem – von den Lehrern weitgehend unbemerkt, die hatten einfach zu viel zu tun – das Faustrecht herrschte, durch den Tod des Vaters seiner letzten Stütze, seines letzten Schutzes, seiner letzten Orientierung beraubt. Liegt es außerhalb jeglichen Verständnishorizontes, daß er sich entschloß, lieber Täter denn Opfer zu werden? Seine Ängste, seine Verletztheit, seine Hilflosigkeit zu verdrängen? Ihm halfen weder das Mittagessen für Schlüsselkinder noch der Umweltschutztag noch das Mittwochscafé. Geholfen hätte ihm vielleicht ein Lehrer, der gewußt hätte, was an der Schule so lief, mit genügend Kraft und Zeit, nachzudenken, zu verstehen; der bereit gewesen wäre, ihn rechtzeitig entschlossen an die Hand zu nehmen, rechtzeitig die verfügbare Macht einzusetzen. Statt dessen gab es eine Raucherecke trotz Rauchverbot, gab es, was ein anderer Schüler schilderte, „»Hat der Lehrer gesagt, Mädchen am Arsch packen ist Quälen. Wer noch einmal anpackt, kriegt Konferenz. Hab' ich eine angepackt, keine Konferenz. Hab' ich noch mal angefaßt«.[469] Als ihn eine Lehrerin nicht drannehmen wollte, „da hab' ich gesagt: »Ach leck mich am Arsch«, ganz leise, aber die hat das gehört. Fand ich gut, daß ich Konferenz gekriegt habe. War aber nix, ist immer nix.“[470]

Erst ein „Leck mich am Arsch“ bringt die ersehnte Aufmerksamkeit – und wieder geschieht nichts – und wieder versteht's niemand. Statt dessen gab es, was Schule in solchen Situationen als Allheilmittel anbietet, moralische Belehrungen: „Was es bedeutet, Liebe zu üben, was es bedeutet, zu teilen, was es bedeutet, Menschen anzunehmen, denen wir nicht sympathisch sind.“[471]

Dabei fanden sich Signale, welche die Polizei übersehen darf, LehrerIn nicht: „Hilfsbereitschaft und organisatorisches Talent“;[472] als „Kalle von einer Türkenclique ... zusammengetreten wurde“, war es „Tucky, der ihn mit einem türkischen Wortschwall aus der Bredouille herausholte“;[473] er „beschützte ihn, wenn ihn stärkere Jungen verkloppen wollten“;[474] und „Tucky hat mir die Arme hochgemacht, damit ich wieder Luft kriegte“.[475]

Die Schule brauchte einen Schuldigen, die Polizei einen Täter, die Presse eine Story, und Tucky landete vor der Justiz und im Heim, genau wie der 'große Lebrac' im Film „Krieg der Knöpfe“. Was wäre wohl da zusammengekommen, hätte die Polizei sein 'kriminelles' Sündenregister aufgelistet? Nein, keine schöne, eine traurige Geschichte. Noch weigert sich die Schule, weigert sich die Gesellschaft, die Hilflosigkeit und Angst zur Kenntnis zu nehmen, die sich hinter solchen Masken der Gewalttätigkeit verbergen.

Weitere Möglichkeiten

LehrerInnen leiden häufig unter dem Gefühl, sie lieferten ununterbrochen, seien ständig am Geben, wobei nur wenig zurückkomme. Dabei zeigt schon ein oberflächlicher Blick: *Wo sie zu geben meinen, fordern sie zuerst*: Höflichkeit, Pünktlichkeit, Ruhe, Disziplin, Gehorsam, Hausaufgaben, Leistung. Weil dies so selbstverständlich Tag um Tag abläuft, nehmen sie gar nicht mehr wahr, *was* da Tag für Tag abläuft. In vielerlei Hinsicht verhalten sie sich dabei wie Bauern, die von Äckern ernten wollen, auf denen nicht gesät wurde. Dabei handelt es sich ja keineswegs um großartige Dinge. Wie oft z. B. fehlt SchülerInnen Konzeptpapier. Warum nicht, statt jedes Mal wieder loszuschimpfen, grundsätzlich einseitig beschriebene Blätter oder Blätter aus alten Heften im Klassenzimmer ablegen, wo sich jedes bei Bedarf bedienen kann? Warum nicht jene alten Bleistifte, Kugelschreiber, Füller, Radiergummis ... in einem Behälter auf dem Pult sammeln? Wer etwas braucht, leiht es sich hier vorübergehend aus. Warum nicht als Klassenlehrer jeden Schüler, jede Schülerin am Geburtstag mit einem Geburtagsgruß empfangen, den sie beim Betreten des Klassenzimmers an ihrem Platz vorfinden? Für praktische Phantasie eröffnet sich ein weites Feld. Kleinigkeiten? Aber gewiß, doch mit Folgen, verändert sich doch die Perspektive entscheidend: statt Ausgrenzung, Hilfe; statt Gegeneinander, Miteinander. Warum nicht, gleichsam eine Stufe höher, auch im Unterricht zuerst geben, dann fordern? Da vergessen Buben, Kl. 8, im Kochunterricht, die Sahne zu ihrem Pudding zu schlagen – nach 5 Minuten kommt die Lehrerin damit aus der Küche in den Eßraum. Ohne jedes Aufheben hat sie es für die Jungen getan: ein Riesenhallo! Warum nicht, wiederum nur ein kleines Beispiel, im Leseunterricht Texte erst den Schülern vorlesen, statt sie erlesen zu lassen? Geschichten wie „Die Waage der Baleks" von Heinrich Böll, „Die rote Katze" von Luise Rinser, „Der Ausweg" von Selma Lagerlöf oder „Der Kaukasische Kreidekreis" von Bertolt Brecht – alle beschäftigen sich auch mit dem Thema 'Gewalt' – beeindrucken Kinder tief, wenn man sie zuerst vorliest und die Kinder sie in Ruhe nachlesen. Schon hat man Ruhephasen geschaffen, Phasen der Konzentration und Besinnung.

War ich mit der Klasse im Schullandheim oder auf Radtour, bildete das *Vorlesen* ein täglich sich wiederholendes Ritual, das den Tag beschloß. Dabei trifft sich die Klasse um 21.15 Uhr einmal in einem Bubenzimmer, einmal in einem Mädchenzimmer. Dies fördert nicht nur das Gefühl der Gemeinsamkeit – weil wir uns z. B. dadurch von anderen Klassen unterscheiden – sondern entkrampft auch die Atmosphäre zwischen Buben und Mädchen. Da hocken sie dann eng nebeneinander – es gibt halt wenig Platz – auf den Betten, futtern Chips oder Kekse oder was auch immer, teilen und tauschen und es entsteht eine Stimmung, wie das früher vielleicht mal war, als man bei der Großmutter hinterm warmen Ofen saß und zuhörte, wie sie erzählte ...

Wie tief eine solche Atmosphäre beeindrucken und wie sehr sie als Geschenk empfunden werden kann, erlebte ich, als wir einmal die Jugendherberge mit Abiturienten belegt antrafen, die sich auf Abschlußfahrt befanden und entsprechende Stimmung verbreiteten. Da stand während des abendlichen Vorlesens plötzlich einer der Abiturienten in der Tür. Nach und nach fand sich fast die ganze Abitursklasse ein. Obwohl ich mich ziemlich unbehaglich fühlte – ich erwartete eher Spott als auch nur eine Spur Aufmerksamkeit – las ich einfach weiter. Niemand störte. Als ich geendet hatte, klatschten sie – und die Nacht verlief ungestört.

Alltägliche *Rituale* helfen, Konflikte vorbeugend aufzufangen, wenn man sie nicht zu Dogmen erhebt und um jeden Preis und überall ihre Einhaltung fordert. Demselben Zweck dienen *Traditionen*, die man nicht nur in einer Schule, die man auch in einer Klasse schaffen kann. Auch hier handelt es sich um kleine Dinge.

So kaufte jede Klasse, wenn ich sie übernahm, für Reinschriften in Deutsch ein sogenanntes 'Geschäftsbuch' mit 96 Seiten. In dieses Heft, das sie besonders ausgestalteten, trugen sie alle eigenen schriftlichen Arbeiten in verbesserter Form, Gedichte und alle wichtigen Unterrichtsaufschriebe ein. Auf die erste Seite kam ein Paßbild mit Selbstbeschreibung. Zusätzlich ließen wir zu Beginn jeden Schuljahres Klassenfotos anfertigen, die sie ebenfalls einkleben konnten. So entstand im Laufe von zwei bis drei Jahren jeweils ein Buch zur eigenen Schulgeschichte, das sie in der Regel liebevoll pflegten. Je mehr 'Geschichte' darin enthalten war, um so lieber blätterten sie darin: ein Stück gewachsener Identität.

Schon Zulliger versuchte, *Konkurrenzsituationen planmäßig zu vermeiden*, weil sie emotional befriedigende Strukturen in der Klasse gefährden, wenn nicht zerstören. Dies erreicht man, indem man Rangordnungskämpfe durch Planung gar nicht entstehen läßt bzw. ihnen Räume zum Austragen einräumt.

Bevor ich mit der Klasse auf Radtour ging, erhielt jedes Kind vorher, notfalls durch Auslosen, seinen festen Platz in der Kolonne, den es während der ganzen Tour behielt. Ich bestimmte von der Spitze aus das Tempo. Damit nahm ich den Schwachen die Angst, sie könnten eventuell nicht mithalten. Überholen war strengstens verboten. Die jeweilige morgendliche Abfahrt entkrampfte sich dadurch erheblich. Weil sich bei mehrstündiger Fahrt unweigerlich Frust anstaut – in den ersten Tagen mehr, ab dem dritten Tag kaum noch, da hat man sich an den Rhythmus gewöhnt –, gebe ich bei jedem Anstieg die Fahrt frei. Sobald ich vom Rad steige – ich schiebe das Rad jeden Anstieg hinauf, um die Schwächeren zu ermutigen, es mir gleichzutun und sich nicht zu überfordern – darf jedes losrasen, so schnell es kann und will. Dies führt zu regelrechten Wettrennen bergauf, wo sie spielerisch Rangordnungen erproben und Frust abstrampeln. Oben warten alle, bis ich nachgekommen bin, was wiederum Gelegenheit für alle möglichen Kontakte und Albereien verschafft. Bei der Ankunft in der Jugendherberge habe ich eine ausgetobte, ausgeglichene, friedliche Truppe beieinander.

Schließlich sollten LehrerInnen sich nicht provozieren lassen. Sie kennen doch aus der eigenen Schulzeit alle jene Spielchen, die SchülerInnen seit je heiß und innig lieben und immer wieder ausprobieren. Da prangt in den letzten Jahren beim Betreten des Klassenzimmers häufig ein Hakenkreuz an der Tafel. Wenn man die eigene Schulzeit nicht ganz vergessen hat; wenn man weiß, daß schon Thomas Mann in den Buddenbrooks beschreibt, wie beim Eintreten des Kandidaten Modersohn die Tafel mit einer Fratze verziert war; wenn man sich der Obszönitäten erinnert, die zu Beginn der 70er das Lehrerauge ärgern sollten, dann versteht man, daß es hier nicht um Nationalsozialismus, sondern um Provokation geht. Also keinen Machtkampf, keine langen Untersuchungen, keine Empörung, keine Strafandrohung, sondern ruhig wegwischen vielleicht mit der Bemerkung, ein besonders geglückter Witz sei dies nicht. Unter diesem Zeichen hätten die Deutschen Schreckliches genug angerichet – und Übergang zur Tagesordnung. So erreicht man mit der Zeit eher eine fruchtbare Auseinandersetzung.

Alle diese Beispiele zeigen Investitionen in praktische Mitmenschlichkeit, die wenig kosten und manchmal viel bringen. Sie tragen dazu bei, die unvermeidlichen aggressiven Elemente, die den Schulalltag durchziehen, mit – wie es die Psychoanalyse ausdrückt – libidinösen zu durchmischen und entziehen damit der Gewalt mit hoher Wahrscheinlichkeit Boden. Denn was man gern hat, daran reibt man sich gewiß auch, aber das zerstört man nicht. *Ein Stück Schulalltag zum Gernhaben zu schaffen*, so schwer wäre das gar nicht, strebte man es nur wirklich und hartnäckig an.

Schließlich und nicht zuletzt gilt es, und darin bestünde wohl der wichtigste Beitrag zur Klimaverbesserung, der mit zunehmendem Alter stärker drohenden beruflichen Resignation zu widerstehen. Auch demokratische Erziehung gibt es nicht zum Nulltarif – so könnte eine Erfahrung aus den vergangenen zwanzig Jahren lauten. Allmählich scheint sich dies herumzusprechen. Damit aber wächst die Gefahr, daß mit den Illusionen auch die Ideale über Bord gehen. Dies erfolgt in verschiedenen Schritten.

Zuerst wird die Untauglichkeit pädagogischer Wissenschaft demonstriert. Dazu sucht man sich ein passendes Beispiel aus der Geschichte der Pädagogik und konfrontiert die dort enthaltenen Lehren mit dem Schulalltag. Das liest sich dann so: „Dem modern ausgebildeten, aber allmählich zweifelnden, auch verzweifelnden und alleingelassenen Lehrer empfiehlt sich ständig eine Nach- und Neubesinnung auf Methodik und Didaktik und vielleicht eine Rückbesinnung auf alte Lehren und Weisheiten, so zum Beispiel des berühmten Pädagogen Salzmann und seine Winke aus dem „Ameisenbüchlein", geschrieben im Jahre 1806."[476] Vergleichbar wäre dieses Vorgehen mit einem Chirurgen, der Operationstechniken in Handbüchern für Feldscherer studierte.

Der zweite Schritt erledigt die Pädagogik insgesamt. Die Lehrer seien „*zu dumm, um den Aufgeblähtheiten pädagogischer Appetitanreger auf die Schliche zu kommen.*“[477] Schließlich läßt man die Katze aus dem Sack, denn die Lehrer seien „zu intelligent für ihre dumme Arbeit“[478] Wer so denkt, findet sich vermutlich auch für seine SchülerInnen zu schade, was den Umgangston erklärt: „... ach, wie sehr sehnt sich unsere Jugend nach dem Satz: ‘Heb das Ding auf, aber dalli!’“[479] und weiter: „Ich erinnere mich an meinen Lehrer, der einer Transuse Dampf machte mit den Worten: ‘Auf, setz mal deine Hammelbeine in Bewegung’“.[480] Daß die Grünen-Landtagsabgeordnete Beate Scheffler „Mut zur Erziehung“ fordert und Professor Leggewie mitteilt, wer mit den jungen Täter spräche, komme unwillkürlich auf den Gedanken: „Diese Rohlinge müßte man schleifen“[481] verdeutlicht endgültig, wo's langgehen soll: Zurück in die Kaserne und dem dort einst üblichen Ton und Tun ...

Da wäre zu fragen, wie und vom wem bei solchen Umgangsformen SchülerInnen Höflichkeit lernen sollen. Damit setzt sich eine Aktions-Reaktions-Spirale aus autoritärem Erziehungshandeln und – zunächst nur verbaler – Gewalt in Gang. Die Schraube falschen pädagogischen Verhaltens dreht sich ein Stück weiter.

Ein freundlich-festes „Heb doch bitte das Ding auf!“ wirkt ebenso, wahrt die Höflichkeit, respektiert die Würde des Gegenübers, zeigt vorbildhaftes Verhalten und bereitet den Boden für ein Miteinander. So klein ist im Schulalltag der große Unterschied zwischen autoritärem und demokratischem Erzieherverhalten.

5. Unterricht

Unterrichtsvorbereitung – warum nicht anders?

Früher mehr, heute weniger spielen in der Ausbildung von LehrerInnen Fragen der Methodik, Didaktik und Pädagogik eine Rolle. Dabei scheint die *Methodik* für die Berufspraxis am nützlichsten. Sie umfaßt „die Lehre von den Methoden, die in Erziehung und Unterricht zur Erreichung bestimmter Ziele zur Verfügung stehen".[482]

Das Zählen beim Volleyball bereitet SchülerInnen große Schwierigkeiten. Stellt man nun bei jedem Aufschlagswechsel jeweils ein Hütchen, wie es zum Kennzeichnen von Laufbahnen benützt wird, in das Feld der aufschlags- und damit punktberechtigten Mannschaft, wird das Zählen vereinfacht. Nach einiger Zeit gelingt es auch ohne diese *methodische* Hilfe.

Allerdings, und dies wird bei Fragen der Methodik immer nur so irgendwie und nebulös gestreift, setzt man dabei stillschweigend voraus, daß SchülerInnen dieses Zählen auch lernen *wollen.*

Ähnlich verhält es sich mit der *Didaktik*, obwohl die Praktiker sie, da theoretischer, für weniger nützlich halten. Unter Didaktik versteht man im weitesten Sinne „die Theorie des Lehrens und Lernens in allen möglichen Situationen und Zusammenhängen; im engeren Sinne die Theorie des (schulischen) Unterrichts und die »Theorie der Bildungsinhalte und des Lehrplans«".[483]

Wenn ich Bildungsinhalte auswähle, für die sich SchülerInnen interessieren, braucht es im allgemeinen nicht viel Methodik, um diese mit ihnen zu erarbeiten. So waren bei der bereits erwähnten Deutschstunde über das Thema Heimat die Kinder spätestens bei der schmissigen Melodie zur Hildegards Knef „In dieser Stadt" hellwach – alles Weitere ergab sich fast von selbst, ich brauchte mich dem von den SchülerInenn eingeschlagenen Weg nur anzupassen.

Bei geschickter Stoff- und Themenauswahl kann also LehrerIn mindestens teilweise das Problem lernunwilliger SchülerInnen umgehen. Doch wenn SchülerInnen sich gar nicht interessieren lassen wollen? „Immer wieder kommt dieser tödliche Augenblick … daß einem die ganze Klasse bedeutet, was willst du Vollidiot eigentlich, wir haben genug Spaß ohne dich."[484] Hier muß auch die Didaktik passen, denn *letztlich stellt der Mensch, nicht der Stoff das Problem dar.*

Der Mensch steht im Mittelpunkt der *Pädagogik.* Sie ausgerechnet entbehrt unter LehrerInnen jeglichen Ansehens. Man hält sie für reine Theorie und somit für Zeitverschwendung. Der Begriff „meint das erzieherische Handeln (einschl. der darin wirksamen Wertvorstellungen, Ziele, Techniken, handelnden Personen, ihrer geschichtl. Grundlagen und ihres institutionell-organisatorischen Rahmens)...",[485] rechnet also auch lernunwillige, zur Gewalt neigende Jugendliche zu seinem Aufgabenbereich. Wer die Probleme des Schulalltags an ihren Wurzeln angehen will, muß pädagogische Fragestellungen in den Mittelpunkt seiner Unterrichtsvorbereitung stellen. Grob geschätzt wenden Lehrkräfte bei der Unterrichtsvorbereitung allerdings etwa 85% der Zeit für methodische Fragen, 10% für didaktische und allenfalls 5% für die Pädagogik samt ihrer Hilfswissenschaften wie Psychologie und Soziologie auf.

Nun gehört es zu den schmerzlichsten seelischen Verletzungen von LehrerInnen, wenn als Echo auf eine methodisch sorgfältige, mit allem guten Willen und besten Absichten erarbeitete Unterrichtsvorbereitung etwa zum Thema „Regenwald" aus der Klasse ein „Gähn-Gähn" zurückkommt – weil sich z.B. Uwe von seinen Sorgen wegen der ständigen Streitereien seiner Eltern völlig überflutet fühlt, ein Problem, das weder methodisch noch didaktisch, sehr wohl pädagogisch zu bearbeiten, vielleicht gar zu lösen wäre, vorausgesetzt, LehrerInnen setzten die Schwerpunkte ihrer Unterrichtsvorbereitung anders, auch anders als in der Ausbildung gelernt: 60 % Pädagogik, 30% Didaktik, 10% Methodik. Diese beschränkt sich bei schwierigen Klassen auf die Auswahl geeigneter Schulbücher.

Schematisch stellt sich der Verlauf einer Unterrichtsvorbereitung so dar:

	Fall 1		Fall 2	
Zeit für →	Regenwald	Uwe	Regenwald	Uwe
14.30	Informieren			Literatur
15.00	Schülerbücher			durcharbeiten
	vergleichen			Erziehungsber.
16.00	Medien wählen			Haltung/Gespr.
	Arbeitsblatt			trainieren
17.00		Nachdenken	08/15 Stde.	
17.30		über Uwe	Schülerbuch	

Ich *behaupte*, daß – auf die Dauer des Berufslebens gesehen – Fall 1 oft *eine sich selbst verstärkende berufliche Mißerfolgsspirale* auslöst, im Fall zwei Chancen für *eine sich selbst verstärkende Erfolgsspirale* bestehen. Wenn LehrerIn durch einfühlende Begleitung helfen kann, Lebensprobleme aufzuarbeiten, kommt die Botschaft vom Regenwald an, auch wenn man nur den entsprechenden Text im Buch liest; bleiben die Lebensprobleme unbearbeitet, weil LehrerIn nicht beistehen will oder kann, wird die Botschaft auf taube Ohren und verschlossene Herzen treffen, selbst wenn sie mit den Trompeten von Jericho verkündet würde.

Erziehender Unterricht

Vom „erziehenden Unterricht" erhoffen sich viele wenn nicht eine Lösung, so doch eine Milderung des Gewaltproblems. Mit entsprechenden Unterrichtsinhalten und -zielen könne man, so meinen sie, nicht nur informieren, sondern auch gezielt Gesinnungen verändern. Im Bildungsplan heißt es dann, in der Auseinandersetzung mit dem Nationalsozialismus sollen Schüler die Fähigkeit und die Bereitschaft entwickeln, „sich für die Freiheit und persönliche Würde des einzelnen einzusetzen."

Solche Absichten ernst genommen, hieße ja, nach der Unterrichtseinheit „Nationalsozialismus" säßen in der Klasse lauter potentielle Widerstandskämpfer. Derart überfordernde Zielvorgaben stärken die Glaubwürdigkeit der Schule nicht, sondern schwächen sie; bekräftigen demokratisches Bewußtsein nicht, sondern provozieren Widerspruch.

Dies zu belegen genügen alltägliche Beobachtungen, wie sie Martin Buber 1939 in seiner Rede „Über Charaktererziehung" vortrug: „Ich versuche es, meinen Schülern zu erklären, daß Neid schändlich ist, und schon spüre ich den heimlichen Widerstand derer, die weniger besitzen als ihre Kameraden; ich versuche zu erklären, daß es unanständig ist, den Schwächeren zu schlagen, und schon sehe ich ein unterdrücktes Lächeln in den Mundwinkeln der Stärkeren; ich versuche zu erklären, daß die Lüge das Leben zerstört, und etwas Furchtbares geschieht: der schlimmste Gewohnheitslügner in meiner Klasse schreibt einen glänzenden Aufsatz über die zerstörende Macht der Lüge. Ich habe den fatalen Fehler begangen, Ethos zu unterrichten ..."[486]

Genausowenig kann man auf diese Art zu Antifaschismus, Toleranz oder Demokratie erziehen. So erzeugt man Mitläufer mit abfragbarem Wissen – nach der brav geschriebenen Klassenarbeit sprayen sie ihr „Ausländer raus!" an die Wände. Der Weg ist hier das Ziel: nur wer Raum läßt für eigene Meinungsbildung, die Vielfalt der Meinungen als Wert nicht nur zuläßt, sondern auch dort verteidigt, wo sie seiner eigenen oder der vom Lehrplan gewünschten widerspricht, dem kann es gelingen, daß Toleranz als Wert – weil erfahren – anerkannt wird. Denn „Moralpredigten verändern das Verhalten nicht".[487] Sie enthalten immer zwei Botschaften:

„(1) Wenn du dem Appell nicht folgst, werden wir dich mit großem Geschrei anprangern.

(2) Wenn du dem Appell aber folgst, werden wir dich insgeheim einen Einfaltspinsel nennen, den man leicht mit Entrüstungsgeschrei ausbremsen kann, während der Rest von uns dann in Ruhe den Rest der Welt weiter ausbeutet."[488]

Die Pädagogik sollte dies einfach zur Kenntnis nehmen, vielleicht sogar darüber nachdenken, ob sie nicht allzugern genau so vorgeht.

6. LehrerInnen und Eltern

Natürlich fehlt es nie, schon gar nicht in Fragen der Erziehung, an den genial-einfachen Rezepten. „Wenn ein Kind die Sprachgrenze nicht toleriert, sitzt, schwups!, ein Eintrag im Heft: »Lieber Herr Müller, Ihr Sohn hat heute zu einer Schülerin 'Nutte' gesagt. Bitte stellen Sie diese Redeweise bei Ihrem Sohn ab, und klären Sie Ihr Kind über solche Ausdrücke auf«. Mit Unterschrift natürlich. Die Grenzen sind klar gezogen. Wer sie verletzt, wird ausgegrenzt und an die Eltern verwiesen. Das ist den Eltern meist peinlich, sitzt aber bis auf alle Ewigkeit. So gebe ich den Erziehungsauftrag ständig dorthin zurück, wo er primär zu sein hätte."[489]

So einfach geht das – wie bei des Kaisers neuen Kleidern. Es muß sich nur jemand trauen, die Dinge beim Namen zu nennen, oder? Betrachten wir die Sache genauer, stellen wir unsere Fragen. Wenn der „Herr Müller" tut, wie LehrerIn verlangt, und wenn dies die erhoffte Wirkung bringt, braucht's den ganzen Zirkus nicht. Dann genügt es, vom Schüler eine Entschuldigung zu verlangen, notfalls mit drohendem Hinweis auf den Vater. Fertig. Wenn der Vater unterschreibt und die erhoffte Wirkung bleibt aus, verschlimmert sich die Situation. Der Schüler hat bemerkt, wie machtlos LehrerInnen dastehen, wenn die Familie nicht funktioniert. Es muß nicht unmittelbare Folgen bei derselben Lehrkraft haben. Es kann sich in einem „schwachen" Fach wie Religion auswirken, später, bei einer anderen Lehrkraft ... und niemand denkt mehr an einen Zusammenhang. Man kann dies weiterspinnen: Wenn der Vater unterschreibt und denkt „blöde Kuh" ... – wenn er dies seinem Sohn auch noch sagt ... – wenn er sich weigert zu unterschreiben ... – wenn der Sohn die Unterschrift fälscht ... – wenn gar kein Vater existiert ... wenn da gar keine Familie ist?

Nehmen wir weiter an, es sitze da in der Sprechstunde die Mutter eines Täters vor uns, den wir vielleicht wenigstens zum Teil auch als Opfer seiner Herkunft, seiner Erziehung, seiner Familie zu sehen bereit wären. Es könnte ja eine Mutter sein wie die jenes Christian, der in Solingen beteiligt war: „Die junge, berufstätige Mutter wirkte immer überfordert. »Wie ein Häufchen Elend« habe sie häufig dagesessen, sagt ein Lehrer. »Es wird ernst mit Christian«, habe man ihr im November 1992 gesagt. Er sei ein Fall fürs Jugendamt und für den schulpsychologischen Dienst. Die Mutter hat gesagt, was Mütter manchmal so sagen: »Ja, ich rede mit ihm.« Sie wollte mit ihm über Kellereinbrüche reden und seinen Rabauken-Alltag und stand doch offenkundig selbst vor den Trümmern des Versuchs, am Leben teilzuhaben."[490] – und wir gingen auf die Suche nach dem Mädchen in der Frau, die vor uns sitzt, ungefähr 14 Jahre alt ... und wir fänden wieder nur ein Opfer... An diesem Punkt könnten wir den Blick in die andere Richtung lenken, nicht in die Vergangenheit, in die Zukunft. Wir könnten uns vorstellen, wie wohl dieses 14jährige Mädchen, dieser 14jährige Junge da vor uns im Klassenzimmer in 10, in 20 Jahren als Mutter, als Vater mit den Kindern umgehen wird. In einem Leserbrief schrieb die Vorsitzende unseres örtlichen Kinderschutzbundes: „Die Verhaltensmuster, die Eltern praktizieren, haben sie schließlich auch als Kinder erfahren und erlernt. Wer von uns kann behaupten, noch niemals die Hand gegen ein Kind erhoben zu haben oder aber durch herabwürdigende Worte, Verächtlichmachung, Demütigung ein Kind in seiner Würde verletzt zu haben?"[491]

Richtig! Doch haben wir nicht ein Schulsystem, das jede und jeder mindestens 9 Jahre durchlaufen muß? Arbeiten in diesem Schulsystem nicht eine Menge gutausgebildeter und gutbezahlter Spezialisten (LehrerInnen), die als Beamte alle einen Eid auf das Grundgesetz abgelegt haben? Lautet Art.1,1 dieses Grundgesetzes nicht: „Die Würde des Menschen ist unantastbar. Sie zu achten und zu schützen ist Verpflichtung aller staatlichen Gewalt"? Da doch Schulen Teil der staatlichen Gewalt und da Lehrer doch Beamte sind, wäre es demnach nicht ihre vornehmste Dienstpflicht, die Würde der ihnen anvertrauten Kinder zu achten und zu schützen?

Lassen wir unsere Schulzeit in der Erinnerung nochmals ablaufen; betrachten wir die Schule, wie wir sie mit den Augen der eigenen Kinder sehen, betreten wir das Klassenzimmer, in dem wir täglich unterrichten und fragen uns dann: *war und ist dies eine Stätte, an der die Würde jeder Schülerin, jedes Schülers geachtet und geschützt wurde und wird, eines demokratischen Staates würdig*? Erleben sie daran, wie Tag für Tag mit ihnen umgegangen wird, wie Erwachsene mit Heranwachsenden, Eltern mit Kindern umgehen sollten? Werden Beispiele gegeben dafür, wie aus einstigen Opfern in Zukunft bewußt Handelnde werden – oder fügt man der Reihe der Opfer nur neue hinzu durch eher alltäglich erfahrene „herabwürdigendc Worte, Verächtlichmachung, Demütigung"? Gilt gar nach wie vor der Satz von Ernst Bloch: „Das Leid in der Schule kann widerlicher sein als später irgendein anderes, das des Gefangenen ausgenommen"?[492]

Wer eigentlich soll die Erziehungsprobleme bearbeiten, für die sich LehrerInnen immer wieder für unzuständig erklären? Wie und wo und von wem soll dieser Kreislauf ratloser Gewalt durchbrochen werden, wenn nicht dort, wo professionell damit Befaßte mit professioneller Technik professionelle Lösungen erarbeiten könnten? Wo, wenn nicht in der Schule, sollen Menschen lernen, wie man miteinander umgeht, ohne vermeidbare Gewalt gegeneinander auszuüben, ohne sich gegenseitig zu demütigen, niederzumachen und zu verletzen?

Erziehung hat wenig gemein mit jenem gefühlvollen Schwärmen von strahlenden Kinderaugen und gütigen Lehrern. Erziehung ist vielmehr eine nüchtern zu kalkulierende Investition in die Zukunft, die so viele Zinsen abwerfen muß, daß die Gesellschaft davon existieren kann. Investitionsmittel sind erzieherischer Sachverstand, (professionelle) Geduld, Nachsicht (mit dem, der noch am Lernen ist), Verständnis, Hilfe und das Vorleben jener Eigenschaften, die man dem zu Erziehenden vermitteln will. Die Zinsen – von denen wir alle einmal leben müssen – sind die Leistungsfähigkeit und die Leistungsbereitschaft der künftigen Erwachsenengeneration und deren Bereitschaft, Verantwortung für den Mitmenschen und die Gesellschaft zu übernehmen. Es gilt eben auch in der Erziehung die alte Bauernregel: erst muß gesät, nur dann kann geerntet werden. Säen aber können immer nur die jetzt Erwachsenen. Geschieht dies nicht, wird es einstens wenig zu ernten geben.

Die Schule – Brücke zwischen Familie und Gesellschaft

LehrerInnen, die ihren Beruf so verstehen und ausüben, erweitern den Erfahrungsraum für SchülerInnen. Sie bieten personale Alternativen, bauen Brücken von der Familie in die Gesellschaft, schaffen eine – nein, nicht heile, aber – weniger, vielleicht sogar nicht-pathogene Umwelt, in der sich manche familiäre Beschädigung im Laufe der Entwicklung ausheilen kann. Sie arbeiten mit am Aufbau einer pädagogischen Kultur. Dazu müssen sie keineswegs moralisch über dem Durchschnitt stehen oder gar ihre SchülerInnen 'lieben'. Wenig hat in der Pädagogik so viel Schaden angerichtet wie das so schön klingende Wort vom 'pädagogischen Eros'. Martin Buber hat in der ersten seiner „Reden über Erziehung" 1925 auf die Unhaltbarkeit dieses Begriffspaares hingewiesen.

„Ganz verklärungswidrig haben wir einzusehen, daß Eros – nämlich nicht »Liebe«, sondern eher er, der männliche, herrliche Eros –, was immer sonst ihm zugehöre, eins notwendig einschließt: *Menschen genießen wollen* (kursiv WP). Und daß das Erzieherische, die Sonderessenz dieses Namens, die aus keinem andern zusammengesetzt ist, *eben dies ausschließt* (kursiv WP) ... Eros ist Wahl, Wahl aus Neigung. Erziehertum ist eben dies nicht. Der in Eros Liebende kürt den Geliebten, der Erzieher, der heutige Erzieher, findet den Zögling vor ... Da betritt er den Schulraum zum ersten Mal, da sieht er sie in den Bänken hocken, wahllos durcheinandergewürfelt, mißratene und wohlbeschaffene Gestalten, tierische Gesichter, nichtige und edle ... Sollte er je, um der Erziehung willen, glauben, Auswahl und Gliederung üben zu müssen ... dann wird er sich von einem anderen Kriterium leiten lassen als von dem der Neigung ... er wird sich von der Werterkenntnis seines Erzieherblicks leiten lassen ... für den das Da-Sein und So-Sein aller seiner Zöglinge doch das entscheidende Faktum ist ... Denn in der Vielheit und Vielfältigkeit der Kinder stellt sich ihm eben die der Schöpfung dar."[493]

Wie auch, nüchterner gefragt, sollte LehrerIn die etwa zweitausend und mehr SchülerInnen alle lieben, die im Laufe eines Berufslebens zu unterrichten sind? LehrerInnen erbringen, nochmals nüchterner formuliert, *soziale Dienstleistungen gegen Bezahlung*. Sie werden dafür bezahlt, freundlich zu sein gegenüber Unfreundlichen, höflich gegenüber Unhöflichen, zurückhaltend gegenüber Frechen, fest gegenüber Aggressiven ... Ob mit oder ohne 'Liebe' spielt dabei eine untergeordnete Rolle.

Was nun kann die Schule *tun*? Die *direkten* Einflußmöglichkeiten auf die Familie sind gering. Darüber sollte sich niemand Illusionen hingeben. Erfolgversprechender scheinen Versuche der *indirekten Beeinflussung*. Sie zielen darauf, im Einflußbereich einer Schule eine öffentliche Atmosphäre pädagogischer Aufklärung zu schaffen, ein pädagogisches Klima dessen, was „*man*" tut oder nicht tut, an dem sich alle am Schulleben Beteiligten orientieren könnten. Dazu gehört auch *Imagepflege*. Bei der Arbeit in der Schule wirkt wie in der Politik *weniger die Persönlichkeit als das Image des Lehrers*. Hat sich einmal eine Schule/eine Lehrkraft ein gutes Image erarbeitet, sind viele Probleme, die den Schulalltag beschweren, gelöst. „Man" weiß dann, wie das in dieser Schule, bei diesem Lehrer „läuft".

Ein Beratungsgespräch

In der ZEIT[494] beschrieb eine Mutter ihre Probleme mit dem Erstklassenlehrer ihres Sohnes. „...kurz nach dem Elterntreff, steht unter einer Hausaufgabe: »Das war aber leider sehr häßlich.« Sonst nichts – auch nicht, was man hätte besser machen können. Freunde und Verwandte geben gute Ratschläge. »Legt euch nur nicht mit dem Lehrer an!« ruft eine schulerfahrene Mutter. »Das muß euer Kind doch alles ausbaden!« ... Alle raten, fortan bloß den Mund zu halten. So viel Angst vor der Macht des Lehrkörpers bestürzt die Eltern. War nicht von Zusammenarbeit und gegenseitigem Vertrauen die Rede? Angst und mangelndes Vertrauen gab es auch bei Lehrern; das wird bei der Sprechstunde klar. Verbitterung klingt aus der Stimme des Lehrers, der »irgendwie mit der Klasse fertig werden muß« und sich von allen Seiten angegriffen fühlt. Er sieht den Grund für das Bauchweh ganz klar im Elternhaus. »Haben Sie zuviel Druck gemacht?« und stellt auf die entrüstete Verneinung der Frage prompt die Gegenfrage: »Haben Sie vielleicht zu wenig Druck gemacht?« Druck hin, Druck her, »Ich habe bisher noch jeden dazu gekriegt« ... Das Kind müsse halt einen gesunden Ehrgeiz entwickeln, meint der Lehrer, die anderen hätten den ja schließlich auch. Wie es den ohne Anerkennung denn entwickeln solle, fragen die Eltern. Ohne Ehrgeiz keine Anerkennung, kontert der Lehrer, und überhaupt, für die Oberschule sähe er momentan schwarz. Das Gespräch ist am Nullpunkt angelangt..."[495]

Ein – typisches? – Beratungsgespräch, ein Schwarzer-Peter Spiel. Es geht beiden Teilen nicht um Informationsaustausch, Erkenntnis, Verständigung, Beratung, sondern darum, wer am Ende den Schwarzen Peter hat. Die Mutter will nicht wahrhaben, daß ihr Kind für den Lehrer nur eines von fünfundzwanzig ist und Anpassungsprobleme beim Übergang von der Familie in den öffentlichen Raum Schule eher normal denn unvorhersehbar seien. Entsprechend reagiert sie nach Überwindung der Probleme. „Ende des Schuljahres. Das Kind hat nun kein Bauchweh mehr und sogar einen gewissen Ehrgeiz entwickelt, wie mit Befriedigung im Zeugnis festgestellt wird. Wir, die Eltern, haben dabei gemischte Gefühle."

Sie hat als *Kundin im Dienstleistungsbetrieb Schule* ein Recht auf persönliche Gefühle. Der Lehrer allerdings müßte *als professioneller Anbieter einer Dienstleistung* wissen, daß solche *Konflikte* zu seinem Berufsalltag gehören und grundsätzlich *unvermeidbar* sind, so wie bei einem Automechaniker die ölverschmierten Hände. Zu seinen Aufgaben gehört es, mit solchen Konflikten sachkundig umzugehen. Anstatt sich professionell zu verhalten, verteidigt er sich gegen Angriffe, die er als persönlich empfindet. Er läßt sich in einen Machtkampf ziehen. Dieser kann für beide Teile nur unbefriedigend enden. Die Mutter fühlt sich – zu Recht – in ihrer Sorge mißverstanden, der Lehrer bleibt am Ende ohne Anerkennung für eine allem Anschein nach ordentliche Arbeit. „An die Schule gewöhnt haben wir uns allerdings nicht", zieht die Mutter ihr Fazit. Das Verhältnis zwischen dieser Familie und der Schule dürfte gestört bleiben.

Dabei hätte sich ein Voneinanderlernen geradezu angeboten, wie die Diskussion über 'Anerkennung-Ehrgeiz' zeigt. Dahinter steht ein verhaltenspsychologisch falsches Vorgehen. Belohnt wird nicht *der Schritt* zum richtigen Ergebnis, sondern *das richtige Ergebnis*. Es bekommt also eine doppelte Belohnung – Lob+Ergebnis – der, der sie gar nicht braucht. Damit baut man nicht leistungs-, sondern ergebnis-, vielleicht gar personenorientiertes Verhalten auf. Dagegen treibt man jene Kinder, die zum Aufbau von Leistungsverhalten kurzfristigere Verstärkung brauchten, in eine Mißerfolgsspirale. Sie erhalten weder durch das Ergebnis eine Bekräftigung noch durch LehrerIn.

Weil der Lehrer sich verteidigte und den Schwarzen Peter hin- und herschob anstatt zuzuhören, nachzufragen, um Vorschläge zu bitten, entgingen ihm nicht nur Informationen zum Verständnis eines Kindes, sondern auch Erfahrungen, die seine weitere berufliche Arbeit positiv hätten beeinflussen können. Auch die Mutter hätte sich entlastet und verstanden gefühlt. Hätte der Lehrer Vorschläge zu einem anderen Belohnungsverhalten akzeptiert, wären die Angstsymptome des Kindes schneller abgeklungen. Mutter und Lehrer hätten es als gemeinsamen Erfolg erlebt, die aufbauende Anerkennung für den Lehrer – im Beruf doch so wichtig – wäre nicht ausgeblieben. Dies wiederum hätte es dem Lehrer in der Zukunft erleichtert, offener und aufgeschlossener auf die Eltern zuzugehen. Ein positiver Kreislauf wäre in Gang gekommen und nicht, wie in diesem Fall, ein negativer, der zu zunehmender Starrheit und Verbitterung führen *muß*.

Was daraus zu lernen sei? LehrerInnen sollten nicht versuchen, die Eltern zu ändern. Solche Versuche entspringen blanker Illusion. Verhaltensänderungen bei Erwachsenen sind kaum zu erreichen. Außerdem interessiert Eltern Schule nur insoweit, als es ihr Kind betrifft. Alles andere läßt sie in der Regel und zurecht kalt. Vielmehr sollten Lehrkräfte in Gesprächen mit Eltern alles zu erfahren suchen, was ihnen helfen könnte, sich der Situation angemessen zu verhalten. Sie sollten also *nicht beraten, sondern fragen und zuhören*. Beratung weckt Widerstand und birgt die Gefahr eines Machtkampfes in sich. Zuhören öffnet, schafft Verbundenheit und vermittelt Informationen. Dies allerdings verlangt von LehrerInnen, sich in ihrem beruflichen Selbstverständnis von einer falschen Fixierung zu lösen. Sie sind durch ihren sogenannten Erziehungs- und Bildungsauftrag *darauf fixiert, andere zu ändern*. Diese Fixierung durchzieht den Schulalltag und verbaut Lösungen eher, als sie zu erleichtern. Erfolgreicher handelt, wer *Situationen zu verändern* sucht, so daß die Personen ihr Verhalten von sich aus der neuen Situation anpassen. Als der erwähnte Christian, der vermutliche Brandstifter von Solingen, „als einziger in der Klasse" ein Buch nicht kauft, weil 5,80 Mark zuviel seien[496], wurde nicht versucht, die Situation zu ändern, also das Buch irgendwie anders zu bezahlen, sondern das Verhalten der Beteiligten. Hätte man das Buch beschafft, vielleicht – zugegeben, ein sehr kühnes Vielleicht – wäre manches anders verlaufen.

7. Aggressivität

Es hat geläutet, Ende der Pause. Ich stehe vom Pult auf, mache einige Schritte zur Mitte zum Zeichen des Unterrichtsbeginns. Es hatte eine fröhliche, lockere Atmosphäre geherrscht, jetzt gehen die SchülerInnen langsam, ohne Begeisterung an ihre Plätze. Im Vorbeigehen hält ein Schüler plötzlich inne, dreht sich mir zu, schiebt mir das Kinn entgegen: „Mensch Sie, Sie ...!" Ich lege ihm den Arm um die Schulter, unterlaufe damit seine aggressive Annäherung, grinse ihn an und sage zu ihm in meinem breitesten Schwäbisch (um die Distanz aufzuheben):" Gell, mir jetzt oine neihaue, des wär's ...". Er stutzt, strahlt übers ganze Gesicht, schlägt sich mit der rechten Faust mehrmals in seine offene linke Hand. „Des tät's voll brenga, Mensch, des tät's voll brenga", dreht sich um und strebt, fröhlich den Kopf schüttelnd, seinem Platz zu.

Was war geschehen? Ich hatte in das Dasein der SchülerInnen wieder einmal frustrierend eingegriffen. Vielleicht hatte dieser Schüler gerade eine besonders anregende Pause erlebt. Das Glockenzeichen hatte ihn herausgerissen, ihn gleichzeitig daran erinnert, daß ich schon im Klassenzimmer war - da ich in der kleinen Pause das Klassenzimmer selten verließ. Eine Verlängerung dieser Phase war deshalb nicht möglich. Andere Klassen dagegen alberten noch einige Minuten rum. Immer bei mir! Dies hatte in ihm die Erinnerung an eine Vielzahl solch kleiner Frustrationen hochschießen lassen – daß ich z. B. in keiner Diskussion etwas schuldig blieb, mich dabei ihrer Sprache bediente und genauso austeilte wie sie, was SchülerInnen oft als 'brutal' und 'hart' empfinden. Im Vorbeigehen verdichteten sich diese Empfindungen so, daß er handelte. Da ich ihn 'kannte', ihn verstand, ihn richtig 'nahm', seine Gefühle ausdrücken konnte, ihn in diesen Gefühlen akzeptierte, baute ich eine zusätzliche Brücke der Verständigung zwischen mir und ihm auf. In die situationsbedingt aggressive Beziehung mischten sich libidinöse Elemente. Dabei hätte die Sache sehr leicht zu einer scharfen Eskalation führen können.

Wo Menschen über Jahre hinweg Tag für Tag mehrere Stunden zusammenleben, gar zusammenarbeiten müssen, gibt es Frustrationen, Beschädigungen, Verletzungen. Irgendwann lösen sie Aggressionen aus. Als Hauptquellen von Verärgerung bei SchülerInnen erwiesen sich in einer Umfrage der Zeitschrift „Eltern" 1993[497] Hausaufgaben und die Leistungen von Lehrkräften. Gefragt, was sie als KultusmnisterIn zuallererst ändern würden, antworteten sie mehrheitlich: „Erlaß Nummer eins: Keine Hausaufgaben mehr! Die Lehrer müssen das Zeug in der Schule so lange durchnehmen, bis es jeder Schüler kapiert hat ... Jeder Lehrer muß die Hausaufgaben, die er aufgibt, vollständig auch selbst machen und beim Schulleiter abgeben. So merken die Lehrer, wieviel Zeit für die Hausaufgaben notwendig ist",[498] und „Jedes Jahr dürfen die Schüler über ihre Lehrer abstimmen. Und wer durchfällt, fliegt raus ... Manche Lehrer würden sich umgucken. Sie könnten dann nachmittags nicht mehr faulenzen oder ihren Hobbys nachgehen..."[499]

Warum nicht daraus lernen? Begegnet man Aggressionen unsachgerecht, bearbeitet man sie nicht, ignoriert man sie oder versucht man gar, sie unterm Deckel zu halten, wächst langsam, aber stetig in der Klasse das Gewaltpotential. Warum also nicht im Unterricht mit Umfragen arbeiten, um ein Bild davon zu bekommen, wie die Klasse die Arbeit mit dem Lehrer erlebt? Da offenbar Zensurenvergabe und Zeugniserteilung die schwersten Verletzungen zufügen, warum nicht freiwillig SchülerInnen die Möglichkeit einräumen, z. B. am Tag der Zeugnisausgabe ihrerseits LehrerIn zu beurteilen?

Dies kann *formlos* geschehen, indem man SchülerInnen bittet – auch anonym, fairerweise sollte man darauf hinweisen, daß man natürlich die Handschriften kennt – ihre Meinung über LehrerIn und Unterricht aufzuschreiben und/oder in einer Note auszudrücken, was am wenigsten Aufwand erforderte.

Man kann dies aber auch an Hand einer Art *Zeugnisvorlage* zur Beurteilung des Lehrers machen. Vor Jahren habe ich mir eine solche erstellt an Hand einer Umfrage einer pädagogischen Zeitschrift darüber, welche Eigenschaften SchülerInnen bei Lehrern für besonders wichtig halten (siehe Abb. 4). Man kann aber genauso gut selbst eine solche Vorlage erstellen oder noch besser sie mit der Klasse/den Klassen gemeinsam erarbeiten.

Wie immer man es macht, es entsteht ein Stück Gerechtigkeit auf der Basis von Gegenseitigkeit (sozialer Reversibilität). Agressionsbereitschaft wird abgebaut, eine zusätzliche Verständigungsebene neuer Qualität zwischen LehrerInnen und SchülerInnen hergestellt. Allerdings unterliegen alle diese Formen, da sehr bewußtseinsnah, der inneren Zensur. In tiefere Schichten dringen sie nicht vor. Die beladenen und besetzten Gefühle und Vorurteile bleiben unzugänglich. Diese erreicht man mit projektiven Verfahren. Ich verwendete dazu eine Methode, die ich in Anlehnung an den *projektiven Test* „Familie in Tieren" von L. Gräser entwickelt habe.

„Projektive Verfahren sind eine Gruppe von psychol. Techniken und Vorgehensweisen, die für sich in Anspruch nehmen, die grundlegende (zugrunde liegende, verborgene) Persönlichkeitsstruktur und die Motive eines Individuums aufzudecken, indem sie das Individuum auffordern, sich mit Material oder Stimuli auseinanderzusetzen oder auf sie zu reagieren in einer freien, nicht festgelegten Weise und ohne irgendeinen Bezug auf ein vorgefaßtes System von richtigen oder falschen Antworten."[500]

Nach allgemeiner Auffassung[501] liefern solche Verfahren:
- eine Projektion des Bildes, das man von sich selbst hat
- eine Projektion der Haltung gegenüber einem anderen
- eine Projektion des 'idealen Ichs'
- ein Ergebnis äußerer Umstände
- einen Ausdruck eingeprägter Gewohnheiten
- einen Ausdruck des gegenwärtigen emotionalen Zustandes
- eine Projektion der Haltung des Prüflings gegenüber dem Versuchsleiter und der Testsituation
- einen Ausdruck seiner allgemeinen Haltung gegenüber dem Leben und der Gesellschaft

Normalerweise handelt es sich um eine Kombination von allen diesen Punkten. Bei einem *pädagogischen Einsatz* solcher Verfahren geht es nicht um eine ins Einzelne gehende Analyse und Deutung. Vielmehr will man erreichen, was der Testpsychologe nicht wünscht, jedoch nicht vermeiden kann, nämlich mit Hilfe solcher Verfahren *das pädagogische Feld zu verändern*. Zu wissen, wieviel dabei jeweils an Bedeutung mitschwingt, entlastet LehrerIn, wenn man damit arbeitet. Gerade wegen ihrer vieldeutigen Offenheit eignen sich projektive Verfahren für den Einsatz im Bereich der Pädagogik. Ohne sich dessen richtig bewußt zu sein, arbeitet diese schon lange damit, etwa im Aufsatzunterricht mit sogenannten Reizwortthemen (Katze-Schere-Mond) u. ä. m.

Die Testanweisung bei Gräser lautet: „Du kennst doch Märchen, da werden oft Menschen in Tiere verwandelt. Stell Dir einmal vor, Deine Familie wäre eine Tierfamilie, und zeichne Euch alle als Tiere. Numeriere bitte die Reihenfolge, mit der Du zeichnest, und schreibe unter jedes Tier, wen es darstellen soll und was für ein Tier es sein soll!"

Als junger Lehrer führte ich den Test nach dem Schema von Gräser durch. Doch kamen mir Bedenken, weil ich meinte, der private Bereich der Kinder sei zu achten. Ein 'Zufall' half mir weiter. Schüler, die früher mit ihren Zeichnungen fertig waren als die anderen, fragten mich, ob sie auch mich als Tier zeichnen dürften. Das schien mir einen Versuch wert, ein, wie sich zeigen sollte, sehr fruchtbarer Versuch. Deshalb habe ich im Laufe der Zeit für die Schule die Testanweisung geändert: „Du kennst doch Märchen, da werden oft Menschen in Tiere verwandelt. Stell Dir einmal vor, Du, Dein Lehrer (= ich) , Deine Klasse und die Schule wären eine Tierfamilie. Zeichne alle als Tiere. Numeriere bitte die Reihenfolge, mit der Du zeichnest, und schreibe unter jedes Tier, wen es darstellen soll und was für ein Tier es sein soll!"

Zeugnis für die Lehrerin/den Lehrer

Wie ist Deine Lehrerin/Dein Lehrer? Was tut sie/er?

Trage in das entsprechende Kästchen den passenden Wert ein. Es kann auch ein Kommazahl sein. In der nächsten Zeile findest Du ein Beispiel.

3 2 1 0 1 2 3

ärgern			0,5				freuen

Für „ärgern" gibst Du Deiner Lehrerin/Deinem Lehrer also den Wert 0,5. Nach Deiner Meinung fühlst Du Dich von ihr/ihm überwiegend ein bißchen geärgert.

3 2 1 0 1 2 3

ärgern							freuen
erweichen							verhärten
kriechen							eilen
aufregen							beruhigen
helfen							vernachlässigen
zwingen							gewähren lassen
loben							tadeln
schweigen							sprechen
lachen							betrübt sein
fordern							in Ruhe lassen
ablehnen							bejahen
klären							trüben
bestrafen							übersehen
ermuntern							einschüchtern
anstrengen							ausruhen
erschweren							erleichtern
durchgehen lassen							kontrollieren
langweilen							interessieren
sich selbst überlassen							beaufsichtigen

Schj.: .... Kl. .... Datum: ....

Abbildung 4

Zunächst sammelte ich die Bilder nur ein, ohne sie mit der Klasse zu besprechen. Später ließ ich jedes abgeschlossene Bild an die Wand pinnen, Waren alle fertig, versammelten wir uns davor und jedes Kind konnte, so es wollte, seine Darstellung erklären und begründen, *ohne daß ich mich dazu äußerte*. Die Bilder ließ ich einige Tage hängen, damit alle Gelegenheit hatten, sie immer wieder anzuschauen und zu verarbeiten.

Alle Klassen, bei denen ich den Test durchführte, reagierten beim ersten Mal geradezu umwerfend: ein Schrei der Begeisterung, und dann machte sich die Mehrheit sofort an die Arbeit. Ohne lange zu überlegen, wußten sie, welches Tier sie für wen wählen würden. Nur wenige SchülerInnen zeigten sich so gehemmt, daß sie eine längere Anlaufzeit benötigten, darunter mehr Mädchen als Jungen. Während des Zeichnens verglichen sie ihre Bilder, ließen sich von anderen anregen, alles mit dem Ausdruck des größten Vergnügens. Wiederholte ich den Test, gab es keine vergleichbaren Ausbrüche mehr, aber Vergnügen machte es immer noch. Jedoch tauchte dann regelmäßig der Wunsch auf, auch andere Lehrkräfte 'verzaubern' zu dürfen, was keinen Sinn macht und außerdem deren Einverständnis bedürfte. Das Verfahren bezieht seine pädagogische Wirkung nur aus der Auseinandersetzung von 'Angesicht zu Angesicht'

Die Begeisterung verstehen wir, wenn wir bedenken, wie selten Heranwachsende Gelegenheit haben, ihre Ansichten über Erwachsene, gar LehrerInnen, frei und offen zu äußern oder ihre entsprechenden Aggressionen loszuwerden. Die Zeichnungen bieten einen legalisierten Kanal, in den sich die angestaute Flut ergießen kann, in der Form, genügend 'entfremdet', daß die kritischen Instanzen des kontrollierenden Bewußtseins nicht zensieren. Ferner drücken Kinder im Bild ihre unreflektierten und undifferenzierten Gefühle wesentlich besser aus als etwa durch Sprache. Dies macht überhaupt den großen Vorteil des Zeichnens aus. Der Ausdruck durch ein Bild entspricht der Neigung zur Bildhaftigkeit des Unbewußten. So enthält das Bild immer mehr, als dem Zeichner im Augenblick des Zeichnens bewußt ist und als er eigentlich ausdrücken 'will'. Auch scheint die Begeisterung der Kinder Hinweise dafür zu geben, wieviel sie 'einstecken' müssen, ohne 'austeilen' zu dürfen – gewiß ein Kennzeichen kindlicher Existenz schlechthin. Hier erfüllt der Test zweifellos eine die Seele entlastende Aufgabe.

Nun kann man einwenden, ob es sich denn mit der Autorität des Lehrers, die er doch zu verkörpern habe, vertrage, wenn ihn die Kinder z. B. malen als Spinne oder Ungeheuer ..., wie es die Abbildungen 5 – 8 zeigen. Wo bleibe da die Ehrfurcht des Kindes, wo die Achtung vor dem Erwachsenen?

Nun, sie fehlen natürlich – aber sie fehlen schon vorher und werden nicht erst durch die Erlaubnis, dies auch zeigen zu dürfen, zum Verschwinden gebracht. Der Lehrer aber weiß nun, sofern es ihn interessiert, wie das Kind sich, ihn, die Schule erlebt. Er „sieht" mit den Augen des Kindes. Natürlich empfiehlt es sich, im stillen Kämmerlein über das eine oder andere Bild etwas intensiver zu meditieren, ob es nicht doch auch beherzigenswerte Aussagen über einen selbst enthält. Die eigentliche Bedeutung des Tests aber liegt in seiner reinigenden Wirkung, als ob endlich der Müll aus dem Haus gebracht würde. LehrerInnen und SchülerInnen beginnen, sich ehrlicher, offener gegenüberzutreten. Der Vergleich mit den Wahrnehmungen der MitschülerInnen relativiert das LehrerInnenbild des einzelnen Kindes. Oft haben selbst Nebensitzer eine völlig unterschiedliche Perspektive. Allerdings braucht LehrerIn Nehmerqualitäten, wenn man mit einem solchen Instrument arbeitet. Doch dafür entspannt sich das Klima in der Klasse nachhaltig. Die Kinder fühlen sich auch in ihren negativen, aggressiven und 'häßlichen' Seiten akzeptiert. Dennoch kühlt sich die Begeisterung allmählich ab. An den fundamentalen Daten ändert sich ja nichts. Nach wie vor muß man in die Schule; nach wie vor werden Klassenarbeiten geschrieben und Zeugnisse erteilt. Diese Zwänge lassen sich in der gelasseneren Atmosphäre allerdings leichter als objektiv vorgegebene Fakten erkennen, die mit der Person der Lehrkraft wenig zu tun haben. Das erleichtert es beiden Seiten, ein Gegeneinander in ein Miteinander umzuwandeln.

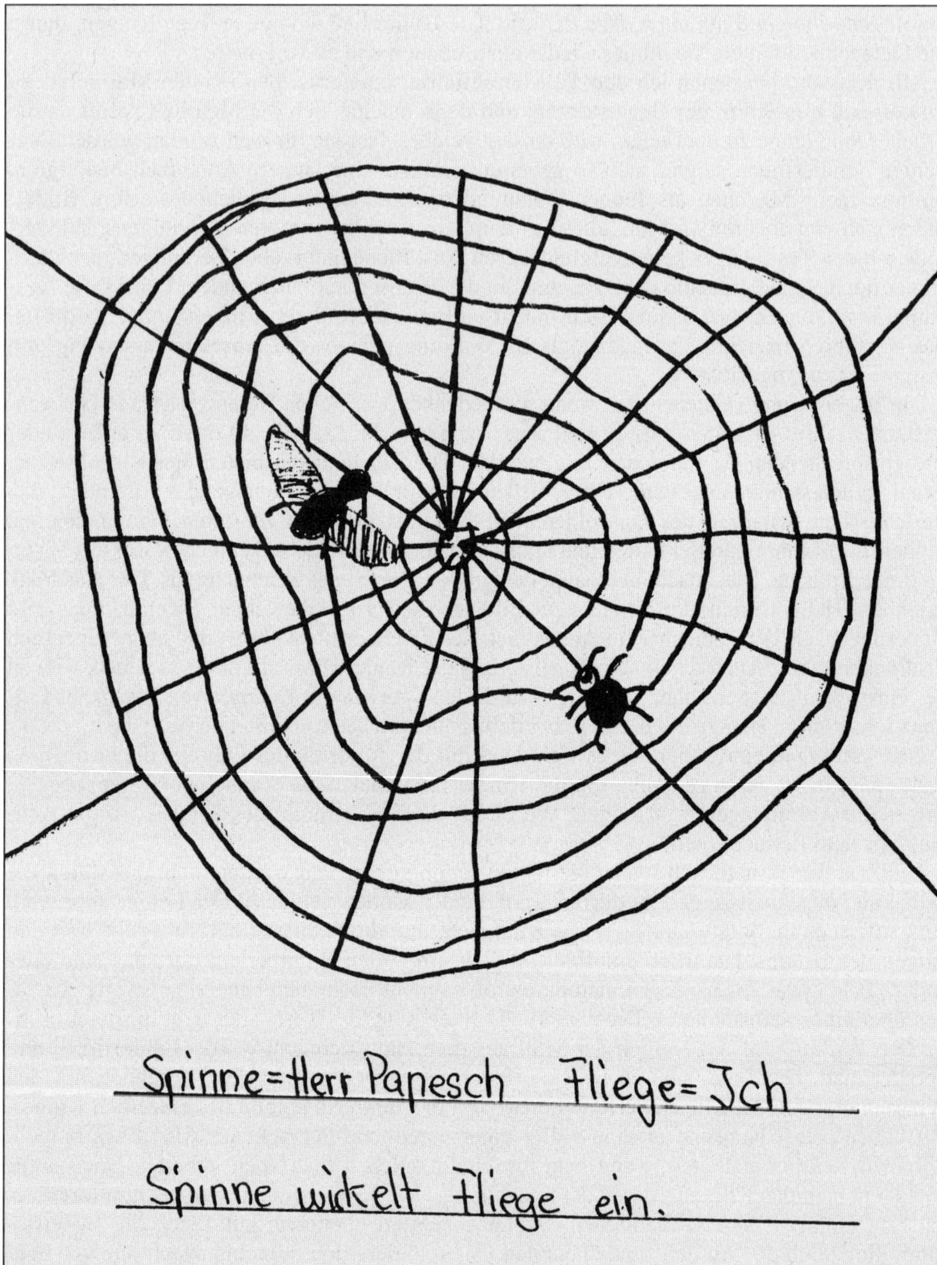

Abbildung 5

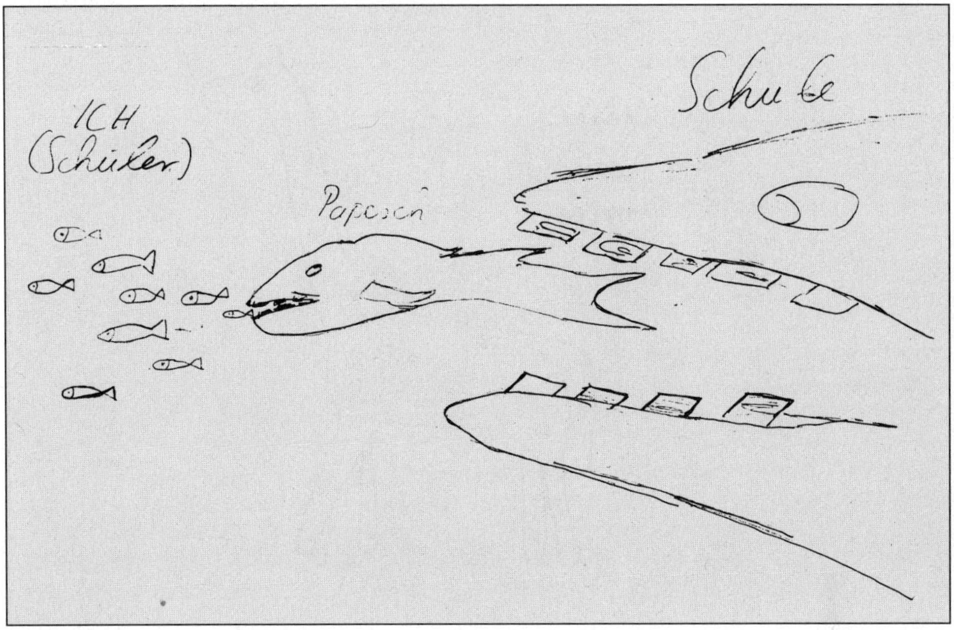

Abbildung 6

Abbildung 7

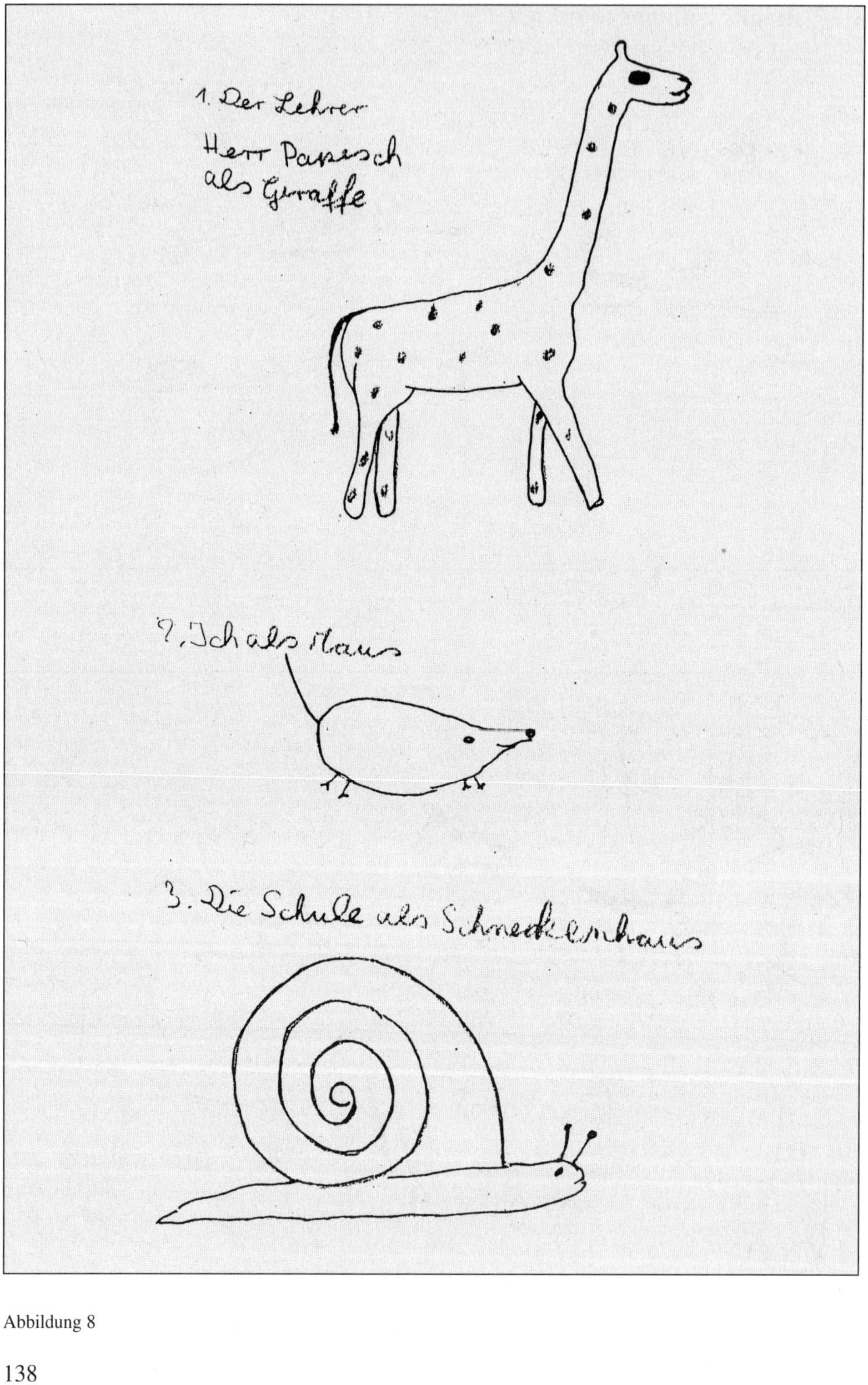
1. Der Lehrer
Herr Paresch
als Girraffe
2. Ich als Maus
3. Die Schule als Schneckenhaus

Abbildung 8

8. Nochmals Zulliger oder „Gewalt verstehen"

Hans Zulliger beschreibt auch die Spätwirkungen des 'Ohrfeigenduells'.

„Wenn ich heute, nach vielen Jahren, Arno auf der Straße zufällig antreffe – er ist Lastwagenchauffeur und Autoreparateur in einem anderen Dorfe – dann lächelt er vergnügt, lädt mich zum Mitfahren ein und frägt: „Erinnert Ihr Euch noch?" – und ich weiß, an was ich mich erinnern sollte. Offenbar hat er mir der ehemaligen körperlichen Züchtigung wegen gar nichts nachgetragen – im Gegenteil, ich hatte ihm imponiert und ihm meine Führerrolle aufgezwungen, er hatte sie akzeptiert. Zu erwähnen wäre nur noch, daß Arno aus einem familiären Milieu stammte, worin Prügel alltäglich waren. Er hatte nur noch Respekt vor der Körperkraft."[502]

Es liegt nahe zu vermuten, Arno habe sich durch die Schule in seiner Identität, so wie sie Erikson und Bernstein definieren, bedroht gefühlt. Deshalb sein unablässiges 'Keine-Ruhe-Geben'. Warum aber konnte der Konflikt auf diese Weise gelöst werden? Weil der Lehrer bereit war, sich mit ihm in 'seiner Sprache' zu verständigen, zu zeigen, daß er auch diesen sehr restringierten Code beherrschte. Er holte, wie es ein Grundsatz der alten Volksschulpädagogik forderte, das Kind dort ab, wo es stand. Nebenbei bemerkt, gehört es zu den in der Pädagogik unausrottbaren Irrtümern, LehrerIn müsse sich immer kultiviert ausdrücken. Dies verbaut sehr oft jede Verständigung zwischen Schule und ihren SchülerInnen. Im Gegenteil, gerade der souveräne, situationsgemäße Wechsel der Codes, der mühelose Sprung aus der Hochsprache z. B. in den Dialekt oder in den Jugendjargon gehört zu den unverzichtbaren professionellen Techniken, die LehrerIn beherrschen sollte.

Andererseits war es dem Schüler wohl endlich gelungen, die alleinige und ungeteilte Aufmerksamkeit des Lehrers zu erringen, hatte er erreicht, daß sich dieser mit ihm 'auseinandersetzte'.

Doch bleibt ein Rest an Unbehagen. Was wäre gewesen, hätte der Schüler zurückgeschlagen, womöglich kräftiger als der Lehrer, und länger durchgehalten? Für Zulliger war das Risiko gering, er hatte dies gewiß einkalkuliert. Doch für andere? „Ein Faustschlag ins Gesicht, darauf eine Salve von Beschimpfungen: F. S., ein schmächtiger Sekundarlehrer, blutet; der Arzt im Spital näht ihm die Schramme, der Zahnarzt flickt das wackelnde Gebiß. Niemand aber hilft dem Lehrer, sein angeschlagenes Selbstwertgefühl wieder aufzurichten ... Dabei hat er gemacht, was er für seine Pflicht hält: Er hat die Gipspuppe eines Schülers entfernt, die mit heruntergelassener Hose, 'Playboy' und Pariser über dem Penis, auf dem WC neben dem Weihnachtsbaum im Schulhaus saß; bei der Auseinandersetzung mit dem Schöpfer des Werks ist ihm die Hand ausgerutscht, und der Schüler hat brutal zurückgeschlagen."[503] Es kann ja auch so ausgehen. Was dann? Nebenbei bemerkt zeigt die Art der Berichterstattung – dem Lehrer 'rutscht die Hand aus', der Schüler 'schlägt brutal zurück', wer ist denn hier der Profi und muß sein Handeln kontrollieren? – wie schwer wir uns tun mit Maßstäben in diesem Bereich. Hätte nicht wenigstens formuliert werden müssen: Dabei schlug er zu, der Schüler schlug zurück? Ein 'Der Schüler wehrte sich' sei gar nicht verlangt.

Zu bedenken wäre ferner eine unerwünschte Nebenwirkung des 'Ohrfeigenduells'. Die Rangordnung eines ganzen Jahrgangs bildet sich danach, wer am meisten einstecken und austeilen kann. Daß Arno siegte, verwundert nicht. Aus den Daten, die Zulliger mitteilt, läßt sich schließen, er sei Ähnliches gewohnt gewesen wie sein täglich Brot. Solche Konfliktlösungsmodelle – und wir alle bedienen uns vergleichbarer regelmäßig – kommen unserem Wunsch nach einfachen, überschaubaren Lösungen und Systemen entgegen: Mensch, der Arno, ha! Bis heute gliedert sich die dörfliche Rangordnung auf solche Art, zum Schaden der Dorfgemeinschaft. Verloren geht dabei, was der Erziehungsauftrag von Schule in einer demokratischen Gesellschaft auch umfaßt, erfahrbar und bewußt zu machen, als positiven Wert zu vermitteln, daß eine offene Gesellschaft sich nach der Vielfalt der Begabungen, Fähigkeiten und Charaktere ordnet, weil erst die Vielfalt ihr Lebenselement darstellt und ihre Stärke ausmacht.

Ein anderer Punkt fordert ebenfalls genaueres Hinsehen. Zulliger spricht von einem 'unangenehmen Gefühl, ohnmächtig zu sein'. Und deshalb diese hochriskante Geschichte? Mir scheint, da stecke mehr dahinter, wieviel mehr, darauf deutet seine oben zitierte Bemerkung hin, er hätte Arno seine „Führerrolle *aufgezwungen*". Da war nicht nur ein unangenehmes Gefühl, da herrschte massivste Angst vor Macht- und Kontrollverlust, davor, Entwicklungen nicht mehr steuern zu können, sondern ihnen hilflos ausgeliefert zu sein. Belege dafür finden sich zahlreich, ich will nur einen anführen. Da beschreibt er den Unterrichtsalltag in einer 'demokratisch' geführten Klasse. „Ich traf ein fürchterliches Tohuwabohu an. Die Schüler teilten sich in Grüppchen auf, die sich im Zimmer in verschiedene Ecken oder Plätze gesetzt hatten. Eines zeichnete, ein anderes sang, ein drittes rechnete, ein viertes schrieb an einem Aufsatz ... Der Lehrer erlebte nach wenigen Jahren einen Nervenzusammenbruch. Ein Zeitlang weilte er in einer Heilanstalt. Nachher mußte er den Lehrberuf aufgeben und *fristete* (kursiv WP) sein weiteres Leben als kaufmännischer Angestellter."[504]

Zulliger spricht hier Urängste an, die mit dem Lehrberuf in der gegenwärtig praktizierten Form unlösbar verbunden sein könnten. An jedem ersten Schultag nach den Ferien kommen solche Ängste in den Lehrerzimmern zur Sprache, wenn LehrerInnen ihre Träume aus der letzten Nacht erzählen, in der Struktur immer gleich: da bricht etwas über einen herein, da wird man von etwas überflutet, da gerät etwas völlig außer Kontrolle, manchmal tatsächlich im Bild einer Klasse geträumt, die macht, was sie will. Daß LehrerInnen *freiwillig* davon erzählen, zeigt, wie tief diese Ängste sitzen, wieviel Leidensdruck sie ausüben. Selten versteht jemand diese Hilferufe. In der Regel pflegt man darüber zu scherzen, was für einen Unsinn man doch so zusammenträume...

Träfen diese Überlegungen zu – und manches spricht dafür – bestünde die Gefahr, daß der Lehrberuf in seiner gegenwärtigen Form die falschen Leute mit den falschen Erwartungen anzieht. Ein Scheitern wäre programmiert wie bei einem Hochspringer, der sich als Boxer im Schwergewicht versuchen wollte.

Das Buch von Hans Zulliger „Bande, Horde, Gemeinschaft", auf das ich mich hier beziehe, erschien 1961. Ein Jahr zuvor hatte Neill sein „Theorie und Praxis der antiautoritären Erziehung" veröffentlicht. 1965 ins Deutsche übersetzt, verstaubte es vier Jahre lang in den Regalen. Beide Autoren waren Lehrer und Psychoanalytiker; beide gingen von derselben Grundlage aus und kamen zu gegensätzlichen Schlüssen; von beiden kann man lernen. Neill allerdings landete nicht in der Psychiatrie, sondern starb hochbetagt nach einem erfüllten Leben, bis zuletzt seiner pädagogischen Arbeit nachgehend.

IV. Mit Konflikten leben

Wenn man auf einen Topf mit brodelndem Wasser den Deckel zu lange zu fest draufdrückt, fliegen einem die Teile schließlich um die Ohren, Folgen ungewiß. Wendet man keine Gewalt an, klappert der Deckel ständig leise vor sich hin. Will man den ausströmenden Dampf nutzen, befestigt man ihn eine Zeitlang und setzt den Dampf für Arbeit ein. Um Dampf abzulassen, hebt man ihn von Zeit zu Zeit an. Dann hört das Klappern auf. Mit-Konflikten-Leben nennt dies die Sozialpsychologie. Neill beschreibt solche alltäglichen, ständig rumorenden Konflikte aus dem Leben in Summerhill.

„Bei unserer Schulversammlung am Samstag zeigen sich leider Konflikte zwischen Erwachsenen und Kindern. Solche Konflikte sind natürlich, denn in einer aus verschiedenen Altersgruppen bestehenden Gemeinschaft können nicht alle anderen ihre Interessen denen der Kinder opfern, wenn diese nicht völlig verzogen werden sollen. Die Erwachsenen beschweren sich, wenn eine Bande älterer Schüler zu nachtschlafender Zeit laut redet und lacht und sie damit aufweckt. Harry beschwert sich, weil er eine ganze Stunde damit verbracht hat, ein Stück Holz für die Haustür zu hobeln, und einer der Jungen dann, während er beim Mittagessen war, aus dem Brett ein Bücherregal gemacht hat. Ich beklage mich, weil ein paar Jungen meine Lötlampe ausliehen und sie einfach nicht zurückbringen. Meine Frau erbost sich darüber, daß ein paar von den Kleineren nach dem Abendessen zu ihr kamen, weil sie noch Hunger hätten, sich von ihr Marmeladenbrote geben ließen und am folgenden Morgen die Brotstücke auf dem Flur gefunden wurden. Peter berichtet traurig, wie ein paar Schüler sich in der Töpferei mit seinem kostbaren Ton bewarfen. Die Liste ließe sich noch fortführen. Es handelt sich um einen Konflikt zwischen dem Standpunkt der Erwachsenen und der kindlichen Uneinsichtigkeit. Die Auseinandersetzung sinkt jedoch nie auf die persönliche Ebene ab. Niemandem wird etwas nachgetragen. Im übrigen bringen diese Dinge Leben ins Haus. Es ist immer etwas los, und man langweilt sich nie.“[505]

Wir alle kennen Ähnliches, und wir alle wissen aus alltäglicher Erfahrung und sozialwissenschaftlicher Forschung, daß dies zu einem seelisch stabilen und gesunden Heranwachsen gehört, ebenso wie das Spiel, das Herumprobieren, Grenzen austesten, Irrwege gehen. Verena Kast meint sogar, die „*Verfehlungen sind das Wesentlichste* an diesem Selbstwerden; sie bringen uns überhaupt darauf, was denn unser Geschick sein könnte. In unserem Umgehen mit den Verirrungen zeigt sich langsam unser ganz besonderer Weg. Ein Schicksal, eine bestimmte Lebensaufgabe zu erfüllen zu haben, auf die hin gelebtes Leben immer transparenter wird, die sich immer deutlicher zeigt, je mehr Leben gelebt wird, das ist eine Auffassung von Menschsein, die unserem Leben einen unmittelbaren Sinn gibt.“[506]

Wie sollen Kinder dies lernen, wenn sie nicht mehr probieren, keine Irrwege mehr gehen dürfen, ihnen von der Wiege bis zur Bahre Schule, Beruf, Lebenslauf vorgeplant sind? Eine Langzeitstudie von Jonathan Shedler und Jack Block an der University of California[507], die sich über fünfzehn Jahre erstreckte, ergab, gewissermaßen als empirische Untermauerung psycho-philosophischer Überlegungen, daß sich schließlich die sogenannten Experimentierer „als psychisch in bester Verfassung, sozial integriert, vernünftig und charmant erwiesen ... Daß sie ab und zu kifften, entsprach – mehr noch in den USA als in Westeuropa[508] – dem Brauch in der Jugendkultur. Um Fehlinterpretationen entgegenzuwirken, stellten die Wissenschaftler »kategorisch« klar, sie seien keineswegs der Meinung, »daß Drogenkonsum sich irgendwie günstig auf die psychische Gesundheit Jugendlicher auswirken könnte«. Sie haben lediglich herausgefunden, daß sich die Experimentierer pubertär »normal« verhielten: Sie waren neugierig auf Grenzerfahrungen, brauchten aber den Stoff nicht als Ventil für emotionale Not oder Kompensation für einen Mangel an echten Beziehungen."[509]

Dies gilt grundsätzlich. Wer Heranwachsenden jeden Freiraum nimmt, die Würde ihrer Person und die Würde ihres Spiels nicht achtet, ihre Gefolgschafts-, Glaubens-, Vertrauens- und Verehrungsbereitschaft, ihre Zukunftsorientiertheit nicht wie ein verantwortungsvoller Vormund verwaltet, sondern für eigene Zwecke manipulativ verwertet, löst Probleme nicht, sondern verschärft sie und schafft zusätzliche.

Auch in der Schule kocht und brodelt es ständig, denn „Aggression, sei es als gelerntes Verhalten, sei es als Trieb, sei es als rudimentäre Erinnerung an Notwendigkeiten des Hordenlebens, sie es als umgeleitete Angst-Aggression, ist ein notwendiger und wichtiger Bestandteil menschlichen Werdens und Seins."[510]

Nicht sie verbieten heißt die Lösung, sondern versuchen, sie zu kultivieren und lernen, mit ihr umzugehen. Deshalb sollten LehrerInnen bereit und fähig sein, mit Aggressionen und den daraus erwachsenden Konflikten zu leben, auch dazu, die Unschärfe von Situationen und offene Erwartungshorizonte zu ertragen. Sie begleiten Kinder auf einem Weg, dessen Ende sie nicht kennen. Kinder aber lassen sich nicht wie der Fernseher vom Pult aus mit der Fernbedienung steuern. Zu überraschende Wendungen kann ein Lebenslauf nehmen. Nähme die Schule diese Aufgabe an, übte sie in einem überschaubaren öffentlichen Bereich jene Fähigkeiten ein, auf denen ein demokratisches Gemeinwesen gründet. „Wenn die Rede von einer kollektiven Identität demokratischer Gesellschaften überhaupt Sinn macht, dann ist der in zivilen Formen ausgetragene Konflikt das Medium, in dem sich diese Identität, dieses Bewußtsein eines gemeinsam geteilten politischen Raumes herausbildet."[511]

Dies alles gehörte also zum Schulalltag: Schreien und Rennen; aufgeschlagene Knie und blutende Nasen; Streitereien, Rangeleien und gelegentliche Schlägereien; Buben, die Mädchen den Rock lupfen und Mädchen, die kreischend davonrennen; das Messer in der Hosentasche, die Wasserpistole und das heimliche Spiel mit dem Feuerzeug; SchülerInnen, die sich im Ton vergreifen und Hausmeister, die gelegentlich mit einer abgebrochenen Türklinke und vorwurfsvollem Blick im Lehrerzimmer stehen.

Wer Kinder darin behindert, wer sie hindert, mit Wasserpistolen zu spritzen, mit Holzschwertern zu kämpfen, sich zu streiten, zu balgen, zu raufen, sich auch gelegentlich zu verprügeln, verdrängt, verhindert Training im Umgang mit Gewalt, verbaut deren Kultivierung. Diese kann nur das Ergebnis eines langen Entwicklungs- und Übungsprozesses sein, die reife Haltung des Herangewachsenen. Wie man anders damit umgeht, schildert der amerikanische Historiker H. St. Hughes. Er beschreibt, wie erstaunt sich einer seiner Kollegen über die Kriegsbegeisterung seines kleinen Sohnes gegeben habe, die seinem eigenen Engagement für die Sache des Friedens heftig zu widersprechen scheine.

„»Aber sehen Sie nicht«, antwortete ich, »daß dies der Angelpunkt ist.« Das heißt, die unbewußte Logik des Verständnisses zwischen meinem Sohn und mir war klar, wenn auch unausgesprochen. Wir hatten die Rollen verteilt – jeder konnte dem anderen als Gegenpart dienen – und dem Jungen war erlaubt, in aller Unschuld das zu tun, was der verantwortungsbewußte Mann in seinem eigenen Verhalten nicht mehr gut heißen konnte. Die Sehnsucht nach Harmonie und leidenschaftliches Eintreten für den Frieden können sehr wohl als die Sublimierung tiefsitzender Aggression entstehen. Ich bezweifle, daß es jemals einen energischen Pazifisten gab, der von Krieg und Gewalt nicht fasziniert worden wäre."[512]

Natürlich werden LehrerInnen nicht einfach alles billigend hinnehmen und zur Tagesordnung übergehen; werden auf Anstand und Höflichkeit und Sitte und Schulordnung und Gesetz verweisen, notfalls entschlossen eingreifen, doch mit jener auf beruflicher Erfahrung gegründeten Gelassenheit, die nicht ausschließt, sondern aufnimmt, akzeptiert und den tröstenden Klaps auf die Schulter nicht vergißt. „Akzeptanz ist wie die fruchtbare Erde, die einem winzigen Saatkorn erlaubt, sich zu der schönen Blume zu entwickeln, zu der es die Anlagen besitzt. Akzeptanz ermöglicht es einem Menschen, sein Potential zu verwirklichen.“[513]

Was so schnell als „Gewalt“ gebrandmarkt wird und weshalb manche Schulen Zombies gleichen: nach außen glänzend aufgemotzt, innen tot, Leichenstille – erfüllt für Kinder und Jugendliche eine ganz andere, durchaus auch lustvolle Funktion, nämlich das spielerische Einüben von Rangordnungen, das Suchen nach einem Platz im sozialen Feld. Dabei verschwimmt die Grenze zwischen Spiel und Ernst in einem ständigen Hin und Her. Greift der Erwachsene vorschnell ein, verhindert er gar schon im Vorfeld das Entstehen solcher Situationen aus wohlmeinender Besorgnis oder durch zu starre Ordnungsmaßnahmen, stört er wichtige Lebensprozesse, unterbindet Lernen, enthält Kindern und Jugendlichen unersetzliche Erfahrungen im Miteinander vor.

Eine Gesellschaft, die schon ihre Kleinkinder 'kriminalisiert', weil sie im Kindergarten „treten spucken, beißen, kratzen“,[514] von der Jugend ganz zu schweigen,[515] ihnen weder Zeit noch Raum noch Freiheit läßt zur Erprobung von Lebensmöglichkeiten, auch von Irrwegen, hat das Gefühl für lebendiges, sich entwickelndes Leben verloren, reproduziert Ausbeutung und Unterdrückung, zerstört ihre soziale Kultur.

Auch das Leben beschädigt und verletzt. Die besten Eltern der Welt – ebensowenig wie die besten LehrerInnen - können es nicht verhindern. Sie können auch nicht verhindern, daß sie falsch handeln, ihren Kindern Unrecht und Leid zufügen.

In der ersten Klasse, die ich als Klassenlehrer zum Schulabschluß führte, wurde 1972 auf meinen Antrag ein Schüler zeitweilig aus der Schule ausgeschlossen (s. Anhang 3: Antrag auf Schulausschluß). Diese Klasse pflegt von allen meinen ehemaligen Klassen bis heute die intensivste Beziehung zu mir. Dennoch wird mir bei jedem Klassentreffen dieser Schulausschluß vorgeworfen: er sei unnötig gewesen, falsch und ungerecht.

Vielleicht haben sie ja recht; vielleicht traute ich ihnen zu wenig zu; vielleicht hätte ein anderer Lehrer anders gehandelt. Ich konnte es damals nicht. Menschen machen nun einmal Fehler, sind unterschiedlich belastbar und unterscheiden sich in ihren Fähigkeiten, Probleme zu lösen. So ist es halt.

Doch auch Wunden, die Erziehung schlägt, gewollt oder ungewollt, aus böser Absicht oder trotz besten Willens, heilen und vernarben. „Wir können täglich feststellen, daß es beim Menschen einen Reifungsprozeß gibt, daß aus eigener Kraft eine Heilung stattfindet, sobald die pathogenen Elemente ihre Macht verlieren.“[516]

Dies soll kein Freibrief sein für Buch- und Kreidepädagogen, Lehrerbeamte oder gar pädagogische Sadisten. Nein, dies will ein Plädoyer sein für eine lebendige Schule, für jenes alltägliche Chaos, unter dem LehrerInnen so oft stöhnen und das doch nur Lebendigkeit ausdrückt. Wo Kinder sind, herrscht Rangelei, Geschrei, Durcheinander, Chaos – eben Leben. Dies will zugleich ein Plädoyer sein gegen Selbstüberforderung, der die Lehrerschaft so leicht erliegt, weil sich ihr Arbeitsfeld nur schwer definieren läßt.

Bescheidene Ziele setzen wäre ein Weg dazu. Mit den jeden Tag beim Klingeln der Schulglocke stets neu entstehenden Konflikten gelassen zu leben, damit umgehen zu lernen und so den Heranwachsenden Modelle des Miteinanders anzubieten, könnte ein solches Ziel darstellen, bescheiden gewiß, und doch der Beitrag von LehrerInnen zum Aufbau einer demokratisch-pädagogischen Kultur.

Erziehung stellt keinen Schöpfungsakt dar, eher, um ein Bild des altgriechischen Philosophen Sokrates aufzugreifen, Geburtshilfe für das, was ins Leben drängt. Am ehesten wohl meint sie Hege und Pflege dessen, was wachsen will; Fürsorge dort, wo Wachstum behindert wird oder sich verweigert; Abwehr, ja Kampf gegen alles Lebensfeindliche. Sie zeigt Möglichkeiten der Lebensgestaltung, räumt Hindernisse aus dem Weg, die ein Weiterschreiten in die Zukunft verwehren. Ihr Ziel heißt nicht Gefolgschaft, sondern Gemeinschaft des Lebendigen.

Solche Erziehung wird im Gleichnis vom Sämann beschrieben, wie es bei Lukas 8,5 aufgezeichnet ist: „Der Sämann ging aus, seinen Samen auszusäen. Und als er säte, fiel einiges auf den Weg; es ward zertreten, und die Vögel des Himmels fraßen es. Anderes fiel auf steinigen Grund; es ging zwar auf, doch es verdorrte sogleich; denn es fand keine Feuchtigkeit. Wieder anderes fiel unter die Dornen; die Dornen wuchsen mit ihm auf und erstickten es. Anderes endlich fiel auf guten Boden; da ging es auf und trug hundertfältige Frucht."

Ein gar idyllisch Bild, nicht zeitgemäß? Nun, die Agrartechnik blieb ja nicht stehen auf dem Stand von vor zweitausend Jahren. Gegen die Vögel, die schlechten Böden, gegen die Dornen und Disteln fand sie ihre Mittel, und die brachten Erfolg und trugen ihre Frucht und wer daran gezweifelt hätte, wäre zum Narren geworden ... Und jetzt? Die Böden sind sauer; der Wald stirbt; was als Dornen und Disteln galt, dient als genetisches Vorratslager und ökologische Nische, für die Menschheit vielleicht bald überlebensnotwendig.

Gab es einst nicht auch solche „pädagogische Nischen"? Jene Zeichenstunden, in denen die Schüler Sachtexte bebilderten, während LehrerIn vorlas? Jene Werkstunden, wo man Steinbohrer entwickelte, Pfahldörfer nachbaute, Burganlagen gestaltete? Jene Turnstunden, in denen der Lehrer Rangordnungskämpfe lenkte, Erziehungsschwierigkeiten bearbeitete und nach Leistung nicht fragte? Gewiß, die vorzeigbaren Ergebnisse waren manchmal recht dürftig, doch die Seele hatte Zeit und Raum, auszuschwingen, aufzuarbeiten, nachzuleben ... Ein bißchen weniger „Jugend trainiert für Olympia", ein bißchen mehr ökologische wie pädagogische Nischen, in denen gespeichert werden und sich entwickeln kann alles, dessen Nutzen noch nicht erkennbar ist oder gar auf der Hand läge – es bräuchte nur wenig Mut, dazu ein Stück pädagogischer Phantasie!

Das Leben, gewähren wir ihm Zeit, lassen wir ihm seinen Lauf, begleiten wir es behutsam, findet seinen Weg, wie es Gottfried Benn beschreibt:

Ich habe Menschen getroffen, die,
wenn man sie nach ihrem Namen fragte,
schüchtern – als ob sie gar nicht beanspruchen könnten,
auch eine Benennung zu haben -
„Fräulein Christian" antworteten und dann:
„wie der Vorname", sie wollten einem die Erfassung erleichtern,
kein schwieriger Name wie „Popiol" oder „Babendererde" -
„wie der Vorname" – bitte, belasten Sie ihr Erinnerungsvermögen nicht!

Ich habe Menschen getroffen, die
mit Eltern und vier Geschwistern in einer Stube
aufwuchsen, nachts, die Finger in den Ohren,
am Küchenherd lernten,
hochkamen, äußerlich schön und ladylike wie Gräfinnen -
und innerlich sanft und fleißig wie Nausikaa,
die reine Stirn der Engel trugen.

Ich habe mich oft gefragt und keine Antwort gefunden,
woher das Sanfte und Gute kommt,
weiß es auch heute nicht und muß nun gehn.

V. Anhang

1. Mit dem Fahrrad unterwegs
Ein Projekt gegen Ohnmachtsgefühle und Angst

Einstimmung – Öffentlichkeitsarbeit
Radtour im Ländle[517]

Die Grund und Hauptschulen in Baden-Württemberg kennen im Rahmen eine sogenannten „Erweiterten Bildungsangebots" (abgekürzt EBA) außerhalb des üblichen Unterrichtrahmens liegende Veranstaltungen. Wie schon vor zwei Jahren, wird sich auch dieses Jahr die Klasse 8 wieder auf eine größere Radtour durch unsere etwas fernere Heimat begeben. Vier Tagestouren von 40 km – 70 km Länge stehen auf dem Programm. Übernachtet wird jeweils in Jugendherbergen.

Die Fahrt führt uns am Freitag, dem 26. Juni 1987 zunächst nach Ulm. Von dort geht es am Samstag nach Biberach, wo am Sonntag ein Ruhetag eingelegt wird. Falls das Wetter mitmacht und die Stimmung gut ist, wird dieser Ruhetag vielleicht zu einem Abstecher nach Bad Buchau am Federsee genützt. Am Montag steht dann Blaubeuren auf dem Programm, am Dienstag schließlich wollen wir wieder zu Hause sein.

Natürlich ist das erste Ziel eines solchen Unternehmens, das Zusammenwachsen der Klasse zu einer Gemeinschaft zu fördern. Dies geschieht in erster Linie durch das gemeinsame Lösen von Problemen und Problemchen – angefangen vom Bettenmachen in der Jugendherberge bis zur vielleicht kleineren oder größeren Fahrradreparatur. Daneben wird erfahren, wie wichtig bei einem gemeinsamen Unternehmen das Sich-Einfügen in eine Ordnung ist: Wer den notwendigen Sicherheitsabstand beim Fahren in der Kolonne nicht einhält, findet sich manchmal trotz aller Bremsversuche recht unsanft auf der Straße wieder.

Wichtig ist uns auch, die Eigenart und Schönheit unserer Heimatlandschaft im Sinne des Wortes zu 'erfahren'. Durchs Donautal fährt sich's ganz anders als über die Alb. So werden tote Begriffe aus einem Erdkundebuch lebendige Wirklichkeit.

Schließlich begegnet uns auf dieser Fahrt immer wieder die Vergangenheit unseres Landes. Die beiden Reichsstädte Ulm und Biberach; der Baustil der Gotik am Ulmer Münster, daneben die barocke Klosterkirche Wiblingen; schließlich in der nach den Geschwistern Scholl benannten Jugendherberge die schreckliche nationalsozialistische Diktatur. Dies alles bietet Anlaß, in Gespräch und Betrachtung den bisherigen Geschichtsunterricht nachdenkend zusammenzufassen, auf kommende Themen hinzuweisen.

Natürlich kann solch ein Unternehmen ohne Vorbereitung nicht gelingen. Eingeübt werden muß vor allem das Fahren in der Kolonne. Herrscht hier Disziplin, können gefährliche Situationen erst gar nicht entstehen. Um dies einzuüben, wurden verschiedene kleine Radtouren durchgeführt: ins Lonetal, nach Giengen, Heidenheim, ins Hungerbrunnental.

Bleibt zu hoffen, daß Petrus ein Einsehen hat und spätestens am Freitag, dem 26.06.1987 um 13.00 Uhr den Sommer beginnen läßt – denn da geht's los!

Mit dem Fahrrad ins Schullandheim[518]

Üblich ist es, sich ins Schullandheim fahren zu lassen – mit dem Bus, mit dem Zug – und dabei nicht selten große Strecken zurückzulegen. Die Klasse 7 der GHS Bolheim will es einmal anders machen, nämlich mit eigener Kraft und der Hilfe des Fahrrads den Schullandheimaufenthalt beginnen. Das Ziel, die Jugendherberge in Biberach, soll in zwei Tagesetappen erreicht werden. Übernachtet wird am ersten Tag, dem 05.06.89, in der Jugendherberge Ulm. Ebenso soll am 15./16.06.89 die Rückfahrt bewältigt werden. Geplant ist ferner eine Erkundung des Landkreises Biberach mit dem Fahrrad.

Warum aber mit dem Fahrrad? Es wird häufig vergessen, daß Schullandheimaufenthalte keine touristischen Unternehmungen für Schüler und Lehrer sind. Vielmehr sollen sie der Ergänzung und Erweiterung der Schule dienen, den Unterricht in eine andere Umwelt verlagern. Was bisher nur in der Theorie und mit dem Kopf gelernt wurde, soll nun mit Herz und Hand an der Wirklichkeit erprobt werden.

Ebenso wird wird gerne übersehen, daß sich mit dem Wandel der gesellschaftlichen Wirklichkeit gleichzeitig die Erziehungsprobleme ändern.

Das Leben der jetzigen Schülergeneration ist geprägt von wirtschaftlichem Wohlstand und technischem Fortschritt. Diese erleichtern Leben und Alltag in einem Ausmaß, wie es noch vor wenigen Jahrzehnten unvorstellbar war. Noch nie, so könnte man sagen, ging es Kindern und Jugendlichen so gut wie heute.

Auf der anderen Seite jedoch schaffen Wohlstand und Technik bisher unbekannte Abhängigkeiten und Defizite, welche die heranwachsende Generation vor bisher in diesem Maße ebenfalls unbekannte Herausforderungen stellt. Werden doch die Freiräume für eigenes, aktives Handeln eingeengt. Wer schon als Kind mit dem Auto in den Kindergarten, in die Schule, zu Veranstaltungen, in den Urlaub gefahren wird, dem fehlt von klein auf die Erfahrung, daß er auch aus eigner Kraft etwas leisten kann. Wo aber diese Erfahrung fehlt, fehlt auch das Vertrauen in die eigene Kraft. Fehlendes Selbstvertrauen wiederum löst Angst aus, vor allem Angst vor der Zukunft. Sie bringt ja unbekannte Schwierigkeiten. Wem aber die Erfahrung fehlt, was er aus eigener Kraft kann, der kann auch Schwierigkeiten schlecht einschätzen. Schon das kleinste Problem kann für ihn ungeheure Ausmaße annehmen.

Für die Erziehung in unserer Zeit stellt sich also die Aufgabe, den Heranwachsenden die Erfahrung der eigenen Kraft zu ermöglichen. Was ich aus eigener Kraft bewältigt habe, stärkt mein Selbstbewußtsein, verringert meine Lebensangst und verändert meine Einstellung zur Zukunft.

Mit dem Fahrrad ins Schullandheim – dies ist der Versuch, einen solchen Erfahrungsschatz der eigenen Kraft und der Bedeutung gemeinschaftlichen Handelns zu erwerben und so den Boden zu bereiten, auf dem ein stabiles, zukunftsorientiertes Selbstbewußtsein wachsen kann.

Selbst-Erfahrung

Die schwerwiegendsten Fehler werden im Vorfeld begangen. Wird das Schullandheim (die Radtour ...) als Prämie für 'gutes Benehmen' ausgesetzt, haben SchülerInnen ihren 'Preis' schon vor Antritt des Unternehmens 'bezahlt'. Es gibt für sie keinen einsehbaren Grund, nicht die 'Sau rauszulassen'. Der Zugang muß anders sein: Wir planen ein Unternehmen, das nur gelingen kann, wenn alle mithelfen. Von vornherein muß klar sein: alle dürfen mit, denn es sollen ja gemeinsam Erfahrungen gesammelt werden, auf denen die zukünftige Arbeit aufbauen kann. Dazu gehört auch das Unterwegs-Sein, wo wir Altes verlassen und das Neue noch nicht kennen, wie es der Seelenlage in diesem Alter, der Pubertät, entspricht.

In seinen „Reden über Erziehung“ spricht Martin Buber davon, „die Erziehung der ganzen Person“ sei „auf der natürlichen Selbsttätigkeit“ aufzubauen. „Ich meine die Existenz eines selbständigen, von anderen nicht ableitbaren Triebs, dessen angemessener Name mir der 'Urhebertrieb' zu sein scheint. Der Mensch, das Menschenkind will Dinge machen. Das ist nicht bloße Schaulust an dem Entstehen einer Form aus einer eben noch formlos anmutenden Masse; wonach das Kind verlangt, ist der eigene Anteil an diesem Werden der Dinge; es will das *Subjekt* (kursiv WP) des Produktionsvorgangs sein.“[519]

Raum zu geben für solche Erfahrungen, Subjekt eigenen Handelns, nicht Objekt anderer zu sein, gehört zu den Zielen dieses Projekts. Jedes einzelne Kind muß täglich eine Fülle kleinster Entscheidungen treffen, für die es in seinem Alltag sonst keine Gelegenheit hat. Wie wir schon bei Anna Freud gesehen haben, wird Angst leichter bewältigt, wenn man ihr aktiv begegnet, „d. h. zum Verstand, logischen Denken, tatkräftigen Veränderungen der Außenwelt, aggressiven Gegenmaßnahmen seine Zuflucht nimmt“.[520] Wie bei einer solchen Tour von Jugendherberge zu Jugendherberge aggressive Selbstbehauptung geradezu eingeübt wird, kann dabei von Tag zu Tag beobachtet werden. In jeder neuen Jugendherberge müssen die Kinder sich einen Platz ‘erobern’. Nimmt man sie am ersten Abend kaum wahr, weil sie irgendwo verschüchtert in einer Ecke hocken und dem Treiben zuschauen oder sich gar nicht aus ihren Zimmern trauen, beanspruchen sie spätestens am dritten Abend selbstverständlich ihren Platz, sei’s an der Tischtennisplatte, beim Volleyballspiel oder beim Schach im Freien.

Erlebnisse und Erfahrungen

Unterwegs beschloß jeden Tag ein Text, den ich vorlas: über die letzten Lebenstage der Geschwister Scholl (die Jugendherberge war nach ihnen benannt): daß Großes seinen Preis hat; das Märchen „Von einem, der auszog, das Gruseln zu lernen“ – wir leben nicht, wenn wir nicht fühlen können; jetzt würde ich am dritten Tag lesen „Hans im Glück“, wo einem dünkt, die Last seines Schatzes drücke allzusehr; am letzten Tag das Märchen „Der goldene Vogel“, das von der Notwendigkeit des zeitgemäßen Ungehorsams erzählt, von Aufgaben, die unlösbar scheinen und sich doch bewältigen lassen, so man es nur versucht – weil Hilfe zuteil wird.

***

Wir sind noch keine Stunde unterwegs, da passiert’s: die erste Panne. Natürlich, so eine Superhypermoderneweißgottwievielgängeschaltung, von der ich keine Ahnung habe und die ich schon aus ‘weltanschaulischen’ Gründen hasse. Mindestens drei „Spezialisten“ in der Klasse kennen und beherrschen sie ‘durch und durch’. Es scheint nicht schlimm, nur die Kette abgesprungen. „Kein Problem, Herr Papesch, das haben wir gleich“ – so die Spezialisten. Tatsächlich, nach wenigen Minuten war’s repariert. Also weiter, aufsteigen, Kolonne ordnen, aufsitzen, weiterfahren – und Pfiff: Haaalt! Wieder die Kette, wir waren kein zwanzig Meter weitergekommen. „Kein Problem, Herr Papesch, das ist sicher nur eine Kleinigkeit“ – so die Spezialisten. Was hatte ich ihnen mein solides, gediegenes – zugegeben etwas in die Jahre gekommenes – Dreigangrad mit anständigen Felgen und breiten Reifen angepriesen. Ausgelacht hatten sie mich, mit so etwas könne man sich doch heutzutage nicht mehr sehen lassen ... Na gut, es ging tatsächlich gleich weiter – dreißig Meter ... Das wiederholte sich vier- bis fünfmal. Die Klasse kochte schon längst auf hundertachtzig. Es war der erste Tag, sie wollten ihn endlich hinter sich bringen, und dann sowas! „Immer der ... der soll umkehren, so weit sind wir ja noch gar nicht ... und selber keine Ahnung ...“. Es war tatsächlich so ein „Der“, und er hat auf diesen zwei-, dreihundert Metern, auf denen sich das alles abspielte, einige hundert Jahre Fegefeuer abgedient – da bin ich mir ganz sicher.

Schließlich, nachdem meine Spezialisten aufgegeben hatten, kriegte ich diese verdammte Kette irgendwie hin – wie, weiß ich bis heute nicht. Und sie hielt die ganze Tour.

***

Und wie das halt so ist im richtigen Leben, eine von denen, die bei besagter Panne zu den Schreierinnen gehört hatte, pennt, als wir in der Stadt eine Unterführung durchqueren, fährt auf ihren Vordermann auf – Bremskabel gerissen, natürlich keine Rücktrittsbremse. Sie weiß nicht, wohin sie gucken soll vor Verlegenheit – ausgerechnet ...! Ich grinse mir innerlich eins, die Klasse murmelt etwas von „Kann ja mal passieren ..." und versucht einzuschätzen, was ich wohl denke. Gott sei Dank geht's bis zur Jugendherberge nur noch bergauf. Anmelden, Zimmer zuteilen, Gepäck einräumen. Nach einiger Zeit bemerke ich, wie ein Mädchen verzweifelt heulend vor dem Gepäckständer ihres Fahrrads hockt. „Des hot d'r Papa feschtgmacht. Des kriag i nie ronder!" D'r Papa hatte es sehr gut gemeint, aber wir kriegten das schon hin. Dann machte ich mich zusammen mit dem Mädchen, dem das Bremskabel gerissen war, auf die Suche nach einem Fahrradhändler. (Da ist die Klasse ohne Aufsicht. Man muß sich einfach aufeinander verlassen können, sonst geht's nicht.) Wir fanden einen, aber der hatte beim besten Willen keine Zeit ... „Na ja, wenn Sie mit der Klasse unterwegs sind. Kommen Sie halt mal mit!"

Nach dem Abendessen brauchte ich sie nur anzugrinsen. „Alles klar?", und sie wußten, was ich meinte: Daß es halt jeden treffen kann, in der Schule wie im richtigen Leben, und daß es dann schön ist, wenn man Hilfe bekommt, Rücksicht und Geduld erfährt.

***

„Mensch, Herr Papesch das müssen Sie sehen! Da spielt ein ganzes Orchester – und mit dem einen hab' ich grad noch Tischtennis gespielt ..."

Die Orchestergruppe einer Waldorfschule hielt sich gleichzeitig mit uns in der Jugendherberge auf. Sie übte für ein Konzert, im Augenblick die Ouvertüre zu 'Don Giovanni'. Daß die Hand, die eben noch so geschickt mit dem Tischtennisschläger umgegangen war, genauso geschickt war mit der Flöte oder der Geige, dem Cello oder dem Horn – sie konnten es nicht fassen, und Mozart klang ganz anders als sonst! So standen oder saßen sie im Übungsraum, eingeladen zum Zuhören, und erlebten das Einüben eines ganz anderen Spiels – miteinander, nicht gegeneinander.

***

Geplant war, in der Stadt in Ruhe einzukaufen und dann am See – dort standen Bänke und Tische – gemütlich zu vespern. Der Mensch denkt, Gott lenkt: Die Geschäfte hatten alle schon geschlossen. Wir waren zu spät und jetzt ohne Proviant. Ich ahnte Schwierigkeiten. Also machten wir uns auf die Suche. Vor einem Supermarkt war noch Betrieb – irgendeine Werbeveranstaltung, wieder nichts. Was wir denn suchten, fragte mich eine Verkäuferin. Ach, wir seien mit dem Fahrrad unterwegs und wollten etwas zum Essen kaufen. Wären wir die Gruppe, die da vorhin vorbeigefahren wäre, eine ganze Kolonne, mit einer roten Fahne am Schluß? Ja, das wären wir.

Sie redete mit ihrem Chef, schloß das Geschäft für uns nochmals auf, wir konnten in aller Ruhe einkaufen, ganz allein im Laden ... und stellten dazu noch fest, daß sie aus einem Ort ganz in unserer Nähe stammte.

***

Am Himmel zogen dunkle Wolken auf, es würde wohl regnen. Wir suchten nach einer Möglichkeit zum Unterstehen. Ein Cafe mit einem weit geschwungenen Vordach und einem großen Vorplatz schien uns günstig. Nach einiger Zeit stand plötzlich der Wirt vor uns. Was wir da machten. Ach, wir seien mit den Rädern unterwegs. Ja woher denn? Das kenne er, wir sollten doch hinters Haus gehen, in seine Gartenwirtschaft, da könnten wir unter die Schirme hocken, vespern und hätten's bequemer, er sei in der Freizeit auch ein Fahrradfan ....

***

Vielleicht liegt es einfach daran, daß wir immer herrliches Wetter hatten, strahlenden Himmel, blau, leichter Wind; oder es liegt an der Landschaft, diesem offenen, weiten Rund, eben, der Horizont in der Ferne – nichts, was den Blick hemmte; oder es liegt an diesem Gehen über den Steg, der im Rhythmus unserer Schritte kaum wahrnehmbar mitschwingt, an dem Wasser, das im Licht plätschert, am gleichmäßigen Rauschen des Schilfs, das unsere Köpfe überragt und ein angenehmes Gefühl der Geborgenheit weckt, Ruhe für Auge und Herz ringsum, manchmal ein Vogel ... es gab keine Klasse, die sich dem entziehen konnte, und jedesmal ein eigenes Gespräch, einmal Aufklärungsunterricht mitten auf dem Steg... Diesmal albern sie herum. Doch dann tauchen Fragen auf: wie, warum, wann, woher ...?

Und dann sitzen wir auf dem Steg über dem Wasser, die Füße baumeln, und Lehrer und SchülerInnen gleiten in ein Gespräch, unmerklich, wie es eigentlich sein sollte zwischen ihnen, oft, und doch so selten gelingt. Und der Lehrer gerät ins Erzählen, aus seiner eigenen, so ganz anderen Kindheit und Jugend, und sie hören zu, als erzählte er von einem anderen Stern. Und wenn er aufhören will, ans Weitergehen erinnert, an die Zeit, wollen sie bleiben ...

Mit Schüleraugen gesehen

Vorbereitung – Hinfahrt – Ankunft

- Wir hatten Herrn Papesch die Aufgabe gegeben, das Schullandheim herauszusuchen.
- Große Sorgen machten wir uns um das Geld und um eine Begleitperson. Aus der Begleitperson wurde nichts, so daß wir uns allein durchschlagen mußten.
- Herr Papesch bestellte zuerst die blauen Ordner und die Mappen für uns. Dann bekamen wir Material und stellten die Tagesabläufe usw. für unsere Ordner auf. Jedenfalls wurde viel gesammelt und vorbereitet, fast jeder maulte darüber.
- Am Kinderfest verkauften unsere Eltern selbstgebackene Kuchen samt Kaffee und nahmen 372,60 DM ein.
- Am 31. März ging die nächste Schufterei los. Die Altpapiersammlung ging los. Morgens in aller Hergottsfrühe, nämlich um 8 Uhr, stand das Altpapier vor der Tür. Das Einsammeln dauerte ungefähr 3 Stunden. Wir bekamen Altpapier im Wert von 970,– DM zusammen. Es lohnte sich.
- 88,– DM verdankten wir uns selber. Sie kamen durch Strafgelder zusammen.
- Hinzu kamen noch 500, – DM vom Weihnachtsbasar.
- Insgesamt haben wir 5485,75 DM eingenommen und 4931,57 DM ausgegeben. Jetzt haben wir noch 553,18 DM
- Am 7.7.1984 wurden um 10 Uhr die Koffer abgegeben. Danach fuhren sie mit Auto und Frau Papesch direkt nach Biberach. Wir aber sausten mit unseren Fahrrädern zum Bahnhof in Herbrechtingen.
- In Ulm mußten wir umsteigen. Aber dann konnte uns nichts mehr stoppen.
- Die Fahrräder standen greifbar, aber wir durften sie noch nicht nehmen. Herr Papesch bescheinigte dem Bahnbeamten, daß es unsere Fahrräder seien. Als es geregelt war, wurden sie uns ausgehändigt.

- Bei der Ankunft die erste Enttäuschung, denn wir mußten die Fahrräder schieben, weil Carstens Tasche zu schwer war.
- Die Herberge war eigentlich recht hübsch und voll bis obenhin mit uns, mit Bayern, Stuttgartern und anderen.
- Dieses Schullandheim hat natürlich keinen Komfort wie ein Hotel, aber für uns reichte es. Denn was verlangt man mehr als WC, Waschraum, Duschraum, Vollverpflegung?
- Dann tauchte das zweite Problem auf: Die Betten reichten nicht. Zwei von uns mußten bei Herrn Papesch im Zimmer schlafen. Es traf Markus und Wolfgang.
- Erst gegen Mittag kommt Freude auf, denn wir bemerken, daß es schön ist.
- Dann ging's ab in die Falle, doch keiner konnte schlafen. Die ganze Nacht bis um 2.00 Uhr morgens des nächsten Tages war es laut.
- Carsten war der Unglücksrabe. Als Herr Papesch hereinkam, mußte er so laut lachen, daß er mit Zettel und Stift zu Herrn Papesch ins Zimmer mußte. Dort schrieb er, aber Herr Papesch ließ ihn nach 5 Minuten wieder laufen.
- (Mädchen) Und dort, genau unter uns, die Jungs aus Bayern. Wir machten uns miteinander bekannt. Es wurde ein lange und aufregende Nacht.
- Nach dem Einkauf am zweiten Tag waren wir hundemüde, und ich glaube, die zweite Nacht war die leiseste.
- Total geschlaucht saßen wir abends beim Essen.
- Das Aufstehen fiel uns immer schwerer.

Besondere Vorkommnisse

- Besonderes gab es genug, z. B. daß die Mädchen mit Fußball spielten und daß Markus einen Platten hatte und niemand eine passende Pumpe.
- (Mädchen) Die Besonderheit in dieser Woche war, daß sich die Jungs auf unserem Zimmer versteckten und die Lehrerin sie fand. Sie mußten schreiben.
- Die Buben vergriffen sich an den Mädchen, und ich fotografierte die Spielchen auch noch.
- Als wir Mädchen eines Abends duschen wollten, spickten die Stuttgarter. Zum Glück waren wir noch angezogen.
- An diesem Nachmittag mußte ich Gerhard ein bißchen verprügeln. Es kam zu Tränen.
- Gegen Abend machte ich in unserem Zimmer mit einem Volleyball die Glühbirne der Lampe kaputt. Sonst war an diesem Tag ein Faulenztag.
- Den Nachmittag verpennten oder vespielten die meisten. Wolfgang, Rainer und ich ärgerten Herrn Papesch, der KO war und Kopfweh hatte. Da wurde er sauer und schmiß seinen Hausschuh Rainer ins Genick, dem es aber nichts ausmachte.
- Der Halbzeitstand beim Fußballspiel war aus unserer Sicht enttäuschend – 0 : 2. Aber da wir eine so kleine Klasse sind, mußten zwei Mädchen mitspielen. Sie machten ihre Sache gut.
- Danach sahen wir zwei Störche, die es bei uns kaum noch gibt, auf den Feldern herumstolzieren.
- In der Nacht mußte Gerhard seine Gerichtsstrafe bei mir im Bett abschlafen und ich in seinem, was mir aber kein Glück brachte, weil ich die Hausordnung abschreiben durfte, aber nur bis zum Punkt 7.
- Der größte Witz von allem war: Wolfgang, Markus und ich beschlossen, wir schauen dem Herrn Papesch beim Duschen zu, heimlich. Es war für uns kein Problem, dies zu tun, denn die Dusche der Lehrer war im Männer-WC ... Auf einmal ging die Tür auf, und Herr Papesch stand da. Er beschimpfte uns mit Ausdrücken, doch dann mußte er selber lachen.

- Das, was uns am meisten aufgeregt hatte, waren die Esel. Sie fingen schon um 6.00 Uhr morgens an zu schreien. Morgens um halb acht krächzten Chöre. So ging es Tag für Tag.
- Einige von meiner Klasse machten Flaschendrehen. Ich war leider nicht dabei, weil ich es nicht wußte. Manfred mußte anscheinend Carmen einen Kuß auf den Bauch geben.
- Es gab viel zu lachen, besonders wenn Rainer und ich den Mädchen nachschauten und über sie Witze machten.
- Um 13.00 Uhr gingen wir ins Freibad – na ja, ich muß zugeben, wir waren alle ein bißchen schlecht gelaunt bei dieser Affenhitze.
- Weil ich Wolfgang – kein so guter Schwimmer – von unten durch die Füße tauchte und ihn dabei umfallen ließ, rief mich der Bademeister zu sich hinaus. Da ich mein Baderegeln aber konnte, bekam ich nur eine kleine Verwarnung und durfte zurück ins Wasser.
- Der Spaß kam später, als Carsten Herrn Papesch ins Wasser schuckte (= stieß WP), in mörderischer Absicht, der aber nicht ersoffen ist.
- Beim Vorlesen waren wir einmal am Tag zusammen.

Ausflüge

Stadtführung
- Am Dienstag ... eine Stadtführung unter Motzen. Trotzdem war sie erträglich.
- An der Stadthalle mußten wir eine Weile auf die Führung warten. Bei unerträglicher Hitze ging die Tortur los.
- Halb verschlafen taumelten wir durch die Stadt und bekamen nur die Hälfte vom Wissenswerten mit.
- Es war schön. Wir sind auf einen Turm, da sah man erst, wie groß Biberach ist.

Radtour nach Bad Buchau am Federsee
- Dann fuhren wir mit dem Fahrrad sofort nach Bad Buchau zum Federseemuseum. Als wir ankamen, waren wir alle kaputt.
- Als sich dann wieder alle versammelt hatten, gingen wir auf den Steg, bis auf Wolfgang, der auf die Fahrräder aufpaßte.
- Aufklärungsunterricht auf dem Steg.
- Mitten auf dem 1,5 km langen Steg wurden wir über die Schwulen aufgeklärt.
- Die Besichtigung des Federseemuseums und des Federsees war herrlich und machte Spaß.
- Besonders interessant war der Einbaum, der eine Länge von 4–5 Metern und eine Breite von 70 cm aufwies. Aber auch die bunte Tier-(Vogel-Fisch-)welt konnte einen faszinieren.
- Wir waren halbtot, so fertig waren wir, und wir freuten uns aufs Abendessen.
- Das war ein harter Tag.

Radtour nach Bad Schussenried – Kürnbach – Steinhausen
- In Kürnbach hatte es prächtige Bauernhäuser, die einfach super waren, so gut erhalten und ausgestattet.
- Besonders interessant war, wo man die Häuser herhatte und wie man sie in dieses Museum hineingebaut hat.
- So entstand ein richtiges Bauerndorf mit alter Schmiede und den Häusern plus Knechtswohnungen, Scheunen und Hütten und richtigen Getreidehäusern mit allem Drum und Dran, allem, was dazugehört.

- Bei der Besichtigung bemerkten wir, wie sich alles verändert hat. Die meisten Dinge gehen bei uns mit Maschinen.
- Das Dorf war sehr interessant, aber auch wie die Leute gelebt und überlebt haben.
- Danach Abmarsch in die Wirtschaft, sehr hungrig.
- In Steinhausen angekommen, sahen wir die schönste Dorfkirche der Welt. Die war echt super!
- In Steinhausen eine einmalige Barockkirche mit herrlichen Stukkaturen und Malereien.
- Die Heimfahrt verlief problemlos, bis auf einen kleinen Regenguß.
- Als wir endlich wieder in der Herberge waren, jagte uns Herr Papesch in das naheliegende Freibad. Es war normalerweise schon geschlossen, doch Herr Papesch überredete den Bademeister. Die ganze Klasse wollte nicht. Die Sonne war schon weg, und es war ziemlich kalt. Das Bad war ganz leer, also hatten wir es ganz für uns. Ich muß zugeben, daß es dann doch noch gut wurde, das noch warme Wasser trug auch dazu bei.
- Am Abend waren dann alle müde und kaputt, kein Wunder nach einer Fahrtstrecke von 47 km. Dazu kamen noch die vielen kleinen „Auffahrunfälle“.

Mit dem Bus an den Bodensee
- Das beste an diesem Tag war, daß der Bus 15 Minuten zu spät kam und in Unteruhldingen alle schimpften, weil wir die ersten waren, die drankamen, und wir hatten doch so Hunger.
- In Unteruhldingen angekommen, gingen wir gleich zu den Pfahlbauten, wo an der Pforte viele Leute warteten. Aber wir waren bestellt und konnten hineingehen. Da haben sich die wartenden Leute aufgeregt.
- In Unteruhldingen besichtigten wir das Museum und die Pfahlbauten, die sehr interessant waren, z. B. daß nur der Mann ein Bett hatte und daß die anderen Familienmitglieder auf dem Boden schliefen.
- Um 12.35 Uhr fuhren wir mit dem Schiff auf die Insel Mainau. Es war wunderschön.
- Die Fahrt hat bloß 6 Minuten gedauert, dann waren wir schon auf der Insel Mainau.
- Nachdem wir den Eintritt bezahlt hatten, durften wir in Gruppen die Insel Mainau bewundern. Es war so schön, am liebsten wäre ich dortgeblieben.
- Dort konnten wir uns frei bewegen, überall herumlaufen, alles anschauen und fotografieren. Es war sehr schön, auch mit dem Wetter hatten wir Glück, es war super!
- Echt, so was Schönes habe ich in meinem ganzen Leben nicht gesehen.
- Die vielen Tierarten faszinierten mich, aber die Blumenpracht war das Schönste auf der Erde.
- Auf der Insel Mainau haben wir immer den Mädchen nachgeschaut oder sie angerempelt und uns dann schnell wieder entschuldigt.
- Sandra verlor auf der Mainau ihren Geldbeutel, den man ihr später, nach dem Schullandheim, nach Hause nachschickte.
- Als wir auf der Insel Mainau waren, hatte das Schiff eine Panne, und wir mußten ca, 30 Minuten warten.
- Wegen eines Zwischenfalls kamen wir 20 Minuten zu spät. Wir hatten schon Angst, der Busfahrer schimpfte jetzt recht, aber in Meersburg war weit und breit nichts von unserem Busfahrer zu sehen.

Abschlußwanderung
- Nachmittags mußten wir die Koffer packen und die Zimmer saubermachen.
- Am Freitag sind wir zum Grillen, besonders war es nicht.
- Zum Abschluß des Schullandheims machten wir ein Grillfest, wobei Ute von Martin in den Schlamm gejagt wurde und ihre Turnschuhe sehr schmutzig wurden.

– Wolfgang wurde beim Heimlaufen vom Grillen zum Oberdruiden gesteinigt.
– Auf dem Rückweg zur Juhe hatte keiner mehr Lust zum Laufen.
– Am Abend feierten wir eine Abschiedsparty mit den Stuttgartern
– Die letzte Nacht habe ich die ganze Nacht Walkman gehört und über die vergangenen Tage und den vor uns liegenden Morgen nachgedacht.

Wieder daheim

– Am letzten Tag herrschte Aufregung und Freude, teils war die Stimmung gedrückt.
– Wie konnte es anders sein? Frau Papesch steht schon vor dem Wecken mit Sohn, Auto und Anhänger vor der Jugendherberge, um unsere Koffer abzuholen.
– Als wir zum Bahnhof trotteten, war es, so glaube ich, in der Jugendherberge sehr viel ruhiger geworden, denn wir waren nicht gerade leise gewesen.
– Um 12.00 Uhr Ankunft in Herbrechtingen. Eine Versammlung gerührter Eltern erdrückte ihre Sprößlinge vor Wiedersehensfreude.
– Endlich wieder in der Heimat, da kennt man sich wenigstens aus!
– Zu Hause angekommen, wurde man erst einmal ausgefragt.
– Nach dem Essen packte ich den Koffer aus und freute mich, nach der langen, anstrengenden Reise endlich wieder daheim zu sein.
– Jeder von uns war froh, wieder daheim zu sein, obwohl – man könnte es ruhig nochmals machen.
– Der Eindruck, den das Schullandheim hinterlassen hat, ist einmalig.
– Es war echt stark im Schullandheim, trotz Meckern.

2. Vorschlag an die Klassenkonferenz

Für ein gemeinsames Vorgehen im Fall C.

Ziel: Libidinöse Beziehung zu Schule und Lehrer auf- und ausbauen
Maßnahmen (alle SchülerInnen betreffend)
- regelmäßige, geplant-individuelle Ansprache
- Pausenkontakte
- Sonderaktionen (Lehrfahrt!)
- Geburtstagskarte (jedes Kind findet am Tag seines Geburtstags einen Glückwunsch an seinem Platz)
- Vorlesen
- Diskussionen
- Computerschiene (fast alle Kinder besaßen zu Hause einen Computer; wir besorgten gemeinsam Programme WP)

Ziel: Eigeninitiative wecken und fördern
Maßnahmen (nur C. betreffend)
- Grundsätzlich nur helfen, wenn das Kind um Hilfe *bittet*.

Ziel: Stellung von C. in der Gruppe ändern, Sündenbockposition löschen
Maßnahmen
1. konsequent integrativen Erziehungsstil in der Klasse praktizieren: *jeden* Versuch abblocken, *irgendjemanden* in eine wie immer geartete (Sündenbock-)Rolle zu drängen und dort festzuschreiben.
2. Vor allem jeden Versuch abblocken, C. in eine Sündenbockposition zu manövrieren.
3. Argumentationsstrategien
- Wir sind ein freies Land, da hat jeder ein Recht auf eigene Meinung und Lebensführung
- Jedes kehre zuerst einmal vor der eigenen Türe!
- Was du nicht willst ...
- Einsatz projektiver Tests, um Prozesse in Gang zu bringen

Ziel: Möglichen Lustgewinn aus ihrem Fehlverhalten für C. verhindern
Maßnahmen
- Möglichst jedes Fehlverhalten systematisch ignorieren (z. B. auch Schrift und Heftführung *nicht* beachten, schon gar nicht kritisieren)

Ziel: Aufbau neuer Verhaltensmuster
Maßnahmen
- Belastbarkeit austesten und allmählich, aber systematisch erhöhen: Forderungen stellen, Ansprechverhalten variieren (Stimmstärke dabei variieren: laut-leise, fordernd ansprechen, 'drohend' ansprechen ..)
- Leistungsforderungen stellen, wie oben erhöhen
- mit Sonderaufgaben betrauen
- Rechenschaft fordern und zur Rede stellen, wenn angebracht
- Jeden Ansatz in Richtung der gewünschten Verhaltensänderung sofort und konsequent 'belohnen'.
- allmählich auf unerwünschtes Verhalten gleich wie bei anderen SchülerInnen reagieren

Ziel: Hinderlichen Leistungsdruck vorübergehend ausschalten

Maßnahmen

- Als 'Vorschuß' auf eine in der Zukunft zu erwartende positive Entwicklung eine pädagogische Notengebung im Rahmen des Spielraums praktizieren, den der Notenerlaß für solche Fälle vorsieht.

Ziel: Neustrukturierung des Mutter-Tochter-Verhältnisses mit der Absicht, die Ablösung der Tochter vorzubereiten.

Maßnahmen

- Druck auf die Mutter

Argumentationsstrategie: Wenn Sie nicht tun, was ich sage, lehne ich jede Verantwortung ab ... (Notfalls schriftlich, eventuell ein Gespräch auf dem Rektorat in Gegenwart des Schulleiters).

Probleme

1. Wie hoch ist der Lustgewinn, den C. aus ihrer jetzigen Situation gewinnt?
2. Wie tief sitzt die Erfahrung, daß sie sich mit einer Verweigerungshaltung immer noch durchgesetzt hat?
3. Wie intensiv wird der unvermeidliche, regressive Rückfall?

Chancen

In den vergangenen Wochen habe ich wesentliche Teile der angeführten Strategie durchgetestet. Dabei erwies sich die Lehrer-Schülerin-Beziehung bereits als erstaunlich tragfähig und belastbar.

3. Ein Antrag auf Schulabschluß

An die Schulleitung
Herrn Rektor XY

Den 09.11.1972

Betr.: Antrag auf Schulausschluß des Schülers X für die Dauer von 1 Schulwoche

Begründung

Nachdem ich die jetzige Klasse 9a im Herbst 1971 als Klassenlehrer übernommen hatte, zeigte es sich sehr bald, daß sich in dieser Klasse einige sehr erziehungsschwierige Schüler befanden, unter ihnen X. Da ich der Ansicht bin, daß es in vielen Fällen nur dann wirklich gelingt, diese Erziehungsschwierigkeiten zu beseitigen, wenn man die dahinter liegenden Ursachen finden und aufarbeiten kann, beschränkte ich mich zunächst darauf, die Entwicklung des Schülers X und einiger anderer Schüler zu beobachten.

Die Schwierigkeiten des Schülers X liegen vor allem in seiner Unfähigkeit, sich in eine Gruppe einzuordnen und sozial angemessene Formen mitmenschlichen Umgangs zu finden. So zeigte sich z. B. in verschiedenen Soziogrammen, daß er fast völlig isoliert ist in der Klasse, nur von Schülern mit ähnlichen Schwierigkeiten, wie er sie hat, gewählt wird und in der Beliebtheitsskala konstant die letzte Position einnimmt. Dies mag in Zusammenhang stehen mit seiner Unfähigkeit zu sozial angemessenem Verhalten: er scheint unfähig, andere und ihre Interessen überhaupt wahrzunehmen, scheint völlig ichbezogen und im Bereich des Kontakts undifferenziert und unkultiviert – so kommt es dazu, daß er außerordentlich häufig, manchmal fast täglich, andere schlägt oder in Schlägereien verwickelt wird. Sein Verhalten scheint vor allem auch dadurch gekennzeichnet, daß er vor Stärkeren geradezu panische Angst zu haben scheint, während er Schwächere bei den geringsten Meinungsverschiedenheiten verprügelt.

Nachdem eine intensive Beschäftigung mit dem Schüler, etwa in sehr häufigen Gesprächen, eine Zeitlang scheinbar eine Änderung anzubahnen schien, trat gegen Ende des vergangenen und zu Beginn des neuen Schuljahrs eine Entwicklung ein, die es mir unumgänglich zu machen scheint, dem Schüler deutlich zu machen, daß er sich an bestimmte Grenzen zu halten hat. Es kam dazu, daß der Schüler sich überhaupt nicht mehr darum kümmerte, was ich sagte, sich völlig willkürlichen Impulsen überließ, wiederholt wiederum andere schlug, daß ich zu der Ansicht gekommen bin, wenn es mir nicht gelingt, diese Entwicklung zu bremsen, könnte er zu einer ernsthaften und weitreichenden Gefahr für die Klasse werden. Um dies zu erläutern, will ich sein Verhalten während einiger Zeit kurz beschreiben.

Zusammen mit dem Schüler A wurde er während des Betriebspraktikums aus dem Betrieb gewiesen, weil er sich bei einer Rangelei die Hand angebrochen hatte. Der Schüler A schilderte den Fall so: „X und ich schrieben Berichte für die Schule. Da fing er auf einmal mit seinem Feuerzeug mir mit einer etwa 10 cm langen Stichflamme vor dem Gesicht herumzufuchteln. Ich sage zu ihm, wenn er das noch einmal mache, dann bomb ich ihm eine. Kaum hatte ich das ausgesprochen, machte er es schon wieder. Da stand ich auf und trat ihm eine in den Hintern, bemerkte aber nicht, daß er seine Hand nach hinten tat, um den Schlag abzuwehren."

Nachdem ich schon wiederholt eingreifen mußte, weil der Schüler X während des Unterrichts mit dem Feuerzeug herumspielte, zündelte er auch am Montag, den 23.10., während des Unterrichts damit, wobei er wiederum die Flamme über 10 cm hochdrehte. Ebenso ertappte ich ihn am Dienstag, wie er versuchte, während der Pause im Vorraum des Pavillons sein Feuerzeug anzuzünden. Darauf nahm ich es ihm ab mit der Bemerkung, am Ende des

Schuljahres könne er es wieder abholen. Ich sah keine andere Möglichkeit mehr, dieses gefährliche Spiel zu unterbinden. Ich hatte ihm nämlich schon wiederholt das Feuerzeug bis zum Ende des Unterrichts abgenommen, ohne daß ich dadurch die gewünschte Wirkung erzielen konnte. Dies war diesmal der Anlaß, daß er mich, wie schon wiederholt, in wüster Form beschimpfte und mir drohte, er würde mir vom Pult Gegenstände im Wert des Feuerzeugs stehlen, wenn ich ihm dieses nicht zurückgeben würde.

Am selben Tag mußte ich bereits wieder eingreifen, als er eine Schlägerei mit dem Schüler B beginnen wollte. Am Mittwoch, dem 25.10., mußte ich die Klassen 9a und 9b gleichzeitig unterrichten, da die Kollegin Y erkrankt war. Dabei kam es in der Klasse 9a, während ich mich in 9b aufhielt, zu einer Auseinandersetzung, in deren Verlauf X wieder zuschlug. Es handelte sich dabei um einen Streit zwischen ihm und der Schülerin C.

Dies war für mich der aktuelle Anstoß, jetzt den zeitweiligen Ausschluß des Schülers X zu beantragen, da ich der Ansicht bin, daß ich die sonst vermutlich in Gang kommenden Entwicklungen nicht mehr verantworten kann. Auch spricht einiges dafür, daß eine solche Maßnahme sich auf den Schüler selbst günstig auswirken könnte. Denn seit er weiß, daß ich seinen Ausschluß aus der Schule beantragt habe, hat sich sein Verhalten bereits erheblich gebessert. Wenn er jetzt mit den Konsequenzen seines Verhaltens konfrontiert wird, könnte ihn dies vielleicht zum Nachdenken bringen.

4. Lieder und Gedichte zu „Milieuspezifisches Sprachverhalten“

1. Wo's Dörflein traut

Wo's Dörflein traut zu Ende geht,
Wo's Mühlenrad am Bach sich dreht,
Da steht im duft'gen Blütenstrauß,
Mein liebes trautes Elternhaus.

Dahin dahin, da geht mein Sehnen,
Ich denke dein, gar oft mit Tränen,
Mein Elternhaus, so lieb und traut,
Das ich so lang nicht mehr geschaut.

Da schlagen mir zwei Herzen drin
Voll Lieben und voll trautem Sinn.
Mein Vater und die Mutter mein,
Das sind die Herzen treu und rein.

Dahin, dahin ...

Drum tauscht ich für das schönste Schloß,
Wär's felsenfest und riesengroß,
Das alte Bauernhaus nicht aus,
Es gibt ja nur ein Elternhaus.

Dahin, dahin ...

2. In dieser Stadt

Leere bunte Zigarettenschachteln
Und zerknülltes Butterbrotpapier,
Auf dem Schulweg, den wir täglich machten,
Seh' ich, als ob's heute wäre, vor mir.
Und wir klauten auf dem Weg vorm Bahnhof,
Für die Mutter den Geburtstagsstrauß –

In dieser Stadt
Kenn' ich mich aus.
In dieser Stadt
War ich mal zu Haus.
Wie sieht die Stadt
Wohl heute aus?
In dieser Stadt
war ich mal zu Haus.

Zwischen zwei verdunkelten Laternen
Stand 'ne Bank, mein erster, der hieß Fritz.
Ich wollt' gern von ihm das Küssen lernen,
Aber seine Küsse war'n Witz.
Morgens grübelnd hinter blinden Scheiben
Wußte ich nur eines, ich will raus!

In dieser Stadt ...

Eines Morgens stand ich dann am Bahnsteig,
An dem Schienenstrang zur großen Welt.
Und ich wußte plötzlich auf dem Bahnsteig,
Daß mich nichts in dieser Stadt mehr hält.
Heute, nach allein durchweinten Nächten,
Halt ich es vor Heimweh nicht mehr aus –

In dieser Stadt ...

Hildegard Knef (Niessen)

3. Die Stadt

Am grauen Strand, am grauen Meer
Und seitab liegt die Stadt;
Der Nebel drückt die Dächer schwer,
Und durch die Stille rauscht das Meer
Eintönig um die Stadt.

Es rauscht kein Wald, es schlägt im Mai
Kein Vogel ohn Unterlaß;
Die Wandergans mit hartem Schrei
Nur zieht in Herbstesnacht vorbei,
Am Strande weht das Gras.

Doch hängt mein ganzes Herz an dir,
Du graue Stadt am Meer;
Der Jugend Zauber für und für
Ruht lächelnd doch auf dir, auf dir,
Du graue Stadt am Meer.

Theodor Storm

5. Ein Elternabend 1967

Liebe Eltern!

Das Verhältnis zwischen uns Lehrern und Ihnen, den Eltern unserer Schüler, ist immer ein wenig zwiespältig: ihre Kinder sind uns anvertraut, wir sollen, ja müssen sie unterrichten und vielleicht auch erziehen – das ist unser Beruf, dafür werden wir bezahlt.

Doch liegt hier bereits eine große Schwierigkeit, denn wenn drei über dieses Thema reden, werden sie bestimmt drei voneinander abweichende Ansichten über Erziehung hören; voneinander abweichende Antworten darüber, was ein Kind wissen und lernen; wie es sich benehmen soll; was es tun muß – nicht tun darf; was noch erlaubt und was schon frech ist. Und so kommt es, daß das Verhältnis zwischen Elternhaus und Schule immer ein wenig gespannt wirkt, so daß es nur selten zu einer guten, fruchtbaren Zusammenarbeit kommt.

Deshalb überrascht es mich immer wieder, wie schnell man sich bei Besuchen, die ich aus den verschiedensten Anlässen bei den Eltern meiner Schüler mache, nach anfänglichem Mißtrauen verständigen kann. Denn natürlich reagieren Eltern, gelinde ausgedrückt eher besorgt denn erfreut, wenn das Fräulein Tochter oder der Herr Sohn ein Briefchen mit nach Hause bringt, der Lehrer möchte mit ihnen sprechen und bitte um einen Termin, und die erste Frage lautet dann wohl: „Was hast du denn jetzt schon wieder angestellt?“; manchmal vielleicht auch: „Der soll nur kommen, darauf warte ich schon lange, dem werde ich es aber zeigen.“

Dies ändert sich schnell, sobald die Eltern merken, daß Eltern und Lehrer dasselbe wollen, nämlich das Beste für die Zukunft des Kindes. Und wenn die Meinungen darüber, was denn dieses „Beste“ sei, auseinandergehen, so muß man ja erst recht miteinander darüber sprechen.

Etwas anderes hat mich auch immer wieder überrascht, wie ratlos nämlich Eltern oft ihren Kindern gegenüber stehen, wie sie nicht wissen, was sie tun sollen und wie gerne sie oft einen Rat annehmen. Hier zeigt sich eine Schwierigkeit, mit der alle Eltern gleichermaßen zu kämpfen haben. Alles im Leben muß man lernen, auf alles muß man sich vorbereiten, und überall werden Kenntnisse verlangt – im Beruf oder beim Autofahren. Nur für die Erziehung von Kindern scheint dies nicht nötig. Man merkt dies erst, wenn man vor das Problem gestellt wird, und hat man dann glücklich einige Erfahrungen gesammelt, sind die Kinder groß und man braucht die Erfahrungen eigentlich nicht mehr. In unserer so kompliziert und unüberschaubar gewordenen Welt gehört es ja nun wirklich nicht zu den leichten Aufgaben, Kinder so auf das Leben vorzubereiten, daß sie darin bestehen können.

Deshalb habe ich mir vorgenommen, an den Elternabenden jeweils auch einige Worte darüber zu sagen, wie ich mir den Unterricht und die Erziehung der Schüler vorstelle, vielleicht wird Ihnen das eine oder andere helfen; vielleicht werden Sie es ablehnen; auf jeden, so hoffe ich, werden wir uns gegenseitig danach besser verständigen können.

Eine der wichtigsten Tatsachen scheint mir dabei zu sein, daß Kinder, schon rein äußerlich gesehen, schwächer als wir Erwachsene sind, körperlich und geistig, und daher unseres Schutzes und unserer Hilfe bedürfen. Leider betrachten wir diese Schwäche des Kindes sehr oft nicht als einen Anruf an unsere Ritterlichkeit, sondern als Aufforderung dazu, unseren Willen durchzusetzen. Ich möchte dies an einigen Beispielen verdeutlichen.

Vor einigen Jahren fuhr ich mit meiner Nichte, die damals noch nicht zur Schule ging, gerade zur Hauptverkehrszeit abends von Stuttgart nach Hause. Wir waren den ganzen Nachmittag zu Fuß in der Stadt unterwegs gewesen. Wir fanden in der Straßenbahn noch einen freien Sitzplatz, und ich ließ das Kind, das völlig übermüdet war, sich auf diesen Platz setzen, denn wir mußten fast eine Stunde fahren.

Einige Haltestellen weiter stiegen einige Männer ein. Einer von ihnen forderte meine Nichte auf, ihm den Platz freizumachen. Als ich daraufhin meinte, das Kind sei ebenfalls müde, nicht nur er, begann er zu schimpfen, was das für eine Sauerei sei, daß jetzt schon Kinder Erwachsenen die Plätze wegnähmen, wenn diese müde von der Arbeit kämen, und überhaupt hätten Kinder um diese Zeit nichts mehr in der Straßenbahn verloren ... Kein Gedanke, kein Wort daran, wieviel schwerer es kleinen Kindern fällt als Erwachsenen, Müdigkeit zu ertragen.

Dieses Beispiel spiegelt die Einstellung des überwiegenden Teils unserer Mitmenschen zu Kindern wider, vor allem zu fremden Kindern, eine Einstellung, die gar nicht aus Bösartigkeit erwachsen muß, sondern meistens aus Gedankenlosigkeit, Nachlässigkeit, aus Bequemlichkeit, aus der Tatsache, daß man sich nicht die Mühe macht, über die Dinge nachzudenken.

Natürlich beeinflußt diese in der Öffentlichkeit vorherrschende Einstellung uns alle, gerade auch im Verhältnis zu unseren eigenen Kindern.

So war ich an einem Sonntagnachmittag bei Bekannten zum Fernsehen eingeladen. Wir sahen, zusammen mit dem 15jährigen Sohn dieser Bekannten, einen recht spannenden Film. Kurz vor Schluß des Films schickte der Vater, ohne sich dabei etwas zu denken, seinen Sohn zum Zigarettenholen. Dieser war natürlich nicht gerade begeistert und äußerte sich auch dementsprechend.

Es kam, wie es kommen mußte: Ein Wort gab das andere, die Szene endete damit, daß der Vater schrie, er werde es dem frechen Bengel schon zeigen, wer hier der Herr im Hause sei – und der Sohn ging Zigaretten holen.

Eine, wie mir scheint, alltägliche Szene, wie sie sich ähnlich täglich in Tausenden von Familien abspielen mag: Ob es darum geht, daß Sohn oder Tochter schnell noch die Milch holen sollen, die man beim Einkaufen vergessen hat, obwohl sie gerade an den Hausaufgaben sitzen oder ein spannendes Buch lesen; ob man Bier oder Kohlen aus dem Keller braucht ... die Aufzählung ließe sich beliebig fortsetzen bis dahin, daß wir von unseren Kindern verlangen, sie sollten die Erwachsenen grüßen, diese aber halten es oft nicht für nötig, ihren Gruß zu erwidern, geschweige denn, dies einmal auch zuerst zu tun.

Sagen Sie nicht, dies seien Kleinigkeiten, und die Kinder würden dies doch schnell vergessen. Wie oft meinen Kinder zu mir, sie wollten ja gern höflich und hilfsbereit sein, aber sie sähen es nicht ein, Erwachsenen im Bus oder im Zug den Platz anzubieten und diese hätten dann nicht einmal ein „Danke!" für sie, von schlimmeren Beispielen ganz zu schweigen. Es ist schwierig, Kindern in einer solchen Situation ehrlich Rede und Antwort zu geben.

Ja soll man denn den Kindern dann überhaupt nichts mehr befehlen dürfen, soll man sie nur noch wie Prinzen und Prinzessinnen behandeln, um ihnen ja nicht weh zu tun?

Selbstverständlich nicht. Kinder brauchen Ordnung, und Kinder müssen ebenso ihre Arbeiten erledigen, in dem Rahmen, in dem sie es können, wie wir Erwachsene auch. Wir sollten uns nur hie und da überlegen, was wir alles von unseren Kindern verlangen, daran denken, daß auch unsere Kinder jemand sind und einen eigenen Willen haben dürfen, ja haben müssen, wenn sie einmal im Leben bestehen sollen. Dieser Wille aber muß eingeübt und darf nicht dauernd gebrochen werden. Und vor allem sollten wir uns immer wieder überlegen, wie wohl *uns* zumute wäre, wenn wir jetzt, in diesem Augenblick, da wir das und das vom Kind verlangen, an seiner Stelle stünden. Dann fällt es uns vielleicht leichter zu verstehen, daß manchmal auch das Kind recht hat und nicht immer nur der Erwachsene.

Mancher mag einwenden, ihm sei es doch in der Kindheit auch nicht besser ergangen, und er sei doch ein rechter Mensch geworden; im Gegenteil, viel schwerer habe er es gehabt, und es habe ihm nicht geschadet.

Den möchte ich bitten, sich doch einmal an seine Kindheit zurückzuerinnern, ob nicht manche Verbitterung, die er heute noch im Herzen trägt, ihre Ursache in einer ungerechten Behandlung hat, die er als Kind erleiden mußte. Und er soll sich daran erinnern, welchen Schmerz ihm Erwachsene manchmal in ihrer Gedankenlosigkeit zufügten, ohne es überhaupt zu merken – und ich frage Sie: „Muß das sein?"

Anmerkungen

[1] Spiegel 9/1993/S. 232
[2] ebd. S. 241
[3] ebd. S. 233
[4] Eisenberg/Gronemeyer S. 117
[5] Spiegel 42/1992/S. 67
[6] ebd. S. 36
[7] Berichtet in dem Film "Von Schwachen, die aggressiv werden" (ARD) 10.09.92
[8] Spiegel 24/1993/S. 35
[9] Spiegel 42/1992/S. 49
[10] Spiegel 15/1988/S. 39
[11] BRIGITTE 9/1993/S. 154
[12] ebd S. 153
[13] Spiegel 9/1993/S. 233
[14] ZEIT Nr. 13/1993/S. 89
[15] Spiegel 9/1973/S. 235
[16] ebd.
[17] ebd.
[18] Galbraith (1992)
[19] Eisenberg/Gronemeyer S. 118
[20] Spiegel 3/1993/S. 234
[21] So berichtete die DLZ (Nr. 14/93/S. 2) von den Untersuchungen eines Soziologieprofessors J. M. Gleich, „die sich auf Erfahrungen von 600 Erzieherinnen an katholischen Einrichtungen in Nordrhein-Westfalen stützt": »Bereits im Kindergarten wird aggressives und gewalttätiges Verhalten von Kindern zunehmend zu einem Problem«." Auch diese Klagen sind nicht neu: „Nach einer Untersuchung an 14 368 Beliner Kindergarten-Kinder litten 16 Prozent unter »realen Ängsten«, 14 Prozent waren auffällig aggressiv, zehn Prozent kontaktscheu." Spiegel 23/1976/S. 41
[22] Vgl. auch Hentig, H. v.: Aufwachsen in einer Welt, in der sich zu leben lohnt – Eine Auseinandersetzung mit der These, die Jugendgewalt von rechts sei eine Folge der linken Aufklärung – in: DLZ-Extra/1. Maiausgabe 1993/S. 15. Hier finden sich eine Reihe weiterer Beispiele.
[23] Spiegel 15/1988/S. 28
[24] Spiegel 41/1991
[25] Spiegel 42/1992/S. 36–79
[26] Eisenberg/Gronemeyer S. 116
[27] ebd.
[28] Spiegel 1/1973/S. 64
[29] StZ Dezember 1970
[30] Rudolph
[31] Stock aus einer Palmholzart
[32] Hausmeister
[33] ködern, eine Falle stellen
[34] Zulliger (1961) S. 88–97
[35] Unterbrochene Schulstunde S. 84–86
[36] ebd. S. 84
[37] Zulliger (1961) S. 97–98
[38] Dornemann/Goepfert S. 46
[39] Unterbrochene Schulstunde S. 195/197
[40] Dornemann/Goepfert S. 210/211
[41] ebd.
[42] Pergaud: Klappentext
[43] ebd.
[44] ebd. S. 174–177
[45] Eisenberg/Gronmeyer S. 117
[46] ebd.
[47] Herrmann S. 184
[48] Pergaud S. 182
[49] Bernfeld S. 9
[50] StZ 1970
[51] Apologie 1, 23c
[52] Politeia VII, 563a–b
[53] FAZ August 1993
[54] Spiegel 35/1990/S. 206
[55] ebd.
[56] SZ 04.08.1993
[57] Spiegel 29/1990/S. 146–149
[58] Spiegel 42/1992/S. 62
[59] Harrer/Pleticha S. 308
[60] Eisenberg/Gronemeyer S. 9
[61] Bauriedl S. 210
[62] DLZ 26/1993
[63] ebd.
[64] Muchow S. 125
[65] EuW 6/93/S. 16
[66] HZ 22.01.1991
[67] Spiegel 22/1976/S. 7
[68] HZ 07.06.1993
[69] ebd.
[70] Erikson (1968) S. 409

[71] ebd.
[72] Spiegel 15/1993/S. 84
[73] Herrmann S. 182
[74] ebd.
[75] Beate Scheffler, Landtagsabgeordnete der GRÜNEN in NRW, die mit ihren Thesen, die 68er hätten Schuld an der gegenwärtigen Gewaltwelle Aufsehen erregte, ist Jahrgang 1953
[76] Schär S. 517
[77] Verbeek S. 79
[78] Freud, A. S. 102
[79] Schär S. 517
[80] ebd. S. 515
[81] Spiegel 15/1988/S. 93
[82] Scheffler (92)
[83] HZ 27.08.1993 S. 2
[84] Brigitte 14/93/S. 80
[85] Spiegel 24/1993/S. 41
[86] ebd.
[87] ebd. S. 38
[88] Scheffler (93)
[89] McClelland S. 51
[90] „Sie schweigen hartnäckig mit gesenktem Blick oder leugnen einfach ihren Mißerfolg, indem sie mit tonloser Stimme und allen Zeichen eines schlechten Gewissens »ich« sagen. Es gibt noch eine ganze Reihe anderer Formen des Nichtwahrhabenwollens: Bemänteln, Entschuldigen, Verharmlosen, Ablenken, Selbsttröstung durch Erinnerung an frühere Erfolge ..." Heckhausen S. 103
[91] Miller (952) S. 110
[92] Gruen (15016) S. 161
[93] Bauriedl S. 207
[94] ebd. S. 16
[95] Mitscherlich (1983) S. 207
[96] Neill (1970) S. 15
[97] Miller(951) S. 288
[98] Berelson/Steiner (II) S. 355
[99] Erikson (1968) S. 291
[100] Franz S. 294
[101] Pleticha Bd.6 S. 156–157
[102] Fromm (1971) S. 88
[103] Franz S. 300
[104] ebd. S. 299–300
[105] Mendel (1972) S. 376
[106] Fromm S. 73
[107] Albbote – Amtliches Mitteilungsblatt der Gemeinde Gerstetten – 8/1993
[108] DLZ 13/1993
[109] Erfahrungen einer Lehrerin: Dürfen Mädchen aggressiv sein – in: DLZ 15/1993/S. 9
[110] Leserbrief G. Lichtenauer in: LZ 22/1990
[111] Vgl. Lewin
[112] Spiegel 9/1993/S. 235
[113] Berelson/Steiner II/S. 51
[114] ebd. S. 50
[115] Erikson (1968) S. 243
[116] ebd.
[117] Mead I/S. 13
[118] ebd. S. 9
[119] Spiegel 20/1977/S. 76
[120] ZEIT 30.10.1970
[121] Dez. 1969 – März 1970 allein 190 Tsd.
[122] Vgl. Ammen, Henningsen
[123] WKZ 4.4.1973
[124] ebd. 18.5.1973
[125] StZ 31.10.1970
[126] Vorwärts 12.07.1973
[127] Oerter 11 Auflagen von 1967–1972; Weinert 7 Auflagen von 1967–1972
[128] Verkaufte Exemplare der dazu veröffentlichten Fischer-Taschenbücher z. B. „Erziehungswissenschaft" I von 1970 bis 1974: 347 Tsd.
[129] Henningsen S. 198
[130] Spiegel 18/1977/S. 70
[131] Henningsen S. 159
[132] ebd. S. 160–161
[133] Masthoff S. 108
[134] Siebenschön (Klappentext)
[135] Erikson (1968)S. 407
[136] Eissler (1982)
[137] Eissler (1968) S. 649
[138] 15 Auflagen zwischen 1977 und 1983 mit 137. Tds. Exemplaren
[139] Walser S. 41
[140] Bleuel S. 73
[141] Scheffler (1993) S. 8
[142] Vgl. Mendel (1972) S. 261–303
[143] Reichwein S. 173–174
[144] Walser S. 46–47
[145] Erstmals ausgestrahlt in der ARD am 1.12.1969, kann bei Kreis- und Landesbildstellen ausgeliehen werden.

[146] Frech-Becker S. 48
[147] Neill (1970) S. 322
[148] Spiegel 8/1991/S. 109
[149] Freud, A. S. 128
[150] Miller (952) S. 408
[151] Ab wann wird man denn dann schuldig? Bei der Erstkommunion, der Konfirmation, mit 18, bei der Hochzeit, mit der Geburt des ersten Kindes?
[152] Frech-Becker
[153] ebd. S. 48
[154] Spiegel 50/1992/S. 26
[155] Laplanche/Pontalis S. 585
[156] Spiegel 15/1976/S. 46
[157] Bauriedl S. 105
[158] ebd.
[159] Märchen der Völker – Deutschland S. 285–292
[160] Freud, A. S. 24
[161] Matth. 12; 43–46
[162] Tausch & Tausch S. 175
[163] ebd. S. 348
[164] Adam S. 1
[165] Tausch & Tausch S. 169 ff, bes. S. 178
[166] In einer Abiturientenzeitung des Jahres 1993 liest sich das so: „*Zudem, weil er* (der Schulleiter WP) *strengstens seine sozialdemorkatischen Prinzipien verfolgt*, wie Umweltschutz (indem er mit dem Auto jeden Tag dreimal von seinem 500 m entfernten Zweitwohnsitz in die Schule fährt) ..., *Abkehr von allzu hierarchischem Denken* (dadurch, daß er sein Auto wechselweise direkt vor die beiden Haupteingänge parkt – wo es absolut nichts zu suchen hat – um sich somit auch optisch von der 'geistig unteren Schicht' abzugrenzen), *Gleichberechtigung im ausführenden Sinne* (indem er einen Unterstufenschüler auf eine ziemlich lautstarke Weise 'zurechtweist', da er mit dem Fahrrad das Schulgelände befuhr, um dann zwei Tage später darauf mit 50km/h und großem Lärm denselben Weg von angesprochenen Parkplatz weg zu überqueren..."
[167] Berelson/Steiner (I) S. 56
[168] SWP 26.05.1993
[169] Tausch & Tausch S. 188/189
[170] ebd. S. 194
[171] Brigitte 9/1993/S. 154
[172] ebd. S. 158
[173] Storck S. 152
[174] Richter (6772) S. 70ff
[175] ebd. S. 71
[176] Marberg S. 97
[177] ebd. S. 102
[178] ebd. S. 101
[179] Rüedi S. 66
[180] Schmidt
[181] Pergaud S. 179–181
[182] Kast (1991) S. 45
[183] Frech-Becker S. 48
[184] Spiegel 15/1993/S. 84
[185] Spiegel 42/1992/S. 44
[186] Spiegel 9/1993/S. 234
[187] Mitscherlich (1965) S. 97ff
[188] ebd. 98–99
[189] Spitz S. 29–30
[190] Erikson (1968) S. 201
[191] Petri S. 44
[192] Walser S. 43
[193] Erikson (1968) S. 407
[194] Vgl. „Sex mit Schülern. Vor allem die Kleinen fürchten den Lehrer" (SWP 31.07.1990); „Ganz dünnes Eis" (Spiegel 19/1992/S. 105–107); „Gehütetes Geheimnis" (ebd. 48/1992/ S. 294–295); „Anders als Naseputzen" (ebd. 19/1993/S. 246–248)
[195] Vgl. etwa „Kinderprostitution in der Dritten Welt" – in: Spiegel 42/1989 S. 240
[196] Vgl. „Ab und zu eine Ohrfeige" (Spiegel 18/1990/S. 99); „Blindlings zugeschlagen" (ebd. 35/1990/S. 206–208); „Angst vor starken Gefühlen" – SPIEGEL-Interview mit der Kindheitsforscherin Alice Miller über prügelnde Eltern (ebd. S. 208–212); auch Spiegel 49/1991/S. 52
[197] Vgl. „Endlich bewegt sich was" (Spiegel 21/1991/S. 70–91), „Die knallen sich einfach weg" (ebd. 48/1992/S. 74–87)
[198] Vgl. „Lolitas vom Fließband" (Spiegel 18/1993/S. 207–209)
[199] Spiegel 43/1989/S. 263
[200] Remplein S. 381
[201] ebd.

[202] Vgl. Spiegel 43/1989/S. 266
[203] Remplein S. 382
[204] Tag für schulinterne Fortbildung des Kollegiums in Baden-Württemberg
[205] Herrmann S. 182–183
[206] Spiegel 29/1990/S. 146–149
[207] Spiegel 15/1993/S. 86
[208] ebd.
[209] ebd. S. 89–90
[210] Twain S. 5
[211] Remplein S. 389–390
[212] Spiegel 23/1993/S. 28
[213] Märchen der Völker – Deutschland S. 368–382
[214] Kast (1988) S. 11
[215] Erster Mann und die Ordnung der Welt S. 16
[216] Ellen Key (1849–1926), bekannt durch ihr Buch 'Das Jh. des Kindes' (1900)
[217] Eissler S. 655/656
[218] Genesis 3, 9–24
[219] Bartels S. 97
[220] Laiblin (1974) S. 82–83
[221] Stork S. 153
[222] Langeveld (1963) S. 71
[223] Freud, S. III/S. 219
[224] Freud, S. ebd. S. 22
[225] Erikson (1968) S. 244
[226] Lincke S. 387
[227] ebd.
[228] Eissler S. 642
[229] ebd. S. 643
[230] ebd. S. 643/644
[231] ebd. S. 645
[232] Bilz S. 163
[233] ebd. S. 163–164
[234] Spiegel 20/1993/S. 69
[235] Petri S. 42–43
[236] Kast (1988) S. 54
[237] Mendel (1968) S. 87 ff, bes. S. 92–95
[238] Freud, S. IX, S. 560
[239] ebd. S. 563
[240] ebd. S. 563–564
[241] Riedel S. 7
[242] ebd. S. 21
[243] Erikson (1968) S. 202
[244] Dreyer, Petra: Ungeliebtes Wunschkind – Fischer TB 3252
[245] Spiegel 1/1993/S. 103
[246] Spiegel 7/1993/S. 90–91
[247] Stork (1987) S. 152
[248] ebd. S. 154–155
[249] Mitscherlich (1965) S. 99
[250] Liedloff S. 81
[251] ebd.
[252] ebd. S. 201
[253] ebd. S. 70
[254] Langeveld S. 71 – vgl. Kant: Über Pädagogik
[255] Liedloff S. 33
[256] Marberg S. 97
[257] Adam S. 1
[258] Stork S. 152
[259] ebd.
[260] SWP 11.05.1993
[261] StZ 6.12.1990
[262] ebd. 4.12.1990
[263] St.-Exupéry III/S. 117
[264] Ein Forum von bildungspolitisch interessierten Wissenschaftlern, Schrifstellern und Politikern, das sich im Januar 1978 im Wissenschaftszentrum Bonn-Bad Godesberg traf. Zm Abschluß der Aussprache verabschiedetete man eine sehr konservativ akzentuierte Erklärung 'Mut zur Erziehung' (vgl. Rüedi S. 66)
[265] Spiegel 15/1976/S. 47
[266] ebd. S. 60
[267] Spiegel 15/1976/S. 47
[268] Spiegel 22/1991/S. 63 ff
[269] ebd.
[270] ebd., auf eine ähnliche Fehleinschätzung stießen wir schon bei den Lehrern, wenn sie ihr Unterrichtsverhalten in das Schema autoritär/sozial/integrativ einordnen sollten.
[271] ebd. S. 65
[272] SWP 26.04.93
[273] Spiegel 15/1988/S. 28
[274] So der Fraktionsvorsitzende der CDU im Landtag von Nordrhein-Westfalen – Spiegel 4/1993/S. 44
[275] McClelland S. 92–131
[276] ebd. S. 127
[277] Höss S. 25
[278] Rüedi S. 66–67 Anm. 5
[279] McClelland S. 116–117
[280] Hofer S. 114
[281] Spiegel 30/1993/S. 90
[282] Spiegel 31/1993/S. 74

[283] Petri (1991) S. 155
[284] ebd. S. 155–156
[285] Milgram (1974)
[286] ebd. S. 34
[287] ebd. S. 169
[288] ebd. S. 195
[289] Brocher (1961)
[290] geb. 1756
[291] geb. 1741
[292] Brocher (1961) S. 9
[293] Muchow S. 12
[294] ebd. S. 79
[295] Brocher (1961) S. 2
[296] ebd. S. 4
[297] FAZ 23.08.1993 S. 3
[298] Brocher (1961) S. 17
[299] Erikson (1968) S. 318
[300] Hermann S. 184
[301] ebd. S. 183
[302] Pergaud S. 11
[303] Spiegel 42/1992/S. 52
[304] Grill S. 73
[305] Remplein S. 347–348
[306] Albbote – Amtliches Mitteilungsblatt der Gemeinde Gerstetten/26.03.1993
[307] Kohut (1976) S. 60
[308] ebd. S. 61
[309] Pergaud S. 186
[310] Mendel (1973) S. 44
[311] Hentig S. 9
[312] SWP 06.04.1993
[313] ebd.
[314] DLZ 20/93
[315] ebd.
[316] ebd.
[317] ebd.
[318] ebd.
[319] Ransford S. 480
[320] Spiegel 42/1992/S. 52
[321] Aust S. 36
[322] Spiegel 35/1990/S. 206
[323] Spiegel 42/1992
[324] Spiegel 50/1992/S. 26
[325] Spiegel 20/1993/S. 173
[326] ebd.
[327] Herrmann S. 183
[328] Spiegel 35/1990/S. 212
[329] Spiegel 21/1991/S. 84
[330] Spiegel 9/1993/S. 239
[331] Spiegel 42/1992/S. 49
[332] Spiegel 23/1993/S. 29
[333] Historiker und Wirtschaftssoziologe, 1933 aus seinem Amt entfernt und als Lehrer an die einklassige Volksschule in Tiefensee versetzt, Mitglied des „Kreisauer Kreises“, 1944 hingerichtet.
[334] Reichwein S. 65/66
[335] ebd. S. 8
[336] Tornau S. 134
[337] Remplein S. 347
[338] Mendel (1973) S. 122
[339] Erikson (1968) S. 254
[340] Mendel (1973) S. 122
[341] ebd.
[342] Fürstenau (1974) S. 281
[343] Remplein S. 347
[344] Hinz
[345] Schümer, D.: Unfaßbare sittliche Verrohung – FAZ 23.08.93/S. 3
[346] Eisenberg/Gronemeyer S. 142
[347] Kast (1987) S. 60
[348] Spiegel Nr.42/1992/S. 53
[349] Zitiert nach Weinert S. 346
[350] ebd.
[351] Oerter S. 561
[352] ebd. S. 559
[353] Bernstein (1973) S. 268
[354] Spiegel 23/1993/S. 29
[355] Weck
[356] Spiegel 24/93/S. 45
[357] Tornau S. 134/135
[358] Erikson (1966) S. 52
[359] Bernstein (1973) S. 267
[360] Peter von Matt in Spiegel 31/1993/ S. 138
[361] Bernstein (1973) S. 267
[362] Fürstenau setzt sich mit dieser Problematik intensiv auseinander.
[363] Spiegel 19/1992
[364] Schwarz/Eckert/Bestine S. 455
[365] Spiegel 5/1992/S. 174
[366] Spiegel 9/1993/S. 238
[367] Politeia X, 607 a
[368] Spiegel 28/1993/S. 104–109
[369] ebd. S. 108–109
[370] Walser S. 43
[371] Lincke S. 399
[372] Hinte
[373] Bally S. 77
[374] Brigitte (1971?)

[375] Flugblatt der 'Aktion Grundschule Stuttgart' 1/1971
[376] Weck
[377] Spiegel 45/1988/S. 257
[378] Verbeek S. 241
[379] DLZ 19/1993/S. 9
[380] Frech-Becker S. 48
[381] ebd.
[382] Spiegel 24/1993/S. 37–38
[383] 12% = 7,87 Mio. am 12.08.1993
[384] 2% = 860 Tsd. am 15.08.1993
[385] Depenau
[386] LZ 22/1990
[387] Spiegel 24/1993/S. 36
[388] Frech-Becker S. 45
[389] ebd. S. 34
[390] ebd. S. 34–35
[391] Spiegel 42/1992/S. 49
[392] Spiegel 50/1992/S. 27
[393] Spiegel 41/1991
[394] ebd. S. 49
[395] Spiegel 15/1989/S. 39
[396] Mönninghoff S. 32
[397] Spiegel 24/1993/S. 35
[398] Adam, K. in der FAZ vom 05.03.1993
[399] Spiegel 24/1993/S. 44
[400] Hentig S. 16
[401] Bernfeld S. 11
[402] Frech-Becker S. 44
[403] ebd.
[404] Gansauge, Gerda: Alltagserinnern – DLZ 28/1993
[405] Zulliger (1961) S. 138/139
[406] ebd. S. 139–140
[407] Der Abeitsphysiologe Prof. Dr. Wolf Müller-Limmroth über die Arbeitsbelastung im Lehrerberuf – EuW 7–8/1993/S. 20
[408] Schär S. 515
[409] Spranger (1963) S. 15
[410] Neill (1970) S. 38
[411] Spiegel 24/1993/S. 38, vgl. Papesch (1992)
[412] SWP 16.02.93
[413] Für das Folgende vgl. Papesch (1992)
[414] Humpert/Wolters S. 13
[415] Tennstädt/Krause/Humpert/Dann
[416] Spiegel 42/1992/S. 56
[417] ebd. S. 49
[418] Berelson/Steiner Bd.1 S. 51/52
[419] Tausch & Tausch S. 233
[420] Spiegel 42/1992/S. 52 ff
[421] „In psychologischem Sinne jedoch wurzelt die Machtbegier nicht in Stärke, sondern in Schwäche..." Fromm (1971) S. 161/162, ähnlich bei Gruen u.a.
[422] Hentig S. 16
[423] Daß dies nicht stets schlimm enden muß, zeigen die Beispiele von Björn Engholm und Renate Schmidt, Vizepräsidentin des Deutschen Bundestags.
[424] Neill (1970) S. 34
[425] Neill (1971) S. 54
[426] ebd. S. 153
[427] Spiegel 42/1992/S. 77
[428] Berelson/Steiner (I) S. 50
[429] Für das Folgende vgl. Papesch 20/21/1990
[430] Popenoe S. 34–40
[431] ebd. S. 40
[432] Freud Bd. IX/S. 242
[433] s. Arnold u. a.
[434] ebd. S. 522
[435] Spiegel 9/1993/S. 235
[436] Spiegel 15/1993/S. 89
[437] ebd. S. 89
[438] Beckmann (1993)
[439] ebd.
[440] Tausch & Tausch S. 368
[441] ebd. S. 245
[442] Flad, Stephan. Leserbrief – LZ 20/1990
[443] Tausch & Tausch S. 360
[444] Röhm S. 59
[445] Zulliger (1961) S. 127
[446] Mönninghoff S. 39
[447] Spiegel 35/1990/S. 212
[448] Spiegel 28/1993/S. 109
[449] Mönninghoff (1192) S. 38
[450] Spiegel 15/1988/S. 39
[451] Spiegel 42/1992/S. 79
[452] EuW 9/92/S. 7–8)
[453] Spiegel 28/1993/S. 104
[454] ebd. S. 109
[455] Johnson, A. M. S. 21
[456] Schnibben, C.(1993) S. 173
[457] Friedrichsen, G.(1993)
[458] Petri S. 52
[459] Röhm S. 60
[460] ebd.
[461] Spiegel (1992) 50/S. 27

[462] Zulliger (1961) S. 124–125
[463] Spiegel 42/1992/S. 52–79
[464] ebd. S. 74
[465] ebd. S. 56
[466] ebd. S. 79
[467] ebd. S. 56
[468] ebd. S. 67
[469] ebd. S. 62
[470] ebd.
[471] ebd. S. 56
[472] ebd.
[473] ebd. S. S. 67
[474] ebd. S. 70
[475] ebd.
[476] Beckmann, J.
[477] Frech-Becker S. 45
[478] ebd. S. 45
[479] ebd. S. 48
[480] ebd.
[481] zitiert nach DLZ 24/93/S. 1
[482] Böhm S. 407
[483] ebd. S. 144
[484] Spiegel 42/1992/S. 56
[485] Böhm S. 447
[486] Buber S. 65
[487] Verbeek S. 245
[488] ebd.
[489] Frech-Becker S. 48
[490] Spiegel 23/1993/S. 29
[491] HZ 19.09.90
[492] Bloch Bd.1 S. 23
[493] Buber (1962) S. 31–32
[494] ZEIT 36/1990
[495] ebd.
[496] Spiegel 23/93/S. 29
[497] SWP 29.04.93
[498] ebd.
[499] ebd.
[500] Arnold/Eysenck/Meili (2) S. 1690
[501] Franzen S. 103
[502] Zulliger (1961) S. 139
[503] Schär S. 515
[504] Zulliger (1961) S. 116–117
[505] Neill (1969) S. 36
[506] Kast (1991) S. 23
[507] Spiegel 21/1991/S. 74
[508] Bei uns entspräche dies eher dem Umgang mit Alkohol
[509] ebd. S. 75–76
[510] Ahrens S. 5
[511] Dubiel S. 17
[512] Hughes S. 39
[513] Gordon, Th.: Die Neue Familienkonferenz – zitiert nach Akloms S. 14
[514] DLZ Nr. 14/1993/S. 2
[515] Es soll hier nichts verharmlost werden. Aber man nehme sich einmal Mark Twains „Huckleberry Finn“ oder Louis Pergauds „Krieg der Knöpfe“ oder meinetwegen Erich Kästners „Das fliegende Klassenzimmer“ vor und bewerte das dort Geschilderte mit dem Strafgesetzbuch in der Hand – was würde da wohl an Erpressungen, Körperverletzungen, ja Folter und Freiheitsberaubungen zusammenkommen?
[516] Mendel (1972) S. 379
[517] Vorbericht für die „Buigen Rundschau“ – Amtsblatt für Herbrechtingen 20.06.1987 (gekürzt)
[518] Vorbericht ebd. 01.06.1989 (gekürzt)
[519] Buber S. 14
[520] Freud, A. S. 128

Abkürzungen

DDS	Die Deutsche Schule
DLZ	Deutsche Lehrerzeitung
EuW	Erziehung und Wissenschaft
FAZ	Frankfurter Allgemeine Zeitung
HZ	Heidenheimer Zeitung
LZ	Lehrerzeitung der GEW Baden-Württemberg
StN	Stuttgarter Nachrichten
StZ	Stuttgarter Zeitung
SWP	Südwest Presse (Ulm/Do)
SZ	Süddeutsche Zeitung
WKZ	Waiblinger Kreiszeitung

Literatur

Adam, K.: Erziehung mit Nebenfolgen – in FAZ 05.03.1993

Adorno, Th. W.: Erziehung nach Auschwitz – in: Adorno: Eine Auswahl – Frankfurt 1971

Ahrens, M.: Gewalt in Schule – Gewalt durch Schule? – in: EuW Frankfurt SH 6/93/S. 5–6

Akloms. D.: Alle gewinnen, keiner verliert – Thomas Gordons Neue Familienkonferenz – in: DLZ 19/1993

Ammen, A.: Summerhill – Versuch einer soziologischen Analyse der Sozialisierung in Summerhill – in: DDS 12/71 S. 798–811

Arnold/Eysenck/Meili (1980): Lexikon der Psychologie 3 Bde/9. Aufl. Herder Freiburg i. Br.

Aust, S.: Der Baader Meinhof Komplex – Knaur TB 3874/1989

Bally, G. (1966): Vom Spielraum der Freiheit – Die Bedeutung des Spiels bei Tier und Mensch – Schwabe & Co Verlag Basel/Stuttgart

Barth, A.: Die Schüler-Gang von Essen-Karnap: „Sonst hol' ich dir dein Auge raus". SPIEGEL-Redakteurin Ariane Barth über Erpressungen und Roheiten an einer Essener Schule – in Spiegel 42/1992/S. 52–79

– Wie können Kinder vor Drogen geschützt werden? „Endlich bewegt sich was". SPIEGEL-Redakteurin Ariane Barth über die Rettung der Kinder vor den Süchten – Spiegel 21/1991/S. 70–91

Benard/Schlaffer: Augenzeugen des Wahnsinns. Cheryl Benard und Edit Schlaffer über bosnische Kinder im Bürgerkrieg – in: Spiegel 1/1993/S. 100–103

Bauriedl, Th.(1988): Das Leben riskieren – München

Berelson/Steiner: Menschliches Verhalten 2 Bde./Weinheim 1969

Bernfeld, S.: Sisyphos oder die Grenzen der Erziehung – Frankfurt/M 1967

Bernstein, B.(1958): Sozio-kulturelle Determinanten des Lernens. Mit besonderer Berücksichtigung der Sprache – in: Weinert S. 346–371

– (1973): Ein sozio-linguistischer Ansatz zur Sozialisation: Mit einigen Beiträgen zur Erziehbarkeit – in: Pädagogische Psychologie 1: Entwicklung und Sozialisation Fischer TB 6113/1973/S. 257–286

Bettelheim, B.(1977): Kinder brauchen Märchen – DVA Stuttgart

– (1987): Hänsel und Gretel, mein Lieblingsmärchen – in Stork S. 37–160

Bilz, J.: Menschliche Reifung im Sinnbild – eine psychologische Untersuchung über Wandlungsmetaphern des Traums, des Wahns und des Märchens in: Laiblin 1969 S. 161–187

Bleuel, H. P.: Kinder in Deutschland – München 1971

Bloch, E. (1973): Das Prinzip Hoffnung – stw 3 Bde/1973

Böhm, W.: Wörterbuch der Pädagogik – Stuttgart ^{13}1988

Brocher, T.: Psychosoziales Feld und Pubertät – in: Jugend zwischen gestern und morgen in psychotherapeutischer Sicht – Stuttgart 1961/S. 7–23

Brocher/Kutter (Hrsg.): Entwicklung der Gruppendynamik – Darmstadt 1985

Brügge, P.: „Herrschende werden die jedenfalls nicht". Peter Brügge über antiautoritäre Erziehung und ihre Folgen – in: Spiegel 18/1977/S. 70–81

Buber, M.: Reden über Erziehung – Heidelberg 1962

Chaos Schule – Mißwirtschaft im Klassenzimmer: „Im Tempo einer Kröte" – Spiegel 41/1991/S. 48–66

Depenau, J.(1993): Es geht an die Substanz – in: DLZ 20/93

Der verflixte Kinderwunsch: „Milde Form des Irreseins" – Spiegel 20/1993/S. 68–89

„Die knallen sich einfach weg" – in: Spiegel 48/1992/S. 74–87

Donat, H. (1965): Persönlichkeitsbeurteilung. Methoden und Probleme der Charaktererfassung im pädagogischen Bereich – Ehrenwirth Verlag München

Dornemann/Goepfert: Mein Schulweg. Erinnerungen und Geschichten – Rosenheim 1988
Dornes, M.: Der kompetente Säugling – Die präverbale Entwicklung des Menschen Fischer TB 11533/1993
Dubiel, H.: Das ethische Minimum – in: ZEIT 72/93
Eissler, K. R. (1968): Zur Notlage unserer Zeit – in Psyche 9.–11. Heft/September-November S. 649
– (1984) Goethe Eine psychoanalytische Studie 2 Bde. Stroemfeld/Roter Stern
Erikson, Erik H.(1963): Die Goldene Regel im Lichte neuer Einsichten – in: Erikson: Einsicht und Verantwortung – Die Rolle des Ethischen in der Psychoanalyse Fischer TB 6089/1971/S. 192–215
– (1966) Wachstum und Krisen der gesunden Persönlichkeit Sonderausgabe Darmstadt
– (1968) Kindheit und Gesellschaft – Stuttgart
Erster Mann und die Ordnung der Welt – In: G.A.Konitzky (Hrsg.): Nordamerikanische Indianermärchen – Düsseldorf/Köln 1976
Franz, G.: Der deutsche Bauernkrieg – Darmstadt 1977
Franzen, E.: Testpsychologie – Ullstein TB 181
Frech-Becker, C.:(1993): „Zu intelligent für ihre dumme Arbeit" – in Spiegel 24/1993/ S. 44–48
Freud, A.: Wege und Irrwege der Kinderentwicklung – Stuttgart 1968
Freud, S.: Jenseits des Lustprinzips – in: Freud, S.: Studienausgabe in 10 Bdn. Frankfurt 1975 /III/S. 219
– Formulierungen über die zwei Prinzipien des psychischen Geschehens – ebd. S. 22
– Der Mann Moses und die monotheistische Religion ebd. IX/S. 459–581
Friedrichsen, G.: Eine Tat ohne gleichen – Spiegel-Reporterin Gisela Friedrichsen im Prozeß um die Brandanschläge von Mölln – in: Spiegel 22/1993/S. 108
Fromm, E.: Die Furcht vor der Freiheit – Frankfurt ^{4}1971
Fürstenau, P.: Zur Psychoanalyse der Schule als Institution – in: Fürstenau (Hrsg.): Der psychoanalytische Beitrag zur Erziehungswissenschaft – Darmstadt 1974/S. 281
Galbraith, J. K.: Die Herrschaft der Bankrotteure – Der wirtschaftliche Niedergang Amerikas – Hoffmann und Campe Hamburg 1992
Gatterburg, A.: Notausgang für kaputte Seelen – SPIEGEL-Redakteurin Angela Gatterburg über das Elend der deutschen Straßenkinder – in: Spiegel 15/1993/S. 84–90
„Gewalt macht aufmerksam" – Rechtsradikale Dresdner Jugendliche über ihr Weltbild und sich und die deutsche Zukunft – in: Spiegel 50/1992/S. 26
Gewaltwelle alarmiert Pädagogen: „Die rasten einfach aus" – Spiegel 42/1992/S. 36–49
Gordon, Th.: Die Neue Familienkonferenz
Gräser, L.: Familie in Tieren – Die Familiensituation im Spiegel der Kinderzeichnung. Entwicklung eines Testverfahrens – Ernst Reinhardt Verlag München 1959
Graf, O. M.: Frische Maurerlaibl – aus: Größtenteils schimpflich – in: Dornemann/Goepfert S. 43–48
Grill, B.: Hinter der Himbeer-Linie – Durch Sumpf und Dickicht: Knaben kämpfen im Hullerholz/ in: ZEIT 13 /1993/S. 73
Grimms Brüder und Hausmärchen – Köln 1982/1. Bd.
Gruen, A.: Der Verrat am Selbst – Die Angst vor Autonomie bei Mann und Frau – dtv 15016/61990
Harrer/Pleticha: Entdeckungsgeschichte aus erster Hand – Berichte und Dokumente von Augenzeugen und Zeitgenossen aus drei Jahrtausenden. Arena-Verlag Würzburg ^{4}1976
„Hau ab, du Flasche" – Der Weg des Jugendlichen Christian zum Attentäter von Solingen – in: Spiegel 23/1993/S. 29

Heckhausen, H.: Die Entwicklung des Erlebens von Erfolg und Mißerfolg in: Pädagogische Psychologie Fischer TB 6113/1973
Hehlmann, W.: Wörterbuch der Psychologie – Kröner Stuttgart 1965
Henningsen, F.: Kooperation und Wettbewerb – Antiautoritäre und konventionell erzogene Kinder im Vergleich dtv Wiss. Reihe Nr. 4233/1973
Herrmann, U.: Aufwachsen im Dorf – „dortmals“. Versuch einer historischen Rekonstruktion – in: Der Bürger im Staat/hrsg. von der Landeszentrale für Politische Bildung Baden-Württemberg 3/August 1983/S. 184
Hinte, W.: Fersengeld statt Lebenswelt – DLZ 26/93
Hinz, A.: Gewalt an Schulen: Die pädagogische Arbeit wird immer schwerer – DLZ 21/1993
Höss, R.: Kommandant in Auschwitz. Autobiographische Aufzeichnungen – dtv Dokumente, München 1983
Hofer, W. (1957): Der Nationalsozialismus – Dokumente 1933–1945 – Fischer TB 172
Hughes, H. S.: Geschichte und Psychoanalyse – in: Wehler, H. U. (Hrsg.) Geschichte & Psychoanalyse – Köln 1971
Humpert/Wolters: Gewalt in der Schule – Selbsthilfe für Lehrkräfte in Nordfriesland mit dem »Konstanzer Trainingsmodell« – EuW SH 6/93/S. 12–14
Johnson, A. M.: Zur Entstehung und Behandlung von Über-Ich-Defekten bei Jugendlichen – in: Fürstenau,P.(Hrsg.) Der psychoanalytische Beitrag zur Erziehungswissenschaft – Darmstadt 1974
Jugend ‘76: „Lieber Gott, mach mich krumm“ – in: Spiegel 15/1976/S. 46–60
Jugendrevolte von rechts: „Bestie aus deutschem Blut“ – in: Spiegel 50/1992/S. 20–32
Kast, V.(1987): Die Gänsemagd – Wie eine Frau sich verliert und wiederfindet – Zürich
– (1988) Wege zur Autonomie – Märchen psychologisch gedeutet – dtv 15049
– (1991) Der Teufel mit den drei goldenen Haaren – Vom Vertrauen in das eigene Schicksal – Zürich 6.Aufl.
Kohut, H. (1973): Überlegungen zum Narzißmus und zur narzißtischen Wut – Psyche 6/1973/S. 513–554
– (1976) Narzißmus – Ein Theorie der psychoanalytischen Behandlung narzißtischer Persönlichkeitsstörungen – stw 157
Konradt, H.-J. (Hrsg.): Aggression und Frustration als psychologisches Problem – 2 Bde. Darmstadt 1992
Knöbelspies, Th.: Leserbrief in: LZ 1–2/1992/S. 2
Langeveld, M. J.: Einführung in die systematische Pädagogik – Ernst Klett Verlag Stuttgart ^{4}1963
Laiblin, W. (Hrsg.) (1969): Märchenforschung und Tiefenpsychologie Wiss. Buchgesellschaft – Darmstadt
– (1974): Wachstum und Wandlung – Zur Phänomenologie und Symbolik menschlicher Reifung – Darmstadt
Laplanche/Pontalis(1972): Das Vokabular der Psychoanalyse – Frankfurt
Las Casas, Bartolomeo de: Vernichtung auf Kuba – in: Harrer/Pleticha S. 306–308
Lehrer: mangelhaft – „Die sind satt und festgefahren“ – Spiegel 24/1993/S. 34–44
Lewin, K.: Experimente über den sozialen Raum/1939/1941)
– Zur Schulung demokratischer Führungseigenschaften (1942)
– Handlungs- und Minderheitenprobleme (1949/1953) – alle in: Brocher/Kutter (Hrsg.): Entwicklung der Gruppendynamik – Darmstadt 1985
Liedloff, J.: Auf der Suche nach dem verlorenen Glück – Gegen die Zerstörung unserer Glücksfähigkeit in der frühen Kindheit – Beck’sch Reihe 224/1992
Lincke, H.: Das Überich – eine gefährliche Krankheit? – in: Psyche 5/1970/S. 375–401
„Linke Lehrer, rechte Schüler“ – in: Spiegel 4/93/S. 44

Mann, Th.: Buddenbrooks – in: Unterbrochene Schulstunde S. 46–93
Mann, R.: „Was unter Gewalt verstanden wird, bleibt vage“ in DLZ 13/1993
Marberg, H. M.: Zum Problem der Verwöhnung in der Erziehung und Entwicklung des Kindes – in: Praxis der Kinderpsychologie und Kinderpsychiatrie 3/1971/S. 97–102
Marsh/Morris: Die Horde Mensch – Individuum und Gruppenverhalten – Wilhelm Heyne Verlag München 1989
Masthoff, R.: Antiautoritäre Erziehung – Darmstadt 1981
Matussek, M,: Jagdzeit in Sachsen – SPIEGEL-Reporter Matthias Matussek über Hoyerswerda und den Exodus der Asylanten – in: Spiegel 40/1991/S. 41–51
Märchen der Völker – Deutschland (1987) – Weltbild-Verlag Augsburg
McClelland,D. C.: Motivation und Kultur – Bern 1967
Mead, M.: Jugend und Sexualität in primitiven Gesellschaften – 2 Bde. dtv 4032/4033/1970
Mendel, G. (1968): Die Revolte gegen den Vater – Eine Einführung in die Soziopsychoanalyse – Fischer Frankfurt
– (1973) Plädoyer für die Entkolonisierung des Kinder – Soziopsychoanalyse der Autorität – Walter Verlag Olten/Freiburg 1973
Milgram, St.(1974): Das Milgram-Experiment. Zur Gehorsamsbereitschaft gegenüber Autorität. Reinbeck, Rowohlt
Miller, A.(1979): Das Drama des begabten Kindes – Frankfurt
– (951) Am Anfang war Erziehung st 951/1983
– (952) Du sollst nicht merken – Variationen über das Paradies-Thema st 952/1983
Mitscherlich, A. (1965): Auf dem Weg zur vaterlosen Gesellschaft – Ideen zur Sozialpsychologie – Piper Verlag München
Mitscherlich, A. und M. (1983): Die Unfähigkeit zu trauern – München 15. Aufl.
Mönninghoff, J. A.(1992): Das Bewußtsein des Lehrers – Neuwied, Kriftel, Berlin
Muchow, H. H.: Sexualreife und Sozialstruktur der Jugend – rororo 94/1959
Müller, H. U.: Das Berufsmilieu des Volksschullehrers – Psyche 12 1958/S. 50–62 – In: P. Fürstenau (1974)
Neill, A. S. (1971): das prinzip summerhill: fragen und antworten – rororo 6990
– (1970) theorie und praxis der antiautoritären Erziehung – das beispiel summerhill – rororo 6707–6708
Oelker, P.: Wenn der Schulweg ein Horror-Trip ist – in: BRIGITTE 9/1993/S. 154
Oerter, R.: Moderne Entwicklungspsychologie – Donauwörth [11]1972
Otto, K.: Hilfe, meine Mutter ist meine Lehrerin – in DLZ 19/1993
Papesch, W.: Bekenntnis eines Klassenlehrers – StN 10.02.1973
– (20/21/1990): Abschied – von welchen Illusionen. Eine Erwiderung an Peter Dudek: Antifaschistische Erziehung – LZ 20/21 S. 474–475
– (23/24/1990): „Alle Lehrer sind Sch ..!“ – Antwort auf einen Leserbrief – LZ 23/24
– (1992) Das Kollegium als Gruppe – über gruppendynamische Prozesse im Lehrerzimmer – LZ 3/1992/S. 77–79
– (1993): Über den Umgang mit „schwierigen“ Schülerinnen und Schülern – Beobachtungen und Deutungen über Extremismus im Schulalltag – DDS 1/93/S. 32–41
Platon: Sämtliche Werke in 6 Bänden – rororo 1957
Poponoe, J.(1971): Schüler in Summerhill – Rowohlt Hamburg
Petri, H. (1991): Erziehungsgewalt – Zum Verhältnis von persönlicher und gesellschaftlicher Gewaltausübung in der Erziehung – Fischer TB 6639
Pergaud, L.: Der Krieg der Knöpfe – rororo 662/1964
Ransford, H. E. (1992): Isolation, Ohnmacht und Gewalt: Eine Untersuchung über Einstellungen von Farbigen und deren Beteiligung an den Unruhen von Watts – In: Konradt S. 458–484

Reble, A. (1964): Geschichte der Pädagogik – Ernst Klett Verlag Stuttgart
Reichwein, A.: Schaffendes Schulvolk – Braunschweig 1964
Remplein, H.: Die seelische Entwicklung des Menschen im Kindes- und Jugendalter – München-Basel [11]1963
Renner, A.: Der Wartegg-Zeichentest im Dienste der Erziehungsberatung – Ernst Reinhardt Verlag München 111963
Richter, H. E.(6772): Patient Familie – Entstehung, Struktur und Therapie von Konflikten in Ehe und Familie – rororo 6772/1972
– (1972): Die Gruppe – Hoffnung auf einen neuen Weg, sich selbst und andere zu befreien. Psychoanalytische Kooperation mit Gruppeniniativen – Hamburg
Röhm, H. (1974): Strafe als psychodynamisches Problem des Erziehers – in: Praxis der Kinderpsychologie und Kinderpsychiatrie. Zeitschrift für analytische Kinderpsychologie, Psychotherapie und Psychagogik in Praxis und Forschung – Verlag für medizínische Psychologie im Verlag Vandenhoeck & Rupprecht in Göttingen und Zürich 2/S. 56–62
Rudolph, J.: Mehr Nüchternheit im Bildungseifer – Wider die Großmannssucht und Gigantomanie /StZ 17.03.1971
Rüedi, J.: Oblomows Urenkel – Pädagogische Überlegungen zum verwöhnenden Erziehungsstil in Elternhaus, Kindergarten und Schule – in: Neue Sammlung 1/1993/S. 55–70
Saint-Exupéry, A. de: Brief an einen General in: Gesammelte Schriften – Berlin/Darmstadt/Wien 1959/Bd.3/S. 223–230
Schär, M.: Prügel für Lehrerinnen und Lehrer – LZ 22 1990/S. 517
Scheffler, B. (1992): Halbzeitbroschüre der Fraktion der GRÜNEN im Landtag von NRW
– (1993) „Nun doch: Mut zur Erziehung“ – Manuskript
Schmidt, A.: Lang war der Weg – zitiert nach Ebeling: Die Reise in die Vergangenheit 3 Braunschweig 1981/S. 25
Schnibben, C.: Der neue kalte Krieg – Ein Reise durch die Ostzone in: Spiegel 20/1993/ S. 54–173
– Die Stammtischtäter – SPIEGEL-Reporter Cordt Schnibben über den Mief, aus dem die mutmaßlichen Mörder von Mölln kommen – in: Spiegel 50/1992/S. 35–37
Schottlaender, F. (1967): Die Mutter als Schicksal – Erfahrungen eines Psychotherapeuten – Hamburg
Schule: „Es gibt keine fröhliche Jugend mehr“ – in: Spiegel 23 1976/S. 38–52
Schwarz/Eckert/Bestine: Die Wirkung eines aggressiven Films auf Jugendliche unter variierten äußeren Bedingungen – in: Konradt II/S. 455
Seifert, Th.: Wandlung statt Vernichtung des Bestehenden – in: Riedel S. 7
Siebenschön, L.: Wenn du die Freiheit hast ... Die antiautoritäre Generation wird erwachsen dtv 10950/1988
Spitz, R. A.(1988): Vom Dialog – dtv/Klett-Cotta 5047
Spranger, E.(1963): Der geborene Erzieher – Quelle & Meyer Heidelberg 3. Aufl.
Supp, B.: Monster im Ziegenstall. Spiegel-Redakteurin Barbara Supp über ein Dorf für kriminelle Kinder – Spiegel 28/1993 S. 104–109
Tausch & Tausch: Erziehungspsychologie – Göttingen [5]1970
Tennstädt/Krause/Humpert/Dann: Das Konstanzer Trainingsmodell – Ein Selbsthilfeprogramm zur Bewältigung von Aggressionen und Störungen im Unterricht; Band 1: Trainingshandbuch 1990 (2. erw. Aufl.); Einführung 1991 (2.Aufl.), Verlag Hans Huber Bern u. Göttingen
Tollhaus Schule: „Gestört und seelisch tot“. Gewalt und Gefühlsarmut verändern das Klima an den Schulen – in: Spiegel 15/1988/S. 28–46
Tornau, B.: Immer wieder Trampelpfade gehen – in: Siebenschön S. 132–139
Twain, M.: Huckleberry Finn – Goldmanns Jugendbücher 20145/S. 5

Unterbrochene Schulstunde – st 48 Frankfurt 1972
Verbeek, B.: Die Anthropologie der Umweltzerstörung – Darmstadt 1990/S. 79
Walser, M.: Deutsche Sorgen – in: Spiegel 26 /1993 S. 40–47
Warum Kinder töten: „Kältetod der Menschlichkeit" – in: Spiegel 9/1993/S. 232–240
Weck, C. de: Akademisch frei von kleinauf – in: DIE ZEIT 3/1993
Wehler, H.-U.(Hrsg): Geschichte & Psychoanalyse – Köln 1971
– Zum Verhältnis von Geschichtswissenschaft und Psychoanalyse – in: Wehler S. 9–30
Weinert, P. (Hrsg.): Pädagogische Psychologie – Köln-Berlin/71972
Werfel, F.: „Ferdinand" aus: F. Werfel: Barbara oder die Frömmigkeit – in: Unterbrochene Schulstunde S. 191–198
Wiedenmann, E.: „Nun ist die ganze Hoffnung weg" – SPIEGEL-Reporter Erich Wiedenmann über die zwei zehnjährigen mutmaßlichen Kindermörder von Liverpool – in: Spiegel 9/1993/S. 241–242
Zuckmayer, C.: Die Bittel – aus: Als wär's ein Stück von mir – in: A.Dornemann/G.Goepfert S. 209–211
Zulliger, H.(o.J.): Schwierige Kinder – Hans Huber Bern/Stuttgart
– (1956): Heilen statt strafen auch bei jugendlichen Dieben – Klett Stuttgart
– (1961): Horde – Bande – Gemeinschaft – Eine sozialpsychologisch-pädagogische Untersuchung Klett Stuttgart
– (1962): Gespräche über Erziehung – Hans Huber Bern/Stuttgart
– (1963): Heilende Kräfte im kindlichen Spiel – Klett Stuttgart 4.Aufl.
– (1965): Umgang mit dem kindlichen Gewissen – Klett Stuttgart 4. Aufl.
– (1966): Bausteine zur Kinderpsychotherapie – Hans Huber Bern/Stuttgart 1966
– (1969): Die Angst unserer Kinder – Fischer TB 984